So entstand die Bibel...

Von Tontafeln bis zur Buchdruckerkunst

Wer gab uns das Alte und das Neue Testament?

Kanonische und apokryphe Bücher

Was ist Inspiration?

Die Bibelkritik und der Inhalt des Alten und Neuen Testaments

CLV

Christliche
Literatur-Verbreitung e. V.
Postfach 1803 · 4800 Bielefeld 1

EGFD

Verlag und Schriftenmission der
Evangelischen Gesellschaft
für Deutschland
Wuppertal

Umschlagphoto: In dem Israel Museum in Jerusalem befindet sich u. a. die gut erhaltene Jesaja-Rolle. Sie wurde zusammen mit einer großen Zahl anderer Rollen in den Höhlen bei Qumran gefunden. Diese Schriftrollen vom Toten Meer sind heute als Qumranrollen bekannt.

Originaltitel: Het ontstaan van de bijbel
Übersetzung: Peter und Betty Hausmann

Postfach 1803 · 4800 Bielefeld 1
Gesamtherstellung: Druckhaus Gummersbach

ISBN 3-87857-238-7 (EGFD)

Inhaltsverzeichnis

Vorwort

Die Bibel ist das **Wort Gottes**, die Offenbarung Gottes an uns Menschen. Sie zeigt in einzigartiger Weise, schonungslos offen und dennoch voll göttlicher Barmherzigkeit, wer Gott ist, wo der Mensch moralisch vor Gott steht und wie er in Gemeinschaft mit Gott kommen kann.

Sie redet mit Autorität über die wahren Ursachen der persönlichen, sozialen und religiösen Nöte des Menschen.

Dennoch wird diese Bibel, das Wort Gottes, angegriffen, verachtet, lächerlich gemacht oder einfach ignoriert.

Wie kommt es eigentlich, daß die Bibel alle Angriffe überlebt hat und auch heute noch das meistgekaufte und am weitesten verbreitete Buch der Welt ist?

Hat das nicht seinen Grund darin, daß dieses Buch »Geist und Leben« ist? Gottes Kraft entfaltet sich in diesem Buch, ja es ist von Gottes ewigem Odem gegeben, es ist das inspirierte Wort, von Gott gehaucht. Auch in der Zukunft wird dieses Buch jedem aufrichtigen Leser zeigen, wodurch es seinen wunderbaren literarischen und moralischen Wert hat. Der Herr Jesus Christus sagt: »... die Schrift kann nicht aufgelöst werden.«

Im Jahre 1976 faßte der »Evangelische Omroep« den Plan, eine große Fernsehserie über die Bibel zu produzieren und im holländischen Fernsehen zu senden. Die Sendereihe ist dort betitelt »Die offene Bibel«. Vor allen Dingen wollte man den ehrlich fragenden Menschen Antworten auf ihre kritischen Fragen hinsichtlich theologischer, archäologischer, naturwissenschaftlicher, historischer und literarischer Fragenkomplexe geben.

Dr. rer. nat. Dr. phil. W. J. Ouweneel schrieb die Forschungsmanuskripte, die anschließend verschiedenen Wissenschaftlern (Theologen, Archäologen, usw.) zugeschickt wurden. Ihre Randbemerkungen und Kommentare wurde in der Fernsehserie und in diesem Buch verwertet.

Unser Dank gilt allen Mitarbeitern dieses Buches, besonders Herrn Willem J. J. Glashouwer, dem Endredakteur der Serie »Die offene Bibel« und den Übersetzern Peter und Betty Hausmann.

Es ist unser Wunsch und Gebet zu unserem Herrn, daß ER dieses Buch zum reichen Segen benutzen möge. Wir danken IHM für die Neuauflage des Buches und würden uns freuen, wenn suchende und

fragende Menschen durch das Lesen dieses Buches angeregt werden, das **Buch der Bücher** zu lesen, zu erforschen und seine wunderbaren Lehren in glaubensfrohe Herzen aufzunehmen.
Das Wort Gottes wird in Jak. 1,23 mit einem Spiegel verglichen. Dieses Buch erzählt uns etwas von der Beschaffenheit und dem herrlichen Wert des Spiegels, aber damit kennt der Leser noch nicht den Spiegel. Es ist gut, über Aufbau, Wert und Funktion eines Spiegels Bescheid zu wissen, aber viel besser ist es, den Spiegel zu gebrauchen, ja, täglich zu gebrauchen.
So ist es auch sinnvoll und gut, über die Entstehung, Überlieferung, Inspiration und Autorität der Bibel in diesem Buch zu erfahren, aber wesentlich besser ist es, das **Wort Gottes** selbst zu erforschen und sich dadurch in das Licht des großen, allmächtigen und liebenden Gottes gestellt zu sehen, von dessen Barmherzigkeit wir Menschen täglich abhängig sind.
»Aber die Weisheit, wo wird sie erlangt? und welches ist die Stätte des Verstandes? Kein Mensch kennt ihren Wert, und im Lande der Lebendigen wird sie nicht gefunden. Die Tiefe spricht: Sie ist nicht in mir; und das Meer spricht: Sie ist nicht bei mir. Geläutertes Gold kann nicht für sie gegeben, und Silber nicht dargewogen werden als ihr Kaufpreis. Sie wird aber nicht aufgewogen mit Gold von Ophir, mit kostbarem Onyx und Saphir...
Gott versteht ihren Weg, und er kennt ihre Stätte... Er stellt sie hin.« (Hiob 28,12-15.23.27)

Die Herausgeber

Die Bibel ist ein gewaltiges Buch!

Seit der Erfindung der Buchdruckerkunst war die Bibel oft das erste Buch, das im Druck erschien. Die sog. Delftse Bibel (1477) ist ein prächtiges Beispiel dafür.

Wir stehen am Anfang einer langen Reise, einer Forschungsreise durch den geschichtlichen Hintergrund der Bibel und durch die Bibel selbst. Wir wollen sie öffnen und sie in erster Linie selbst zu Wort kommen lassen. Das kann eine erstaunliche Ausbeute ergeben, denn die Bibel ist ein dickes Buch - oder besser: eine Sammlung von Büchern. Sie ist eine ganze *Bibliothek* von nicht weniger als sechsundsechzig Büchern: historischen Berichten, Lebensbildern, Gedichtsammlungen, Prophetien, Briefen, Aufsätzen, usw. Es ist keine Kleinigkeit, die Bibel zu öffnen mit dem ernsthaften Wunsch, ihren Inhalt kennenzulernen. Sie ist ein sehr altes Buch, zum Teil ungefähr 3400 Jahre alt, oder sogar noch älter. Sie ist ein Buch aus einer ganz anderen Zeit, einer ganz anderen Kultur, und das will berücksichtigt werden.

Eins muß vorweg gesagt werden: Weil viele Menschen heute so mißtrauisch an die Bibel herangehen, müssen wir uns ernsthaft mit den Vorurteilen befassen, um ihre Beweggründe zu verstehen. Diese zwei Punkte: die historischen Bedingungen, den Hintergrund der Bibel, sowie die kritischen Fragen an die Bibel werden wir zuerst unter die Lupe nehmen müssen. Schon dabei wird sich uns die Bibel öffnen; denn es kann gut möglich sein, daß sie selbst uns das eine oder andere über ihre Entstehungsweise zu sagen hat oder über die Kritik, die an ihr geübt wird.
Der erste Teil unserer Ausführungen behandelt also die Frage, wie wir zu unserer Bibel gekommen sind: Wie ist sie entstanden? Wie ist sie überliefert worden? Welche Sicherheiten haben wir in bezug auf die Genauigkeit des Bibeltextes, wie wir ihn heute vorliegen haben? usw. Dabei wird zugleich schon ein Stück »Bibelkritik« behandelt, da in den letzten Jahrhunderten Theorien aufgekommen sind, die sich die Entstehung unserer heutigen Bibel ganz anders vorstellen, als das vorher üblich war. - Der zweite Teil wird dann näher auf die Zuverlässigkeit - weniger der Textüberlieferung, sondern des Inhalts - eingehen. Seit dem Aufkommen der modernen Naturwissenschaften, der modernen Geschichtsschreibung und der Archäologie ist die naturwissenschaftliche und die historische Zuverlässigkeit der Bibel bei vielen ziemlich in Mißkredit geraten. Andere wiederum halten daran fest, daß, wenn wir nur die Tatsachen der Wissenschaft von den Behauptungen und Philosophien zu unterscheiden wissen und keine verkehrten Aussagen in die Bibel hineinlegen, die Bibel die Angriffe, die im Namen der Wissenschaft gemacht werden, überstehen kann. Das wäre für ein so altes Buch natürlich sehr bemerkenswert, und wir werden diesen Punkt noch eingehend untersuchen müssen.

Warum eigentlich?

Nun kann man sich natürlich fragen: Warum nur so viel Lärm um ein Buch? Gibt es denn nicht noch viele andere interessante Bücher auf der Welt? Es gibt doch auch große und alte religiöse Werke, die in anderen Glaubensrichtungen eine genauso wichtige Rolle spielen wie die Bibel im Christentum? Das ist so, aber doch glauben wir, daß die Bibel sich von allen anderen Büchern in der Welt grundlegend unterscheidet. Wir sagen es frei heraus: die Bibel ist in jeder Hinsicht vollkommen *einzigartig* in der Geschichte der Menschheit. Das ist natürlich eine starke Behauptung, und wir werden sie untermauern müssen. Wir wollen es Ihnen aber von vornherein sagen, damit deutlich wird, warum wir gerade über die Bibel sprechen wollen. Wir werden versuchen, im Laufe unserer Ausführungen zu beweisen, was wir hier behaupten.

In vielerlei Hinsicht ist das gar nicht so schwer. Es gibt nämlich eine ganze Menge wirklich objektiver Gründe, die jedem Menschen deutlich machen müßten, daß die Bibel ein einzigartiges Buch ist. Dazu braucht man weder Christ noch religiös zu sein, das werden wir gleich zeigen. Aber wir können schon von vornherein sagen, daß eine solche Schlußfolgerung große Konsequenzen hat: Denn wenn die Bibel unter den Millionen Büchern der Welt vollkommen einzigartig ist, dann kann man daran nicht einfach so vorbeigehen. Wenn wir beweisen könnten, daß die Bibel einzigartig ist, würde damit zwar noch nicht bewiesen sein, daß die Bibel wahr und zuverlässig, ja Gottes Wort ist. Aber wenn es auf der Erde ein Buch oder Bücher gibt, die vorgeben, Worte *Gottes* zu sein, dann können wir auf keinen Fall vorbeigehen an »dem Buch«, das sich von allen anderen Büchern unterscheidet und unter ihnen seinesgleichen sucht. Wie ein Dozent zu einem Studenten sagte, der nach der Wahrheit suchte: »Wenn Sie eine intelligente Person sind, dann werden Sie das *Buch* lesen, das mehr Aufmerksamkeit auf sich gezogen hat als alle anderen Bücher - wenn Sie auf der Suche nach der Wahrheit sind!« Nehmen wir beispielsweise die Aussage eines Sprachwissenschaftlers (M. Montiero-Williams, Professor für Sanskrit, eine alte indische Sprache), nachdem er 42 Jahre orientalische Bücher studiert hat: »Stapeln Sie sie, wenn Sie wollen, auf die linke Seite Ihres Schreibtischs; aber legen Sie Ihre eigene Bibel auf die rechte Seite - ganz für sich, ganz separat - und mit viel Platz dazwischen. Denn ... es gibt eine Kluft zwischen ihr und den sogenannten heiligen Büchern des Ostens, die das Eine vom Andern total, hoffnungslos und für alle Zeit scheidet ... Eine ganz reale Kluft, die von keiner Wissenschaft des religiösen Denkens überbrückt werden kann.« So einzigartig ist die Bibel! Auf seinem Sterbebett bat Sir Walter Scott seinen Schwiegersohn, ihm aus »dem Buch« vorzulesen. Als dieser ihn fragte, welches Buch er meine, antwortete Scott: »Es gibt nur ein Buch, das es wert ist, ‚Das Buch' genannt zu werden: die *Bibel.*« Möchten Sie uns begleiten auf unserer Entdeckungsreise nach der vollkommenen Einzigartigkeit dieses Buches?

Die Einzigartigkeit ihrer Entstehung

Wir werden sieben einmalige Kennzeichen der Bibel aufzeigen, und dann dürfen Sie selbst Ihre Schlußfolgerungen daraus ziehen. Erstens: Niemand kann leugnen, daß die Bibel einzigartig ist in ihrer *Entstehungsweise.* Nehmen Sie irgendein Buch und prüfen Sie, wie es entstanden ist. Normalerweise geht jemand, der ein Buch schreiben möchte, folgendermaßen vor: Er sammelt Material, entwirft ein Schema für das Buch, schreibt oder diktiert den Inhalt und läßt das Ganze vervielfältigen oder drucken. Handelt es sich jedoch um ein Buch, das von mehreren Autoren geschrieben wird, müssen sie sich erst zusammensetzen und einen Plan entwerfen, der zeigt, wie das Buch aussehen soll. Sie müssen absprechen, wer welchen Beitrag zu dem Buch liefern soll, und meistens gibt es noch einen oder mehrere Redakteure, die aus allen Beiträgen ein zusammenhängendes Ganzes machen.

Aber die Bibel ist in dieser Hinsicht vollkommen einzigartig. Sie wurde von mehr als vierzig Schreibern verfaßt, die sich gegenseitig nicht kannten. Das war auch kaum möglich, denn sie schrieben das Buch in einem Zeitraum von mindestens 1500 Jahren, vielleicht noch viel mehr, wie wir später zeigen werden. Es ist ein großes Wunder, wie die Bibel langsam, über mehr als fünfzig Generationen, zu dem Buch wurde, das wir heute haben. Ohne irgendeinen Plan oder Entwurf fügte sich von Jahrhundert zu Jahrhundert ein Teil zum anderen, bis die Bibel komplett war. Die *Schreiber der Bibel* kamen aus sehr unterschiedlichen Milieus und Kulturen. Da gab es zum Beispiel Mose, den Politiker (unterrichtet in den Weisheiten Ägyptens); Josua, den General; Salomo, den König; Amos, den Hirten; Nehemia, der am Königshof lebte; Daniel, den Staatsmann; Petrus, den Fischer; Lukas, den Arzt; Matthäus, den Zöllner und Paulus, den Rabbiner.

Sie haben an ganz verschiedenen Orten und unter ganz unterschiedlichen Umständen geschrieben. Mose schrieb in der Wüste, Jeremia in einem Kerker, David auf den Bergen und in seinem Palast, Paulus im Gefängnis, Lukas während der Reise, Johannes, als er im Exil auf der Insel Patmos lebte, andere während der Spannungen eines militärischen Feldzugs.

Sie schrieben in verschiedenen Gemütsverfassungen: der eine in großer Freude, der andere in Trauer und Verzweiflung. Sie verfaßten ihre Bücher in drei verschiedenen Weltteilen: Asien, Afrika und Europa. Sie schrieben in drei Sprachen: das Alte Testament größtenteils in der hebräischen - und kleine Teile in der (verwandten) aramäischen Sprache, das Neue Testament war griechisch abgefaßt. Und aus allen diesen verschiedenen Quellen und Zeiten entstand *ein* Buch. Mose verfaßte fünf Bücher. Als David regierte, waren wieder ein paar dazugekommen. Kurz nach der babylonischen Gefangenschaft, zur Zeit des Schriftgelehrten Esra, war das Alte Testament, Buchstabe für Buchstabe, Wort für Wort, Satz für Satz, nahezu fertig. Vierhundert Jahre vor Christi Geburt war das Buch fertiggestellt, das wir heute unverändert vor uns haben. Wie uns der Geschichtsschreiber Flavius Josephus berichtet, respektierte man das sogenannte Alte Testament so sehr, daß niemand es gewagt hätte, im Laufe der Jahrhunderte etwas hinzuzufügen oder hinwegzutun.

Das Alte Testament wurde ursprünglich in zwei Sprchen geschrieben: der größte Teil im Hebräischen und ein kleiner Teil im Aramäischen (Bezeichnung für eine Gruppe von Dialekten). Dieser hebräische Teil stammt aus dem Codex Leningradensis, einer Handschrift ungefähr aus dem Jahre 1000 n. Christus.

Die Entstehung des *Neuen Testaments* ist fast noch wunderbarer als die Entstehung des Alten Testaments. Soweit wir wissen, hat Christus selbst nie auch nur einen Satz als göttliche Offenbarung geschrieben! Und seine Jünger, die Juden waren, hätten niemals gewagt, dem Alten Testament auch nur einen Satz hinzuzufügen. Sogar 50 Jahre nach der Geburt Christi hatte man aller Wahrscheinlichkeit nach noch keinen Buchstaben des Neuen Testaments geschrieben. Aber dann geschah das Wunder. Ohne daß vorher ein Plan verfaßt wurde, entstanden die Bücher des Neuen Testaments. Sie wurden geschrieben von ganz unterschiedlichen Menschen, die oft weit voneinander entfernt lebten: Hier entsteht eine Lebensbeschreibung von Jesus Christus, dort entsteht ein Brief, etwas weiter wird ein wundervoller Aufsatz geschrieben (wie z. B. der Hebräerbrief). Wieder irgendwo anders entsteht ein neutestamentliches Werk mit prophetischer Bedeutung. Diese Schriften kursieren und werden gesammelt von Christengemeinden, die wohl kaum Schwierigkeiten haben mit der Frage, welche Bücher nun zu dieser Kollektion gehören und welche nicht. Ihre Ehrfurcht vor diesen Schriften ist so groß, daß das Neue Testament sofort von nahezu allen Christen anerkannt wird und fast niemand die Dreistigkeit hat,

Das Neue Testament wurde in der griechischen Sprache geschrieben. Dieser Teil stammt aus dem Codex Sinaiticus, der sich im Britischen Museum in London befindet und aus dem 4. Jhdt. n. Chr. datiert.

irgend etwas hinzuzufügen oder hinwegzutun. Man beachte: Die Verfasser der vier Evangelien setzten sich nicht erst zusammen und kamen nach ernstem Gebet und vielen Überlegungen zu der Überzeugung, daß Matthäus über Christus als den König schreiben sollte, Markus ihn als Diener zeigen, Lukas ihn als wahren Menschen und Johannes ihn als Gottes Sohn darstellen sollte. Nichts dergleichen. Auch die anderen Schreiber kamen nicht zusammen, um festzulegen, daß beispielsweise Paulus und Johannes mehr über die christliche Lehre (und das jeder von einem anderen Gesichtspunkt aus) und Jakobus und Petrus mehr über das praktische Christsein schreiben sollten. Davon kann keine Rede sein. Aus einem tiefen Bedürfnis heraus versuchte jeder, einen bestimmten Aspekt zu beleuchten - aber als alle Werke fertiggestellt waren, war eine wunderbare Einheit entstanden.

Die Einzigartigkeit ihrer Einheit

Dieser Punkt entspringt direkt der Einzigartigkeit der Entstehung der Bibel. Wie konnten so viele Verfasser aus so vielen Generationen von solch total verschiedenen Hintergründen und Umgebungen ohne jede Absprache ein Werk schreiben, das so vollkommen in seiner Einheit ist? Betrachten wir es von einer anderen Seite: Stellen wir uns vor, daß zehn der berühmtesten Schriftsteller der Welt, die dieselbe Lebensweise haben, derselben Generation angehören,

dieselbe Kultur haben, dieselben Auffassungen vertreten, am selben Ort wohnen, sich in der gleichen Gemütsverfassung befinden und dieselbe Sprache sprechen, daß diese also etwas schreiben wollen über ein umstrittenes Thema - würde das Geschriebene dann miteinander übereinstimmen? Das ist unmöglich. Aber wie kommt es dann, daß das in der Bibel wohl der Fall ist?
Beachten wir, daß die Bibel über Hunderte von umstrittenen *Themen* spricht (Themen, über die sehr unterschiedliche Meinungen bestehen). Die Autoren der Bibel schreiben über Geschichte, Theologie, Philosophie, über den Kosmos, die Natur und über den Menschen; sie schreiben »gewagte« Prophetien, Lebens- und Reisebeschreibungen. Sie scheuen sich nicht, die schwierigsten und tiefsinnigsten Themen anzuschneiden. Darüber konnten sie unmöglich miteinander beraten. Aber woher kommt dann diese Harmonie und Einheit in der Bibel? Oft haben Menschen gemeint, Unterschiede und Widersprüche gefunden zu haben (wir werden noch einigen begegnen). Aber es scheint, daß sie dann nicht gewissenhaft genug gelesen oder den Kontext (d. h. den Textzusammenhang) und den Hintergrund des Geschriebenen außer acht gelassen haben. Wo sie (oft sehr naiv) Widersprüche zu sehen glaubten, stellten sich diese oft nur als verschiedene Aspekte ein und desselben Themas heraus, die einander wunderbar ergänzen. Alle Streitigkeiten über die Bibel haben nur dazu geführt, daß ihre perfekte Harmonie sich noch deutlicher abzeichnete.
Natürlich behaupten wir hier Dinge, die im Grunde noch bewiesen werden müssen. Aber wir müssen einmal irgendwo anfangen, und die Harmonie der Bibel kann sich erst als echt erweisen nach ihrem gründlichen Studium. Der Leser muß hier selbst auf Entdeckungsreise gehen. Er wird dabei feststellen, was Millionen vor ihm entdeckten: Die Bibel ist eine wunderbare Einheit. Sie besteht nicht aus wahllos zusammengewürfelten verschiedenen Werken, sondern es existiert eine Einheit, die das Ganze miteinander verbindet. Das ist auch wichtig für die Bibelauslegung. Genau wie jeder Teil des menschlichen Körpers nur richtig erklärt werden kann im Zusammenhang mit dem Rest des Körpers, so kann auch ein einzelner Teil der Bibel nur im Zusammenhang mit dem Rest der Bibel richtig ausgelegt werden. Es gibt wohl kaum eine Regel in der Exegese (Bibelauslegung), die so oft achtlos übertreten wird wie diese.
Der *»rote Faden«*, der sich durch die ganze Bibel zieht, verdeutlicht ihre Einheit. Von der Genesis bis zur Offenbarung geht es um die großen Fragen: *»Wer ist Gott?«* und *»Wer ist der Mensch?«*. Darauf folgt die wichtige Frage: *»Gibt es die Möglichkeit einer Verbindung zwischen Gott und dem Menschen, und wenn ja, wie?«* Die Einzigartigkeit der Bibel besteht darin, daß sie in der Beant-

wortung dieser Fragen nicht auf ein liturgisches Programm oder eine Reihe religiöser Verpflichtungen hinweist. Ein Mensch kann den Forderungen Gottes ohnehin nicht entsprechen. Ihr Zentralthema ist eine Person: *Jesus Christus* - er ist der einzig wahre Weg für den Menschen zu Gott. Das ganze Alte Testament weist im Grunde, sei es durch Bilder, sei es durch direkte Verheißungen, auf diese Person hin. Das Neue Testament zeigt uns die Erfüllung der Verheißungen und die Bedeutung und die Folgen des Kommens Christi. In dieser Einheit ihrer Thematik ist die Bibel einzigartig. Nur dadurch ist es auch möglich geworden, aus der Bibel eine zusammenhängende und konsequente christliche Lehre aufzubauen.

Die Einzigartigkeit ihrer Aktualität

Tausende von Büchern wurden auf der Welt geschrieben, die innerhalb einer Generation total in Vergessenheit gerieten. Viele Bücher wurden herausgegeben, die größeres Interesse genossen haben. Aber wie viele Bücher gibt es, die schon Jahrhunderte alt sind und noch sehr regelmäßig und mit großem Interesse von sehr vielen Menschen gelesen werden? Welche Bücher des Mittelalters werden noch in großer Auflage gedruckt und von einem breiten Publikum gelesen? Welche klassischen Werke werden außer von Forschern und geplagten Schülern noch regelmäßig von vielen Menschen gelesen? Und würde das geschehen, dann mehr aus historischem Interesse, und nicht, weil solche Bücher gegenwärtig so besonders aktuell wären.

Was hat es dann mit der Bibel auf sich, daß es hier so anders ist? Die Bibel ist nicht nur irgendein »altes Buch«. Wir glauben ruhig behaupten zu können, daß bestimmte Bibelteile sogar zu den *ältesten* bis heute erhalten gebliebenen Schriften gehören, die die Menschheit besitzt. Und doch werden sie von Millionen von Menschen »verschlungen«. Nicht nur aus historischem Interesse (das besitzt der Durchschnittsbürger nicht so sehr), sondern vor allem, weil die Menschen sehr wohl die Wichtigkeit der Bibel für das Leben in dieser gegenwärtigen Zeit verspüren. Die Bibel wurde in Tausenden von Jahren verfaßt, fast nur von Menschen, die zum selben unauffälligen Völkchen im Nahen Osten gehörten, und zum größten Teil in einer bis vor kurzem toten Sprache. Wie kann ein derartiges Buch immer noch Millionen von Menschen fesseln? Deutsche lesen hauptsächlich deutsche Bücher, Franzosen lesen hauptsächlich französische Bücher usw., aber die Bibel wurde in Sprachen geschrieben, die beinahe niemand in Westeuropa kennt. Und doch kennt ein großer Teil der Westeuropäer die Bibel sehr gut.

Die Bibel ist ein Buch, das in jede Epoche der Weltgeschichte hineinpaßt. Ob es in Kriegs- oder Friedenszeiten, ob es im finsteren

Mittelalter oder im modernen technischen Zeitalter war: Millionen Menschen haben von diesem Buch gezehrt, sich darauf gestützt und fanden Hilfe und Ermutigung. Merkwürdigerweise haben Wissenschaft und technischer Fortschritt das nicht verringert, sondern die Verbreitung der Bibel hat noch zugenommen. Viele haben auch aus eigener Erfahrung bezeugt, daß die Bibel immer neu und erfrischend bleibt. Als man Daniel Webster fragte: »Welchen Teil der Bibel lieben Sie am meisten?« antwortete er: »Den Teil, den ich zuletzt gelesen habe.«

Die bemerkenswerte Aktualität der Bibel ist *universal:* Es ist das einzige Buch der Welt, das von den Menschen jeder Klasse und jeden Alters gelesen wird. Daß zivilisierte erwachsene Menschen selten hingebungsvoll ein Kinderbuch lesen, liegt genauso auf der Hand, wie daß ein Kind nicht so schnell ein Buch über Wissenschaft oder Philosophie studieren wird. Ganz anders bei der Bibel: Sie wird den Kleinkindern vorgelesen, und im Alter liest man sie immer noch. Kleine Kinder können die Geschichten und Lehren der Bibel verstehen, während Gelehrte sich über deren tiefsinnigen Inhalt verwundern. Ein solches Buch sucht in der Literatur seinesgleichen!

Die Einzigartigkeit ihrer Verbreitung

Wenn man die Aktualität der Bibel betrachtet und das enorme Interesse, das für dieses Buch besteht, dann ist es nicht verwunderlich, daß die Bibel auch hinsichtlich der Anzahl der Übersetzungen und Auflagen, die von ihr gemacht wurden, einzigartig ist. Die Bibel gehört zu den ersten Büchern, die je übersetzt wurden: Rund 250 v. Chr. wurde das ganze Alte Testament in die griechische Sprache übersetzt. Diese Übersetzung nennt man Septuaginta. Seitdem ist die Bibel um ein Vielfaches mehr übersetzt, überarbeitet und kommentiert worden als jedes andere Buch der Welt. Zur Zeit arbeiten weltweit etwa 2000 Fachleute hauptamtlich und weitere 2000 nebenamtlich an Bibelübersetzungen. Im Jahr 1970 war die ganze Bibel in 249 Sprachen und Dialekten erschienen und das Neue Testament in weiteren 329 Sprachen, während in noch einmal 853 anderen Sprachen Teile der Bibel herausgegeben waren; das macht zusammen 1431 Sprachen. Im Jahr 1978 ergab die Zählung 268, 453 und 939, das macht zusammen *1660 Sprachen.* Auch in dieser Hinsicht ist die Bibel ohne Beispiel. Dasselbe gilt für die Verkaufsziffern der Bibel. Die Bibel wurde von mehr Menschen gelesen, in mehr Sprachen publiziert und in größeren Mengen verkauft, als jedes andere Buch der Welt. Es ist möglich, daß kurzfristig (z.B. einen Monat lang) ein bestimmter Bestseller in größerer Menge verkauft wird als die Bibel; aber auf lange Sicht gesehen gibt es kein Buch, das den Verkaufsziffern der Bibel auch nur entfernt gleichkommt.

Die Bibel (ihr ältester Teil) war das erste geschriebene Buch - und sie war auch das erste gedruckte Buch von Bedeutung: in der Form der lateinischen Vulgata, auf der Druckpresse von Gutenberg. Daher ist sie auch das kostbarste Buch der Welt, denn die Gutenberg-Bibel ist heute pro Exemplar mehr als eine halbe Million DM wert!

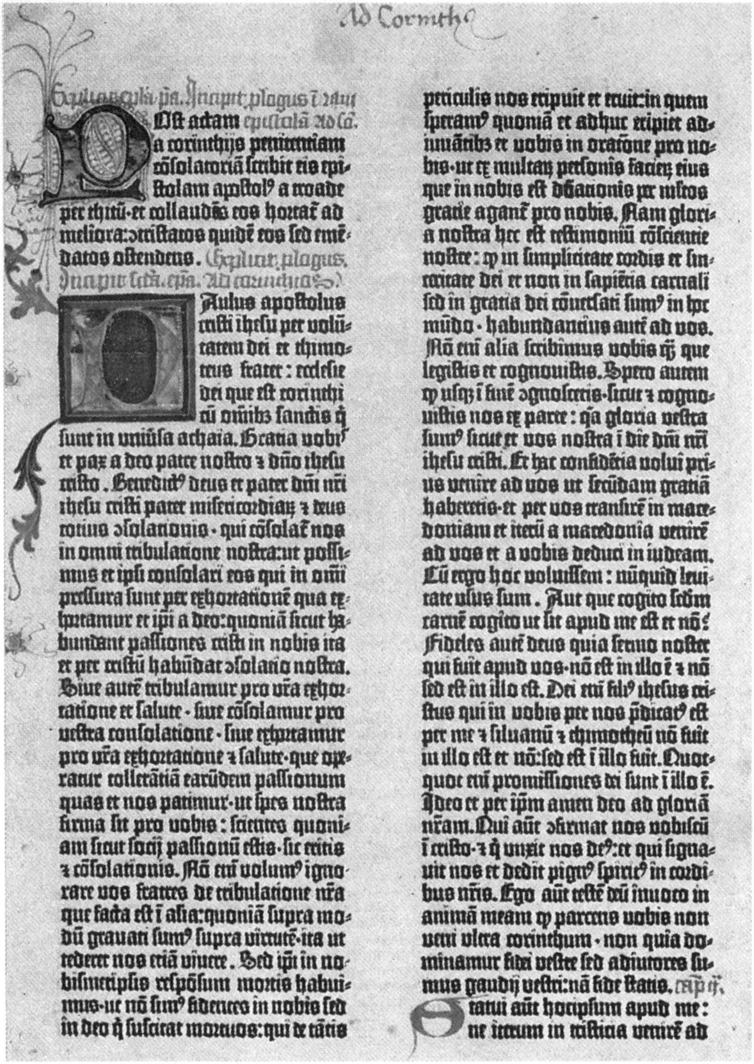

Das ist eine Seite der Gutenberg-Bibel aus dem Jahre 1455. Obwohl die Druckerkunst damals schon auf einer hohen Ebene stand, gleichen die ersten gedruckten Bibeln noch sehr den alten Handschriften. Die Verschnörkelung der großen Buchstaben wurde fast nie gedruckt, sondern von Hand gemalt. Die Gutenberg-Bibel ist das älteste große typographische Werk, das wir kennen.

Seit der Erfindung der Buchdruckerkunst sind buchstäblich hunderte Millionen Bibeln von den Druckerpressen gerollt. An der Spitze liegt die Erstauflage der New International Version mit 1,2 Millionen Exemplaren, herausgegeben am 27. Oktober 1978, die größte Erstauflage eines Buches in der Geschichte der Buchdruckkunst. Als am 30. September 1952 die Revised Standard Version erschien, waren für die erste Auflage eine Million Exemplare gedruckt worden. Um der Nachfrage nach Bibeln gerecht zu werden, müssen die Bibelgesellschaften und Bibelherausgeber mehr als eine Bibel oder Bibelteil pro Sekunde drucken, Tag und Nacht! Schon allein das Evangelische Bibelwerk in Deutschland gab 1986 591 785 Bibeln und 263 203 Neue Testamente heraus. Daß die weltweite Verbreitung der Bibel immer noch zunimmt, zeigt die folgende Statistik:

	1970	**1978**	**1986**
Bibeln	5.159.032	9.280.222	13.571.391
Neue Testamente	11.717.092	12.223.577	11.479.594
Einzelne Bibelbücher	32.835.300	38.104.521	44.116.988
Bibelteile	123.692.991	396.305.430	530.960.486
Gesamt	173.404.415	455.913.750	600.128.459

Man kann schon ausrechnen, daß im Jahre 1990 etwa 700 Millionen Bibeln und Bibelteile benötigt werden. Es gibt einen enormen Markt in den Ländern der Dritten Welt, und die Anzahl der Ausgaben in den Sprachen dieser Länder nimmt noch immer zu. Es gibt keinen Zweifel: Ob wir nun an Homer oder Ovid, Augustinus oder Thomas von Aquin, Shakespeare oder Goethe denken, die Bibel übertrifft sie alle mit Leichtigkeit. Niemand kann bestreiten, daß die Bibel in dieser Hinsicht einzigartig ist.

Die Einzigartigkeit ihrer Überlieferung

Ein Buch, das millionenfach aufgelegt und verbreitet wird, läuft natürlich nicht so schnell Gefahr, verloren zu gehen. Aber so war es nicht immer. Ursprünglich wurde die Bibel auf einem Material geschrieben, das leicht verderben konnte. Daher mußte sie während der Jahrhunderte mit der Hand abgeschrieben werden, bis dann die Buchdruckerkunst erfunden wurde. Verglichen mit anderen antiken Werken sind von der Bibel viel mehr *Handschriften* bewahrt geblieben als von zehn willkürlich zum Vergleich herangezogenen klassischen Werken zusammen. Für ein klassisches Werk sind einige Dutzend Handschriften schon erstaunlich viel. Und die sind dann gewöhnlich mindestens tausend Jahre jünger als die ursprüngliche Schrift. Aber vom Neuen Testament kennen wir nicht weniger als 4000 griechische Handschriften, dazu 13 000 Handschriften von Teilen des Neuen Testaments und daneben noch etwa 9000 Handschriften der antiken Übersetzungen des Neuen Testaments (hauptsächlich lateinisch). Vom Alten Testament haben wir weniger Handschriften, aber im Grunde wurden sie noch sorgfältiger aufbewahrt. Die alten Rabbiner hatten Register aller Buchstaben, Silben, Wörter und Zeilen des Alten Testaments. Außerdem gab es eine bestimmte Gruppe von Männern, deren einzige Aufgabe es war, die Heiligen Schriften mit der größten Sorgfalt zu bewahren und zu kopieren. Wer zählte jemals die Buchstaben, Silben und Wörter von Homer oder Tacitus ...?

Die Genauigkeit des Bibeltextes ist sogar so überwältigend groß, daß beispielsweise der Text von Shakespeare (der erst einige hundert Jahre alt ist) bedeutend ungenauer und »korrupter« (d.h. unsicher, verstümmelt) übersetzt ist als der des Neuen Testaments, das bekanntlich schon etwa 19 Jahrhunderte existiert, davon 14 Jahrhunderte in Manuskriptform. Im ganzen Neuen Testament gibt es nur etwa zehn bis zwanzig Verse, bei denen man nicht ganz sicher ist, wie sie genau lauten. Übrigens wird dadurch die Textaussage nicht wesentlich beeinträchtigt. Aber in den Schauspielen Shakespeares kommen sicher hundert Stellen vor, über die Uneinigkeit besteht; in den meisten Fällen handelt es sich dabei um bedeutsame Aussagen.

Aber die Bibel ist nicht nur einzigartig, was ihre Überlieferung durch die (buchdrucklosen) Zeiten hindurch betrifft, sondern auch was ihr Überleben trotz vieler heftiger *Verfolgungen* angeht. Seit Jahrhunderten versuchen Menschen, sie zu vernichten und zu verbrennen. Könige und Kaiser, aber auch religiöse Führer haben sich mit fanatischem Eifer dafür eingesetzt. Der große römische Kaiser Diokletian erließ 303 n. Chr. den Erlaß, alle Christen und ihr heiliges Buch zu vernichten.

Es wurde der größte Angriff auf die Bibel in der Geschichte: Hunderttausende Christen wurden getötet, und fast alle Bibel-Handschriften wurden vernichtet. Dennoch erschien die Bibel schon sehr schnell wieder, und die Ironie der Geschichte war, daß schon 22 Jahre später die Bibel von Kaiser Konstantin auf dem ersten allgemeinen Konzil zur unfehlbaren Autorität erhoben wurde. Außerdem gab er Eusebius den Auftrag, fünfzig Kopien der Bibel auf Kosten der Regierung anfertigen zu lassen. Solche Wendungen hat es immer wieder gegeben. Der berühmte französische Rationalist

Voltaire, der 1778 starb, behauptete, daß die Bibel innerhalb von hundert Jahren nur noch als Antiquität zu finden sein würde. Aber innerhalb von fünfzig Jahren nach seinem Tod gebrauchte die Genfer Bibelgesellschaft seine Druckerpresse und sein Haus, um Mengen von Bibeln zu produzieren! Versuchen Sie aber einmal, ein Werk von Voltaire zu kaufen: Das dürfte nicht ganz einfach sein.
Dem Römischen Reich folgte das Mittelalter. Die römische Kirche enthielt dem Volk die Bibel so sehr vor, daß jahrhundertelang die Bibel praktisch unbekannt war. Sogar Luther war, wie er sagte, schon erwachsen, ehe er überhaupt eine Bibel zu Gesicht bekam. Aufgrund der Konzilsbeschlüsse und päpstlicher Bannflüche wurden Bibelübersetzungen öffentlich verbrannt und Bibelleser von der Inquisition verurteilt, gefoltert und verbrannt. Das änderte sich erst langsam nach der Reformation. Aber danach entstand, gerade im Schoße des Protestantismus, eine Reihe neuer Attacken besonderer Art: die Angriffe der »Bibelkritik«. Vor allem in Deutschland kam ein ganzes Heer von Rationalisten auf, das sich die wildesten und heftigsten Angriffe ausdachte. Dennoch wurde die Bibel seither mehr verbreitet, mehr gelesen und mehr geliebt als je zuvor. Die Angreifer sind gestorben, ihre Kritik längst widerlegt, doch die Bibel steht immer noch wie ein Felsen. Welches Buch ist damit vergleichbar? Die Bibel ist das *meistgeliebte Buch* der Welt. Aber erstaunlich ist, daß sie gleichzeitig das meistgehaßte und meistkritisierte Buch der Welt ist. Viele Hämmer sind schon auf ihr kaputtgeschlagen und zahllose Grabreden über sie ausgesprochen worden. Kein Kapitel, kein Satz in der Bibel ist diesem Gift entkommen: Gibt es ein zweites Buch in der Literatur, von dem man das sagen kann? Sicherlich, es gibt zahllose Bücher, die auch gründlich kritisiert wurden. Aber sie sind dann auch für immer in Vergessenheit geraten. Doch die Zeit der heftigsten Bibelkritik ist gleichzeitig die Zeit der spektakulärsten Bibelverbreitung geworden. Wir hoffen, später noch mehr Gelegenheit zu haben, um hinzuweisen auf die vielen Angriffe, die auf die Bibel verübt wurden, die sich aber als vollkommen unbegründet herausgestellt haben. Jetzt geht es uns darum, zu zeigen, daß die Bibel einzigartig ist in der Art und Weise, wie sie die Jahrhunderte und die Angriffe überdauert hat. Kein denkender Mensch kann das leugnen.

Einzigartig in ihrem literarischen Charakter

Es ist eigentlich merkwürdig, daß die Bibel nicht in Alexandrien (Ägypten) oder Athen (Griechenland) - also in Zentren der Wissenschaften und Kultur - entstanden ist, und daß die Schreiber oft ungelehrte Menschen waren. Sie waren keine großen Gelehrten, ja, sie sprachen, was ihre eigene Sprache anbelangt, manchmal nicht einmal die Hochsprache. Petrus sprach den Dialekt seiner Gegend. Die jüdischen Leiter waren erstaunt, daß die Apostel (unter ihnen einige der späteren Autoren des Neuen Testaments) ungeschulte, einfache Menschen waren - also bestimmt keine Menschen, von denen man literarische Meisterwerke erwartet hätte. Und doch ist die Bibel zu einer Sammlung literarischer Meisterwerke geworden, und das ist sie nicht allein für die alten Hebräer oder die frühen griechisch sprechenden Christen, sondern auch in den Sprachen aller kulturell hochstehenden Völker. Obwohl von Menschen eines kleinen Volkes geschrieben - noch dazu eines Volkes, das sich nie besonders für andere Völker oder für Weltmission interessiert hatte! - ist ihr Buch ein Weltbuch, das nicht nur das Interesse weniger Altertumsspezialisten fand, sondern in den Sprachen, in die es übersetzt wurde, sofort das größte literarische Werk wurde.

Das ist wirklich einmalig. Das Hochdeutsch, das wir sprechen, wurde geprägt vom ausdrucksvollen Deutsch der alten Lutherbibel; die holländische Sprache wurde geformt und entwickelt aus dem großartigen literarischen Sprachschatz der »Statenbibel«. Die englische Sprache hat ihre Prägung bekommen durch die Sprache der »Authorised Version« (der sogenannten King-James-Übersetzung). *Frederick Starrison* sagte einmal in einem College in Oxford in Beziehung auf die englische Ausgabe der Bibel: »Das Beste, das unsere Literatur in natürlich edler Prosa geben kann.« Und *Thomas Carlyle* schrieb über den Inhalt der Bibel: »Es ist die prächtigste literarische Kostprobe, die je aus menschlicher Feder geflossen ist.« Er kann darüber urteilen, ist er doch selbst ein Meister unter den Schriftstellern. Obwohl er kein Christ war, sagte der große englische Historiker *Froude:* »Die gründlich studierte Bibel ist eine Literatur für sich - die seltsamste und die reichste auf allen Gebieten des Denkens.« *Sir William Jones,* nach Aussage der Enzyclopaedia Britannica einer der größten Sprachkundigen und Kenner des Ostens, die England je hervorgebracht hat, schrieb auf der letzten Seite seiner Bibel: »Ich habe diese heiligen Schriften regelmäßig und andächtig gelesen und ich meine, daß dieses Buch ... mehr Erhabenheit und Schönheit, mehr edle Moral, mehr wichtige Geschichte und schönere poetische Passagen und Schönheit der Sprache besitzt als alle anderen Bücher, in welchem Zeitalter oder in welcher Sprache sie auch immer geschrieben sein mögen.« *Arthur Brisbane* (einem Nichtchristen) zufolge enthält die Bibel glänzende Beispiele großer Literatur jeder Form: lyrische Poesie - die Psalmen, epische Poesie - die Genesis, dramatische Poesie - Hiob, historische Erzählkunst - die Bücher Samuel und Könige und Chronika, ländliche Idylle - Ruth, Vaterlandsliebe - Esther und Daniel, praktische Weisheit - Sprüche, philosophische Betrachtungen - Prediger, ergreifende Tiefe -

Jesaja, Kurzgeschichten - die Evangelien, Briefe - die verschiedenen Episteln des Neuen Testaments, mitreißende Mystik - das Buch der Offenbarung.
Ein derartiges literarisches Meisterwerk konnte nicht ohne großen Einfluß auf die Weltliteratur bleiben. Seit 1900 Jahren gibt es einen langen literarischen Strom, der durch die Bibel inspiriert wurde: biblische Wörterbücher, Enzyklopädien, Lexika und Atlanten. Aber auch Tausende von Werken über Theologie, Religionsunterricht, Hymnologie, die Mission, die biblischen Schriften und Kirchengeschichte usw., ebenso viele religiöse Biographien, Bücher über die Moral, Kommentare, Religionsphilosophien, apologetische und dogmatische Werke. Dabei sprachen wir noch nicht einmal von den vielen tausend Gedichten, Novellen, Romanen, Liedern, Passions- und Schauspielen. Über die Hauptperson der Bibel, Jesus Christus, schreibt der Yale-Historiker *K. S. Latourette:* »Es ist ein Hinweis auf Seine Bedeutung, auf den Einfluß, den Er auf die Geschichte genommen hat, und vermutlich auf die rätselhafte Mystik Seines Wesens, daß kein anderes Wesen, das je auf diesem Planeten gelebt hat, so ein gewaltiges literarisches Volumen unter so vielen Völkern zuwege gebracht hat, und daß diese Flut, anstatt abzuebben, noch immer steigt.«

Einzigartig in ihrem moralischen Charakter

Noch wichtiger als der literarische ist der *moralische* Charakter der Bibel. Sowohl Christen als auch Nichtchristen haben erkannt, daß die klassischen Werke der Antike und die heiligen Bücher des Orients geistlich tot sind und manchmal gerade durch ihre große Unmoral auffallen. Prof. Max. Muller wagte es nicht, die Bücher der Hindus buchstäblich zu übersetzen, um nicht wegen Publikation obszöner Pornographie angezeigt zu werden. Es besteht eine nicht zu überbrückende moralische Kluft zwischen der Bibel einerseits und sonstigen religiösen Schriften andererseits. Einzigartig zeigt sich die Bibel darin, daß sie eine moralische Lehre darbietet, die dem Normalempfinden des Menschen radikal *entgegengesetzt* ist. Eine Moral, deren Inhalt beispielsweise darin zum Ausdruck kommt, daß wir unsere Feinde lieben und denen Gutes tun sollen, die uns hassen und verfolgen, daß wollüstige Blicke Ehebruch bedeuten und Haß Mord ist, kann mit Bestimmtheit einzigartig genannt werden. Die Bibel wurde ohne Zweifel von Menschen geschrieben. Und doch haben diese Menschen so völlig anders geschrieben als Menschen das sonst irgendwo getan haben. Menschen schreiben gewöhnlich nicht so ungünstig über sich selbst, wie wir es zum Beispiel in Römer 3, 10-23 lesen können. (»Da ist keiner, der Gutes tue, auch nicht einer.«) Auch erzählt man gewöhnlich nicht so einfach, wie man ohne viel Kampf vom Teufel überwunden wurde (1. Mose 3). Und welcher Mensch würde sich jemals eine Hölle ausdenken als ewige Strafe für Sünde und Unglauben, oder eine ewige Glückseligkeit für Sünder, die ohne Verdienst, aus lauter Gnade, einer Strafe enthoben werden, die sie genauso verdient hätten wie die Verlorenen? Normalerweise versucht der Mensch durch »gut sein«, Gott zu gefallen; menschliche Religion ist immer ein Rezept zur Besserung des Charakters und Benehmens. Aber diese Gedanken sind der Bibel vollkommen fremd. In ihr verkündigen Menschen, von Gott getrieben, daß die Erlösung *Gnade* ist, ein Geschenk Gottes, der die verlorenen Menschen retten will; daß der Mensch verloren ist und nichts anderes zu seiner Errettung tun kann, als an Jesus Christus zu glauben. Man bemerkt den Unterschied daran, wie über *Sünde* gesprochen wird. Die Menschen neigen normalerweise dazu, das Böse nicht so ernst zu nehmen. Sie nennen Sünden Fehler, Mängel oder schlechte Gewohnheiten. Aber die Bibel sieht in der Sünde Aufstand gegen den heiligen und gerechten Willen Gottes. Nehmen wir sexuelle Sünden. Gewöhnlich reagiert der Mensch prüde oder triebhaft, wenn über sexuelle Themen gesprochen wird. Die Bibel ist da ganz anders; sie ist niemals prüde, sondern nennt die sexuelle Sünde beim Namen; sie ist niemals wollüstig, sondern spricht unverblümt das Urteil über Mißbrauch. Im positiven Gebrauch, nämlich wo die Sexualität innerhalb der Ehe erlebt wird, zeigt die Bibel sie als ein Geschenk Gottes. Getrieben von ihren eigenen unreinen Gedanken, haben manche Leute die Bibel ein unsittliches Buch genannt, weil sie Sünden vieler Hauptpersonen unverblümt und offen beschreibt. Als absurd erweist sich diese Beschuldigung an der Tatsache, daß im Alten Testament sexueller Mißbrauch mit dem Tode bestraft wurde und das Neue Testament noch strenger urteilt, wenn es keine Bekehrung von diesem Übel gibt.

Vielleicht zeigt sich der moralische Standard der Bibel nirgends deutlicher als in der Tatsache, daß sie so offen die Sünden und Schwächen ihrer edelsten und meistgeliebten Hauptpersonen aufzählt. Manche Leute haben gerade das als ein Argument *gegen* die Bibel gebraucht und behaupten (ohne viel Selbsterkenntnis), daß die Menschen der Bibel minderwertige, unedle Leute waren, denen wir besser keine Beachtung schenken sollten. Nun, in der Tat, Noah war betrunken; David beging Ehebruch und Mord, und Petrus fluchte und leistete einen Meineid. Das war falsch - aber waren sie darin so anders als wir? Die Bibel zeigt den Menschen einfach wie er ist! Auch der anziehendste und edelste Mensch ist nicht besser als irgend jemand anderes. Die Bibel ist nicht wie einige Sonntagsschulheftchen: mit Geschichten ganz braver Kinder, die gewöhnlich jung sterben. Die Bibel ist lebensnah - in einer einzigartigen Weise.

Stellen wir uns doch einmal vor, daß die Bibel von einem religiösen Klub zusammengestellt und herausgegeben wäre - würden wir dann jemals etwas gehört haben über die listigen Lügen Abrahams, die feigen Verleugnungen des Petrus, den törichten Götzendienst Salomos, die Schande Lots, den Betrug Jakobs, den Streit zwischen Paulus und Barnabas oder die Eigenwilligkeit des Mose? Ganz sicher nicht. Eine Kommission von ehrerbietungswürdigen Geistlichen hätte uns eine Bibel vorgesetzt voller fleckenloser Menschen, Vorbilder tadelloser Frömmigkeit und heiligen Wandels und nicht eine Bibel, die arme elende Sünder beschreibt, die sie in Wirklichkeit waren. Schlimmer noch: manche Bibelschreiber schämen sich nicht einmal, ihre eigenen Sünden zu beschreiben, z.B. Matthäus, Johannes und Paulus. Welche anderen Bücher gibt es noch, die solche bemerkenswerten Charakterzüge aufweisen?
Aber liegt hier nicht gerade die Ursache für die Emotionen um die Bibel? Der absolut einzigartige moralische Charakter dieses Buches zwingt den Menschen unwiderruflich zu einer Wahl, einer Entscheidung. Es scheint, daß niemand unberührt und neutral gegenüber der Bibel bleiben kann.
Ist das vielleicht auch der Grund, weshalb die Bibel das meistverkaufte, meistverbreitete, meistübersetzte und meistgelesene, aber auch das meistgehaßte Buch der Welt ist? Ist das der Grund, daß nie ein Buch so angegriffen, kritisiert, bestritten und vernichtet wurde wie die Bibel? Hassen sie die Bibel vielleicht aus demselben Grund wie ein Verbrecher das Gesetz, nach dessen Paragraphen er verurteilt wird?
Aber auch das Umgekehrte ist wahr: Die Bibel ist, wie schon gesagt, auch das meistgeliebte Buch der Welt. Christus sagte einmal von den falschen Propheten: »An ihren Früchten sollt ihr sie erkennen ... Jeder gute Baum bringt gute Früchte, aber der schlechte Baum bringt schlechte Früchte.« Genau dasselbe kann man von der Bibel sagen. Wenn ihre Moral nicht nur außerordentlich interessant, sondern auch gut und nützlich ist, kurz gesagt, wenn die Bibel ein gutes Buch ist, dann muß sich das an ihren Früchten zeigen. Markus Aurelius, Konfuzius und andere Moralisten schrieben hochstehende Standardwerke über die Ethik. Aber wer könnte ein Beispiel dafür anführen, daß ein Mensch dazu gebracht wurde, ein wirklich gutes und heiliges Leben zu führen, weil er diese Bücher studiert hat? Diese Bücher präsentieren wohl ein bestimmtes Ideal, aber die Praxis zeigt die Unmöglichkeit, den gefallenen Menschen auf das Niveau dieses Ideals zu stellen, weil die Kraft fehlt, die anscheinend nur die Bibel besitzt.
Die Bibel tut das, indem sie uns in Kontakt bringt mit Jesus Christus, der den gefallenen Menschen nicht »repariert«, sondern der

für ihn gestorben ist. Der gefallene Mensch ist in und mit Christus gestorben - dessen darf sich nach Zeugnis der Schrift jeder sicher sein, der Christus in wahrhaftigem Glauben angenommen hat - und er ist in dem auferstandenen Christus ein vollkommen neuer Mensch geworden, eine neue Kreatur. Die biblische Antwort auf das moralische Problem des modernen Menschen ist eine persönliche, geistliche *Wiedergeburt,* wirkliche innerliche Lebensumwandlung - nicht Bekehrung zu einem System, sondern zu einer Person - und ein aufrichtiges, gläubiges Vertrauen zu dem auferstandenen Herrn Jesus Christus.

Von Tontafeln bis zur Buchdruckerkunst

Eines der ältesten Materialien, auf denen man schrieb, war Ton. Diese Tontafeln von Ebla sind ein Beispiel dafür. In weichen Ton wurden mit einem Stab die Zeichen eingedruckt. Wenn der Ton hart geworden war, konnten die Tafeln als Platten in einem Regal aufbewahrt werden.

Wir finden es heute selbstverständlich, daß wir in ein Geschäft gehen können, um eine gedruckte Bibel zu kaufen. Das war aber nicht immer so. Jahrhundertelang mußten sich die Christen in Europa, wenn sie etwas aus der Bibel erfahren wollten, mit Darstellungen von Holzschnitzereien, Glasmalerei an Kirchenfenstern und Wundererzählungen begnügen. Ansonsten mußten sie mit dem Brauch zufrieden sein, daß ihnen die Bibel in der Kirche vorgelesen wurde (gewöhnlich in Latein) - genau wie die Juden mit ihren Vorlesungen der heiligen Gesetzrollen in den Synagogen und ihren Talmud-

studien (siehe Kap. 3). Die Bibel war dem gewöhnlichen Volk nicht zugänglich. Das kam natürlich auch daher, daß es nur wenige Bibeln gab, weil sie ausschließlich von Hand durch Abschreiben vervielfältigt werden mußten. Wir können uns heute kaum vorstellen, daß ein Buch, dessen älteste Teile mindestens 3400 Jahre alt sind, während 85% dieser Zeit nur von Hand kopiert wurde!
Wenn wir sagen, daß die ältesten Teile der Bibel mindestens 3400 Jahre alt sind, dann bedeutet das, daß die Bibel zu der Zeit zu entstehen begann, als das Volk Israel nach seinem spektakulären Auszug aus Ägypten bei dem Berg Sinai (in der jetzigen Wüste Sinai) angekommen war. Der große Führer des Volkes, Mose, stieg auf den von Feuer und Rauch verhüllten Berg und blieb dort 40 Tage (und später noch einmal 40 Tage). Dort sprach er, wie die Bibel berichtet, mit Jahwe, dem Gott, der Himmel und Erde geschaffen hat und der nun auf diesem Berg mit Israel einen Bund schloß. Uns interessiert vor allem zu erfahren, was Gott nach 2. Mose 34, 27 dort zu Mose redete: »*Schreib dir diese Worte auf;* denn auf Grund dieser Worte habe ich mit dir und mit Israel einen Bund geschlossen!« [Alle Bibelstellen sind nach Luther, revidierte Fassung 1956/64, zitiert.] Mose hatte vorher schon einmal - gleichfalls am Sinai - einen derartigen Auftrag bekommen (2. Mose 17,14) und ihn ausgeführt: Alle Worte von Jahwe schrieb er in das »Buch des Bundes« (2. Mose 24,4 + 7). Wir können auch nachlesen, daß Mose während der 40jährigen Wüstenwanderung wiederholt die Reise und das Ergehen des Volkes beschreibt (4. Mose 33,2). Ebenso schrieb er ihre Gesetze nieder in ein Buch (5. Mose 31, Verse 9,19,22,24-26).

Wer schrieb den Pentateuch?

Wenn wir die vielen Hypothesen der modernen Theologie (die z.B. die Mosebücher als viel jünger einschätzen) beiseite lassen und einfach die Aussagen ernst nehmen, die die Bibel selber zu diesem Thema macht, dann können wir nur zu dem Schluß kommen, daß *Mose* selbst den *Pentateuch,* d.h. die fünf Bücher Mose, wie wir sie in unserer Bibel haben, geschrieben haben muß. Wer das bezweifelt, muß schon starke Argumente haben, um gegen die deutlichen Aussagen der Bibel anzugehen. Zahllose Teile in diesen Büchern wurden zu Mose persönlich gesprochen, und wir lesen - wie gesagt - wiederholt, daß Mose die Worte Gottes in Bücher niederschrieb (was nicht ausschließt, daß er sie anderen diktiert haben kann, oder daß ein Überarbeiter später einige Verse hinzufügte, wie z.B. 4. Mose 12,3 und 5. Mose 34).
Mose eignete sich hervorragend dazu. Durch seine Erziehung war er ein gebildeter Mann (vgl. Apg. 7,22) und hatte (im Gegensatz

zu eventuellen späteren Autoren in Palästina) eine genaue Kenntnis des Klimas und der Geographie Ägyptens und der Wüste Sinai (die 5 Bücher Mose sprechen für sich selbst). Außerdem war Mose vertraut mit der früheren Geschichte der Hebräer (der Vorväter Israels). In seiner Funktion als politischer und geistlicher Führer der zwölf Stämme Israels war er der richtige Mann, diese Bücher zu schreiben. Auch hatte er während der vierzig Jahre des Umherziehens in der Wüste genügend Zeit dafür.

Auch die späteren Teile der Bibel nennen deutlich Mose als Autor: siehe zum Beispiel Josua 8,31-34; 23,6; 1. Könige 2,3; 2. Chronik 25,4; 35,12; Nehemia 8,2; Markus 12,19. Auch die Apostel (z.B. Römer 10,5) und Jesus selbst (siehe vor allem Johannes 5, 45-47) schrieben die Geschichtsbücher ausdrücklich Mose zu. Auch die frühchristliche und jüdische Tradition (siehe die apokryphen Bücher, den Talmud und Geschichtsschreiber wie Philo und Flavius Josephus) bezeugen das. Zudem geht die Verfasserschaft Moses aus Schriften der verschiedenen Kirchenväter und den alten kanonischen Listen hervor.

Den Behauptungen bestimmter moderner Theologen, der Pentateuch sei beinahe tausend Jahre später geschrieben, steht zum Beispiel der interessante Befund gegenüber, daß die literarische Struktur des fünften Buches Mose (Deuteronomium) und die Form der Unterweisungen kennzeichnend sind für das zweite Millennium (2000-1000) v. Christus und gerade nicht für das erste. Das hat sich auch, unter anderem, durch Vergleiche mit Informationen aus hethitischen Archiven herausgestellt. Der ganze Stil und geographische Wortgebrauch entsprechen der Zeit Moses. In der Beschreibung des Zuges durch die Wüste finden wir allerlei Einzelheiten, die für das reisende Volk Israel von großer Bedeutung waren (wie z.B. die Formierung des Zuges und die Art und Weise des Lagerns; Kap. 1-4 und 10). Wer würde sich angesichts solcher genauen Beschreibungen vorstellen können, daß ein Autor 800 Jahre später diese so genau und ausführlich beschrieben hätte? Auch allerlei beschriebene, typisch ägyptische Merkmale, sei es in Geographie (4. Mose 13,22) oder Wortgebrauch, wären praktisch nicht zu erklären; es sei denn, man geht davon aus, daß ein Autor schreibt, der aus dem zweiten Millennium umfangreiches Wissen über Ägypten hat. Das Vorkommen sehr alter Gebräuche (wie der Bundesschluß in 1. Mose 15) und antiker hebräischer Buchstabierung weist ebenfalls auf ein sehr hohes Alter hin.

Abweichende Auffassungen

Nun wird sich manch einer fragen, wieso es wichtig ist, ob der Pentateuch (die 5 Bücher Mose) tausend Jahre älter oder jünger ist und ob Mose oder irgendein anderer frommer Israelit der Autor ist. An sich ändert diese Frage nichts am Wert des Pentateuchs. Dennoch haben wir es hier mit einer fundamentalen Frage zu tun. Denn wenn die Bibel selbst so deutlich für die Verfasserschaft Moses plädiert, dann fragt man sich doch, warum die meisten Theologen heute glauben, diese Tatsache sei nur eine fromme Legende. Sie meinen, diese Bücher seien viele Jahrhunderte später entstanden, als Produkt zunehmender Aufzeichnungen allerlei (sich oft widersprechender) mündlicher Überlieferungen, die nur religiöse Bedeutung, historisch aber wenig Gewicht hätten.

Wir müssen diese Theorien hier aufführen, weil sie in der modernen Theologie eine so große Rolle spielen. Später werden wir noch ausführlicher darauf zurückkommen. Für den Augenblick genügt es uns zu betonen, daß wir diese Theorien ablehnen, weil sie nicht auf exegetischen und hermeneutischen Argumenten beruhen, sondern vielmehr auf einer Art philosophisch-spekulativen Denkens aus der Zeit der *Aufklärung* (18. Jhdt.). Dieses rationalistische Denken beeinflußte unsere ganze Kultur und schließlich auch die Theologie. Dieser Einfluß äußerte sich vor allem auf zweierlei Weise. Erstens durch Ablehnung alles Übernatürlichen. Der Gedanke der »Inspiration«, das Reden Gottes und die Wunder der Bibel wurden damit in das Reich der Fabel verwiesen. Man wollte den Menschen glauben machen, daß Wunder »unwissenschaftlich« seien. Wir werden aber später sehen, daß dies ein Mißverständnis ist. Ob man an Wunder glaubt oder nicht, ist ein philosophisches oder religiöses Problem, das nichts mit Naturwissenschaft zu tun hat.

Die zweite Auswirkung des »aufgeklärten« Denkens in der Theologie war die *Evolutionstheorie,* die ein anderes Licht auf die Entstehung der Welt und des Menschen, aber auch auf die religiöse Entwicklung warf. Die Geschichte und Religion Israels wurde von vielen Theologen nunmehr evolutionistisch interpretiert; das taten sie, weil sie meinten, dies der neuen Entwicklung der Naturwissenschaft schuldig zu sein. Als Nicht-Biologen hatten sie, sicherlich in dem ersten stürmischen Aufkommen der Evolutionstheorie, Mühe damit, Philosophie von Wissenschaft und Thesen von Tatsachen zu unterscheiden. Auch nach Aufkommen der Neo-Orthodoxie, einer Reaktion auf den Modernismus, der im 19. Jahrhundert aufkam, beharrten viele Theologen gegenüber der Öffentlichkeit darauf, daß das moderne wissenschaftliche Weltbild den »modernen« Menschen veranlassen müßte, sein traditionelles Verständnis über die Entstehung und den Inhalt des 1. Buches Mose gänzlich zu revidieren.

Soviel darüber im Moment. Zusammen mit Tausenden Naturwissenschaftlern und Theologen der ganzen Welt sind wir überzeugte

Gegner dieses Anti-Supranaturalismus (Ablehnung alles Übernatürlichen) und der Evolutionstheorie, und wir haben nicht das geringste Bedürfnis, die traditionelle, auf die Bibel gestützte Schau über Genesis (1. Buch Mose) und den Rest des Pentateuchs preiszugeben! Außerdem wissen wir, daß wir in dieser Hinsicht die Archäologie auf unserer Seite haben. Wir haben heute zahllose archäologische Hinweise auf das hohe Alter des Pentateuchs, wie wir oben schon gesagt haben. Die Archäologie hat uns zum Beispiel Informationen verschafft über das Alter der literarischen Struktur der Bücher des Pentateuchs und hat uns auch sehr viel erzählt über den historischen und kulturellen Hintergrund des Zeitalters, das in der Genesis beschrieben wird. Dadurch wissen wir, daß die Geschichten der Erzväter nicht legendären Charakter haben. Auch hat sie uns, durch viele Parallelen mit den Gesetzen anderer alter Völker des Altertums, das hohe Alter des Pentateuchs bestätigt.

Archäologische Funde

Der jüngste Fund auf diesem Gebiet ist auch zugleich der interessanteste. Er ist dermaßen aufschlußreich, daß er die Entdeckungen der Qumranrollen vielleicht sogar noch übertrifft! Im Jahre 1975 entdeckte ein Team italienischer Archäologen nach jahrelangem Suchen in Tell Mardich (Syrien) 15 000 Tontafeln, die aus dem alten Königreich Ebla stammen - also aus der Zeit vor Abraham (2400-2250 v. Chr.). Diese Funde vermitteln uns ein Bild der kanaanitischen Welt, das genau mit dem der Bibel übereinstimmt. Die Tontafeln nennen Namen von Personen, die auch in der Bibel vorkommen (wie Eber, Israel, Abraham) und zeigen damit, daß Abrahams Vorvater Eber (1. Mose 11, 14-17) gar keine legendäre Person zu sein braucht, wie es die meisten Theologen heute glauben. Die Tafeln enthalten sogar eine Schöpfungs- und Sintflutgeschichte, die viele Jahre älter sein kann als die des Mose. Im Augenblick ist diese Geschichte für uns aus zwei Gründen wichtig. Erstens ist es eine erneute Bestätigung, daß die Schreibkunst bedeutend älter ist als man früher meinte. Als die Pentateuchkritik aufkam, war man der Meinung, daß die Menschen zur Zeit Moses nicht oder kaum schreiben konnten (obwohl Richter 8,14 zeigt, daß sogar ein Knabe die Schreibkunst beherrschte). Heute aber wissen wir, daß diese Stütze der Bibelkritik weder Hand noch Fuß hat. Schon Jahrhunderte vor Abraham beherrschte man die Kunst des Schreibens, das haben viele Funde in Sumer, Ägypten und Babel und jetzt wieder in Ebla überzeugend nachgewiesen. Eines der schwerwiegenden Argumente dafür, daß Mose niemals den Pentateuch geschrieben haben könne, hat sich damit als unbegründet erwiesen.

Es ist der Mühe wert, daß wir uns mit der Frage befassen, wie die

Bibelkritiker aus dem vorigen Jahrhundert zu der Überzeugung kamen, die Kunst des Schreibens sei Jahrhunderte jünger als sie tatsächlich ist. Es war eine einfache Konsequenz des evolutionistischen Denkens. Man war davon überzeugt, daß die Menschen und Völker um so primitiver sein würden, je weiter man in die Vergangenheit zurückging. Kennzeichen einer hohen Kultur, wie zum Beispiel die Schreibkunst und der Monotheismus, durften deshalb nur verhältnismäßig jung sein. Die Evolutionisten staunten aber nicht schlecht, als sie entdeckten, daß die ältesten sumerischen und ägyptischen Kulturen schon außergewöhnlich hoch entwickelt waren und eine verhältnismäßig weit entwickelte Geometrie, Architektur, Astronomie, Technologie und Kunst kannten. Noch erstaunlicher war die Entdeckung, daß diesen hohen Kulturen keine langsam wachsende kulturelle Evolution vorangegangen war, sondern daß sie wie Pilze aus dem Boden geschossen waren. Für diejenigen, die aus wissenschaftlichen Gründen die Evolutionstheorie abweisen und an der historischen Glaubwürdigkeit von 1. Mose Kapitel 1-11 festhalten, ist das kein Problem, weil für sie diese alten Kulturen einfach die kulturellen Leistungen sind, die kurz nach der weltweiten Sintflut anzutreffen sind. Bei einer richtigen Handhabung wissenschaftlicher Datierungsmethoden stellt sich heraus, daß die primitiven Zeiten, die diesen Kulturen vorangegangen sein sollen, wegfallen. Darüber später mehr (siehe Kap. 7 und 8 und den 2. Teil dieser Buchreihe). Die Funde, die 1975 in Tell Mardich gemacht wurden, sind aber auch noch aus einem zweiten Grund sehr wichtig. Sie zeigen, daß ähnliche Geschichten, wie wir sie in Genesis finden, schon Jahrhunderte bevor Mose lebte, auf Tontafeln festgehalten worden sind. Das wiederum wirft ein überraschendes neues Licht auf eine schon etwas ältere, interessante Theorie von P. J. Wisemann (»Entdeckungen über 1. Mose«, De Haan, Groningen 1960): Aufgrund allerlei literarischer Kennzeichen des 1. Buches Mose kam er zu dem Schluß, daß dieses Buch wahrscheinlich ursprünglich in einer sehr alten Schrift auf Tontafeln geschrieben wurde und zwar von den Erzvätern selber, die am besten Bescheid wußten über alle Geschehnisse. Mose würde dann das Buch, wie wir es heute vor uns haben, zusammengestellt haben. Er selber würde in dem Buch andeuten, aus welchen Quellen er geschöpft habe, zum Beispiel durch den Satz: »Dies ist die Geschichte (= Geschlechtsregister, die Nachkommenschaft usw., hebr. toledot) von...« Das können wir unter anderem in 1. Mose 2,4; 5,1; 6,9 und 10,1 sehen; hier würden dann immer Anfang oder Ende einer Tontafel angedeutet. Wegen der guten wissenschaftlichen Grundlage dieser Theorie und der damit verbundenen Lösung vieler Probleme glauben wir, daß sie sehr wichtig ist, vor allem im Blick auf die vor kurzem gefundenen Tontafeln. Aber hierauf wollen wir später noch eingehen.

Schreibmaterialien

Es wäre also möglich, daß die Entstehung der Bibel schon viele Jahrhunderte vor Abraham angefangen hat, mit der Schilderung der ältesten Geschichten auf *Tontafeln*. In solche Tafeln wurden mit

Diese Tontafeln von Ebla stammen etwa aus dem Jahr 2250 vor Christus. Mehr als 15 000 Tontafeln wurden bisher bei Tell-Mardich in Nord-Syrien gefunden. Sie zeigen, daß das Schreiben schon lange vor der Zeit Mose eine wichtige Rolle gespielt haben muß.

einem scharfen Gegenstand Schriften eingraviert. Danach wurde der Ton getrocknet und somit haltbar gemacht (vgl. Jeremia 17,13; Hesekiel 4,1). Dieses Material war außerordentlich haltbar, bedeutend besser als der Papyrus, der von jeher als Schreibmaterial benutzt wurde. *Papyrus* war allerdings viel praktischer. Die Papyrusstaude wuchs in den flachen Seen und Flüssen Ägyptens und Syriens. Große Schiffsladungen Papyrus wurden über den syrischen Hafen Byblos versandt, und man vermutet, daß von diesem Wort das griechische Wort *biblos* oder *bublos* abgeleitet wurde, das soviel wie »Papyruspflanze« und auch »Papier, Schriftstück, Buch, Brief« bedeutet. Für letztere Bedeutungen wird normalerweise biblion gebraucht (vgl. »Bibliothek«). Die Mehrzahl heißt *biblia* (»Bücher«). Davon wurde das Wort »Bibel« abgeleitet. Und von »Papyrus« stammt unsere Bezeichnung »Papier«.

Die Papyrus-Rohre wurden enthäutet und in lange Streifen geschnitten, danach geglättet und in zwei Lagen (übereinander gelegt) zusammengepreßt. Wenn das Material getrocknet war, wurde die weiße Oberfläche mit einem Stein glattpoliert. Wir begegnen dem Papyrus (»Rohr«) im 2. Buch Mose 2,3; Hiob 8,11 und Jesaja 18,2 - jedoch nicht als Schreibmaterial. Wohl aber finden wir in 2. Johannes 12 das griechische Wort *chartes* (vgl. »charta«); damit wurde ein Blatt Papier bezeichnet, das aus Papyrus gemacht wurde. Man schrieb auf diesem »Papier« mit Tinte und einer Feder, die aus einem Stück Rohr hergestellt und mit einem Messer angespitzt wurde (vgl. Jeremia 8,8; 36,23 und 3. Johannes 13). Die Idee des Schreibens mit der Gänsefeder scheint von den Griechen im 3. Jahrhundert v. Chr. zu stammen. Beschriftete Papyrusblätter wurden aneinander geklebt und danach auf einen Stock gerollt. So entstand eine »Buchrolle«, meistens einseitig, aber manchmal auch beidsei-

Bevor ein Buch mit Seiten, so wie Sie es hier in Händen haben, gebräuchlich wurde, gebrauchte man oft die Buchrolle. Papyrusstreifen oder Pergamentstücke wurden aneinander geheftet, so daß Rollen von 6-10 Meter Länge entstanden. Man hat sogar Rollen gefunden von mehr als 40 Metern! Auch heute noch hat die Buchrolle ihren Platz im jüdischen Gottesdienst.

tig beschrieben (Offenbarung 5,1). Im Durchschnitt war so eine Rolle etwa 6 bis 10 Meter lang, es sind uns aber auch Rollen mit einer Länge von mehr als 40 Metern bekannt! Bis zum 7. Jahrhundert nach Christus gebrauchte man den Papyrus; danach machte die Eroberung Ägyptens durch die Araber dem Gebrauch dieses Schreibmaterials ein Ende.

Aber schon Jahrhunderte vorher war der Gebrauch eines anderen Materials üblich geworden, nämlich des *Pergaments*. Im Griechischen heißt es *membrana* (vgl. unser Wort »Membrane«), während das Wort »Pergament« von dem Namen des Ortes Pergamon in Kleinasien stammt (vgl. Offenbarung 2,12). Hier wurde dieses Material eine Zeitlang angefertigt. Pergament wurde aus den geschorenen und gegerbten Häuten der Schafe, Ziegen, Antilopen und anderer Tiere hergestellt. Pergament aus Kalbsleder nannte man *vellum*. Man färbte Vellum oft in Purpurfarbe, um darauf dann mit Gold oder Silber zu schreiben. Verschiedene solcher kostbaren Bibelhandschriften auf Vellum sind bekannt. Zur Zeit des Neuen Testaments gebrauchte man Pergament hauptsächlich für wertvolle Dokumente, weil es haltbarer und kostbarer als Papyrus war. In 2. Timotheus 4,13 bittet der Apostel Paulus den Timotheus, ihm seinen Mantel mitzubringen und auch die »Bücher«, vor allem aber die »Pergamente«. Es handelt sich hier also um Buchrollen, teils aus Papyrus, teils aus Pergament (vielleicht waren die letzteren kostbare Dokumententeile des Alten Testaments). Nicht lange nach der apostolischen Zeit, im 3. Jahrhundert nach Christus, kam eine ganz neue Buchform in Gebrauch (der *Codex*), ein Buch mit Seiten, so

Der abgebildete Codex Vaticanus ist eine der wertvollsten Handschriften der griechischen Bibel. Er wurde etwa in der Mitte des 4. Jhdts. n. Chr. geschrieben und enthält die griechische Übersetzung des Alten Testaments, das griechische Neue Testament und die meisten Apokryphenbücher. Einige Forscher meinen, daß dieser Codex eines der 50 Exemplare ist, die Kaiser Konstantin auf seine Kosten anfertigen ließ.

wie wir es kennen. Die Blätter aus Papyrus oder Pergament wurden nun beidseitig beschrieben und wie Blätter eines Buches zusam-

mengefügt. Manche meinen, daß die schnelle Verbreitung des Christentums und der große Bedarf an Schrifttum zu der Entwicklung dieser handlichen Buchform führten.
Außer an der Art oder an dem Zustand des Schreibmaterials kann das richtige Alter einer Buchrolle oder eines Codex auch an der benutzten Schreibmethode gemessen werden, nämlich an der Größe und Form der Buchstaben, den Lesezeichen, der Einteilung des Textes und dem Schreibschmuck. Hinsichtlich der benutzten Buchstabentypen unterscheidet man das Schreiben in *Unziale* oder *Majuskel* (Großbuchstaben) und *Minuskel* (Kleinbuchstaben), oder aber in Druckschrift oder Schreibschrift. Die Manuskripte, in denen diese Buchstaben enthalten sind, nennt man auch Unzial- beziehungsweise Minuskelschriften. Seit dem neunten Jahrhundert wurden die Unzialschriften bald von den Minuskelschriften verdrängt. Ein anderes typisches Kennzeichen der Schreibweise auf den Manuskripten (oder »Handschriften«) ist, daß sowohl die griechischen als auch die hebräischen Handschriften fortlaufend geschrieben wurden, also ohne Absätze zwischen den einzelnen Wörtern. Außerdem wurden die hebräischen Handschriften bis ca. 900 n. Chr. ohne Selbstlaute (Vokale) geschrieben (s. Kap. 3).

Der Werdegang des Alten Testaments

Nach dieser kurzen Erklärung zu den Schreibweisen der Bibelbücher wollen wir nun erforschen, wie die Bibel allmählich zu ihrem heutigen Umfang kam. Wie wir schon gesehen haben, stammen die ältesten Teile der Bibel vielleicht schon aus frühesten Zeiten der Geschichte, möglicherweise schon bevor die Sintflut, etwa 5000 v. Chr., über die ganze Welt gekommen war. Diese alten Geschichten wurden dann wahrscheinlich auf Tontafeln festgehalten und kamen über die Erzväter in den Besitz Moses. Dieser fügte sie zusammen und redigierte sie zu dem Buch Genesis - 1. Buch Mose. Selber schrieb Mose während der Wüstenreise die Bücher Exodus, Leviticus, Numeri und Deuteronomium - also die restlichen 4 Bücher Mose. Das letzte Kapitel des 5. Buches Mose (das seinen Tod beschreibt) wurde wahrscheinlich von Josua geschrieben und hinzugefügt, der sehr wahrscheinlich auch das nach ihm benannte Buch Josua geschrieben hat (vgl. Josua 24,26). Allmählich wuchs die Zahl der heiligen Buchrollen, und wir dürfen annehmen, daß in den Tagen des Königs Salomo auch die Bücher Richter, Ruth und Samuel fertiggestellt wurden. Es ist allerdings auch möglich, daß man diesen Büchern später noch Teile hinzugefügt hat. Als für Juda die babylonische Gefangenschaft begann, waren auch die Königsbücher (wenigstens in der ersten Version), Psalter, Sprüche, Prediger, das Hohelied und verschiedene prophetische Bücher (Jesaja und einige

kleine Propheten) abgeschlossen. In den Tagen der Rückkehr des Volkes nach Palästina, unter dem Priester Esra und dem Stadthalter Nehemia, wurde das Alte Testament fertiggestellt - außer dem Buch Maleachi.
Inzwischen mußte auch die Identifizierung der Juden mit diesen ihren heiligen Schriften sehr zugenommen haben, weil Israel unter dem König Nebukadnezar seinen heiligen Tempel verloren und damit auch der Opferdienst ein Ende gefunden hatte. So griffen die Israeliten auf das zurück, was sie noch erhalten und früher oft vernachlässigt hatten (vgl. 2. Chronik 34,14-19): ihre Bibel! Sie hatten wahrscheinlich schon vor und während der Gefangenschaft in Babel Versammlungsorte (für den Unterricht durch Leviten), die später im Griechischen *Synagogen* genannt wurden, wo man sich dem Bibelstudium und dem Gebet widmete. Die Synagoge wurde später ein Ersatz für den Tempel und das Vorlesen der Thora (Pentateuch, Gesetz) ein Ersatz für den Opferdienst. Die Synagoge spielte auch eine wichtige Rolle als Versammlungsort und Begegnungsstätte; vielleicht finden wir dafür einen Hinweis in Hesekiel 14,1 und 20,1. In der Synagoge wurden auch kostbare Gesetzesrollen aufbewahrt, aus denen zu den Sabbaten und Feiertagen vorgelesen wurde. Nach der Gefangenschaft wurden diese Schriften mit nach Israel zurückgebracht, und dort nahm das Vorlesen des Gesetzes bald eine wichtige Stellung ein (siehe Esra 7,6 + 10 + 25 ff; Nehemia 8 und 13,1). Nicht alle Juden kehrten nach Israel zurück; auch waren nicht alle in die Gefangenschaft nach Babel geführt worden. In Jeremia 41-44 lesen wir, daß eine große Anzahl Juden hinunterzog nach Ägypten, um sich dort niederzulassen; seitdem war Ägypten nie mehr ohne eine jüdische Kolonie.
Große Bedeutung erlangten die Juden vor allem in der Stadt Alexandrien, die Alexander der Große im Jahre 332 v. Chr. gründete. Praktisch von Anfang an spielten sie in dieser Stadt eine sehr wichtige Rolle; zu Beginn unserer Jahreszählung war die Hälfte der Stadt jüdisch, und in ganz Ägypten gab es etwa eine Million Juden! Diese Juden waren immer weniger mit dem Hebräischen vertraut und sprachen das in Alexandrien übliche Griechisch. Das bedeutete einen ganz neuen Abschnitt in der Geschichte der Bibel! Wenn die Bibel für die alexandrinischen Juden überhaupt noch eine Bedeutung haben sollte, dann mußte sie übersetzt werden. Und damit wurde, soweit wir wissen, die Bibel das erste übersetzte Buch der Welt (siehe Kapitel 1). An dieser griechischen Übersetzung, die in Alexandrien im 3. Jahrhundert vor Christus angefangen wurde, arbeiteten zuerst mehrere Übersetzer unabhängig voneinander. Zum Schluß, im zweiten Jahrhundert v. Chr., kam die Standardversion des griechischen Alten Testaments zustande, die seitdem *Septua-*

ginta (= »siebzig«) genannt wird. Diese Bezeichnung entstand nach einer Erzählung, die besagt, daß diese Übersetzung von 72 Gelehrten erarbeitet worden sei, sechs von jedem Stamm Israels. Bald wurde diese Übersetzung überall dort benutzt, wo es im Mittelmeergebiet Synagogen gab. Wenn im Neuen Testament Texte aus dem Alten Testament angeführt werden, wird sehr oft diese Übersetzung zitiert. Die Septuaginta war von größter Bedeutung für die ersten Christen, weil diese durch die Septuaginta bei ihrer Verkündigung Zugang hatten zur ganzen Welt der Antike, in der die griechische Sprache gesprochen wurde. Bei der Jesajarolle, aus der der Kämmerer der Königin von Äthiopien las (Apg. 8,26-40), handelte es sich zweifellos um einen Teil der Septuaginta. In späteren Auseinandersetzungen mit den Juden benutzten die Christen immer die Septuaginta; dadurch verloren die Juden immer mehr ihr Interesse an dieser griechischen Version. Eine andere Ursache für diesen Interessenverlust war ihr wiedererwachendes Interesse für das hebräische Alte Testament, wie wir später sehen werden (Kap. 3). Neben der bewundernswerten Arbeit, die sich die Juden etwa vom Jahre 100 bis 900 n. Chr. mit dem hebräischen Text des Alten Testaments machten, verfaßten sie auch ihre eigenen neuen griechischen Übersetzungen, wie die von Aquila, Theodotion und Symmachus.

Der Werdegang des Neuen Testaments

Im letzten Abschnitt sprachen wir schon kurz über das Neue Testament. Die frühchristlichen Gemeinden besaßen ihr geliebtes griechisches Altes Testament, aber in der zweiten Hälfte des ersten Jahrhunderts fingen sie an, auch die von Gott inspirierten Schriften der Apostel und neutestamentlichen Propheten zu sammeln und zu kopieren.

Obwohl das Evangelium von Markus (das der Apostel als Gefährte und Dolmetscher des Petrus in Rom geschrieben haben soll) wahrscheinlich zuerst in Rom bekannt wurde und Syrien das Evangelium von Matthäus hatte, während eine Gruppe von Gläubigen das des Lukas besaß und die Stadt Ephesus das von Johannes, scheint es, daß diese vier Evangelien schon am Ende des ersten Jahrhunderts zu einem Buch zusammengefaßt waren; es wurde *»Das Evangelium«* genannt. Etwa zu der gleichen Zeit wurden die Briefe, die der Apostel Paulus an die verschiedenen Gemeinden und an einzelne Personen geschrieben hatte, zusammengebunden und machten als eine »zweite Kollektion« unter dem Titel *»Der Apostel«* die Runde durch die Gemeinden. Für dieses Buch war das Werk, das wir heute die Apostelgeschichte nennen, als Erläuterung sehr wichtig. Die Apostelgeschichte wurde von Lukas geschrieben und ist wahrscheinlich zusammen mit seinem Evangelium ursprünglich ein Buch

gewesen. Daneben wurden auch die Briefe anderer Apostel und die von »apostolischen Männern« sowie die Offenbarung des Johannes als göttlich inspiriert anerkannt und in den Kanon des Neuen Testaments aufgenommen (siehe Kap. 4).
Wir werden die Probleme, die bei der Festlegung des Kanons (Liste der heiligen, von Gott inspirierten Schriften) des Alten und Neuen Testaments auftraten, später ausführlich behandeln (Kap. 5). Im Augenblick wollen wir nur feststellen, daß die Bibel im zweiten Jahrhundert nach Christus nicht nur vollständig geschrieben war, sondern auch als komplettes Buch zu kursieren begann. Die Bibel enthielt das Alte Testament in der griechischen Übersetzung (die Septuaginta) und das Neue Testament, das sowieso in griechisch geschrieben war. Als im 3. Jahrhundert, wie wir gesehen haben, der *Codex* entstand, wurde es zum erstenmal möglich, die Bibel in einem Band zusammenzufassen. Von solchen Büchern ist leider keines komplett erhalten geblieben; das liegt einerseits daran, daß das verwendete Material hauptsächlich aus dem vergänglichen Papyrus bestand, und andererseits verschiedene Kaiser (vor allem Diokletian, am Ende des 3. Jhdts.) wahre Treibjagden auf die Bibel machten und zahllose dieser Bücher vernichteten (siehe Kap. 1). Die älteste, fast komplett erhalten gebliebene griechische Bibel, die es noch gibt, ist der berühmte Codex Vaticanus, eine Handschrift aus der Mitte des 4. Jahrhunderts, die im Vatikan aufbewahrt wird (siehe dazu Kap. 4).
Die gewaltige Ausbreitung des Christentums in den ersten Jahrhunderten brachte eine gigantische *Abschreibwelle* der Bibelhandschriften hervor, damit die wie Pilze aus dem Boden schießenden Gemeinden mit Bibeln versorgt werden konnten. Man mußte alles von Hand schreiben, so daß immer nur eine Kopie auf einmal geschafft werden konnte. Man konnte also unmöglich der Nachfrage nach Bibeln gerecht werden. Darum wandte man sich einer neuen Methode zu. In einem Saal, der »Skriptorium« genannt wurde, las ein Vorleser langsam aus den Schriften vor, während eine Anzahl Schreiber oder »Skribenten« niederschrieben, was vorgelesen wurde. Auf diese Weise konnten jedesmal so viele Kopien angefertigt werden wie Skribenten im Saal anwesend waren. Bibel-Bücherrollen und Bibel-Codices wurden, genauso wie heute die Bibel, in den Geschäften zum Verkauf angeboten - jedoch in wesentlich geringerer Stückzahl. Nur reiche Leute konnten diese kostbaren Handschriften bezahlen; aber Reisende nahmen sie mit zu Gemeinden bis in die entlegensten Ecken des Römischen Reiches und darüber hinaus. Nachdem die Christenverfolgungen aufgehört hatten und Kaiser Konstantin sich (äußerlich oder wirklich) zum Christentum bekehrte, wurden die Bibelhandschriften sogar mit offizieller Genehmigung

Vor der Erfindung der Buchdruckerkunst mußte die Bibel von Hand kopiert werden. Das geschah oft in sogenannten Skriptoria, wo ein Vorleser langsam vorlas und die Schreiber niederschrieben, was sie hörten. Die gewaltige Verbreitung des christlichen Glaubens machte die Herstellung vieler Kopien notwendig. Durch diese Handarbeit blieb eine komplette Bibel ein kostbares Buch.

und Unterstützung der Regierung vervielfältigt (Kap. 1). Möglicherweise war es der bekannte theologische Gelehrte Eusebius, der den Kaiser darauf aufmerksam machte, wie wenige und verschlissene Handschriften die Gemeinden besaßen. Wie groß wird die Freude gewesen sein, als auf Befehl und Kosten Konstantins fünfzig Kopien gemacht und den Gemeinden überreicht wurden!

Die alten Bibelübersetzungen

Selbstverständlich geriet bei der Ausbreitung des Christentums die Bibel auch unter Menschen, die kaum oder gar kein Griechisch verstanden. Deshalb entstanden schon in den frühen Jahrhunderten der Kirchengeschichte Übersetzungen der Bibel in andere Sprachen der Antike. Eine dieser Sprachen war Syrisch, also die aramäische Sprache, die von vielen der ersten Christen gesprochen wurde. Aus den verschiedenen alt-syrischen Versionen der Bibel kristallisierte sich eine Standardversion heraus, die als *Peschitta* (d.h. »einfach«) bekannt wurde. Hinsichtlich des Neuen Testaments war diese Version wahrscheinlich eine Revision alt-syrischer Übersetzungen, ausgeführt von Bischof Rabbula von Edessa am Anfang des 5. Jahr-

Neben der Übersetzung ins Latein (Vulgata) gab es auch bald Übersetzungen in das Syrische. Wann diese syrische Übersetzung des Alten Testaments (die Peschitta) entstanden ist, ist nicht bekannt. Diese Handschrift mit 2. Mose 6,2-12 stammt aus dem Jahre 464 n. Chr. und befindet sich im Britischen Museum in London.

hunderts. Das Alte Testament der Peschitta basiert auf einer Übersetzung aus dem Hebräischen, die schon in den ersten Jahrhunderten unter dem Einfluß der Septuaginta zustande kam. Andere antike Übersetzungen waren die Koptische (alt-ägyptisch); diese entstand gleich in zwei verschiedenen Dialekten (dem Sahidisch Oberägyptens und dem Bohairisch Niederägyptens) und wurde die Standardversion der koptischen Kirche. Weiter entstanden in den ersten Jahrhunderten Übersetzungen in Äthiopisch, Arabisch, Armenisch, Georgisch u.a.

Für die Geschichte der Bibel in Europa sind vor allem die lateinischen Übersetzungen bedeutsam. Schon im vierten Jahrhundert kannte man verschiedene »altlateinische« Übersetzungen, die aber ziemlich voneinander abwichen und darum den Leser nicht befriedigten. Im Jahre 382 n. Chr. wurde der Gelehrte Hieronymus von dem römischen Bischof Damasus beauftragt, eine Revision der lateinischen Bibel anzufertigen; genau wie Rabbula, der etwa zur gleichen Zeit die syrische Ausgabe neu überarbeitete. Hieronymus erledigte seine Aufgabe sehr gewissenhaft. Er wurde in Bethlehem seßhaft und studierte alle alten Handschriften des hebräischen Alten und des griechischen Neuen Testaments, die er in die Hände bekommen konnte. Nach etwa zwanzig Jahren Arbeit (386-405 n. Chr.) beendete er seine lateinische Übersetzung, die den Namen *Vulgata* bekam, das heißt »einfach« (sein Latein war das des »normalen Volkes«; vgl. auch den Namen Peschitta). Obwohl man diese brillante Arbeit des Hieronymus nicht sofort begeistert aufnahm, entwickelte sie sich doch allmählich zur lateinischen Standardversion und wurde schließlich die offizielle Bibel der römisch-katholischen Kirche - bis auf den heutigen Tag. Die Bedeutung dieser Übersetzung zeigt sich auch darin, daß viele alte europäische Bibelübersetzungen sich nicht auf den Urtext stützten, sondern auf die Vulgata.

Im selben Jahrhundert, in dem die Vulgata beendet wurde, begann das Römische Reich langsam zu zerfallen. *Germanische Stämme* aus dem Norden, wie Vandalen und Goten, marschierten in das Kaiserreich ein und richteten große Verwüstungen an - einen wahren »Vandalismus«. Auch die christliche Kirche hatte unter diesen Raubzügen zu leiden. Aber in einsamen Klöstern führten tapfere Mönche ihre Schreibarbeiten fort. Ihre Handschriften sind oft wahre Juwelen der Schreib- und Dekorationskunst. In dieser dunklen Zeit war diese eifrige »Mönchsarbeit« von großer Bedeutung für die Erhaltung der Bibel; denn bei den Einfällen der Germanen wurden viele Handschriften beschädigt oder gingen verloren.

Eine Methode, dieser Vernichtung entgegenzuwirken, war das eifrige Abschreiben, aber manche tapferen Christen begriffen bald, daß es noch eine zweite »Methode« gab: die Verkündigung des Evangeliums unter diesen Volksstämmen! Einer dieser klugen Missionare, der uns besonders interessiert, war *Wulfila* (oder Ulfilas), der »Apostel der Goten«; er begriff, daß diese rauhen Scharen nur mit dem Evangelium erreicht werden konnten, wenn man ihnen die Bibel in ihre eigene Sprache übersetzte. Und so entstand durch ihn schon im vierten Jahrhundert die erste Bibelübersetzung in eine germanische Sprache! Andere mutige Missionare verkündigten das Evangelium weiteren Volksstämmen. Die Folge war, daß die christliche Kirche nicht nur diese Invasion überlebte, sondern äußerlich sogar stärker wurde als je zuvor, weil die Germanen Christen wurden. Wir sagen »äußerlich«, weil es natürlich eine Frage bleibt, für wie viele von ihnen der christliche Glaube wirklich eine Herzens- und Gewissenssache war und eine innerliche Lebensänderung zustande brachte.

Trotz der frühen Entstehung der gotischen Übersetzung durch Wulfila darf man aber nicht annehmen, daß die Bibel in den folgenden Jahrhunderten nun in allerlei europäische Sprachen und Dialekte übersetzt wurde. Latein war die Umgangssprache in der römisch-katholischen Kirche, und das Studium der Bibel war nur kirchlichen Führern vorbehalten. Sogar gegen Ende des 13. Jahrhunderts waren Teile der Bibel erst in sieben europäische Sprachen übersetzt. Die Kirche begnügte sich damit, die Botschaft der Bibel dem Volk vornehmlich in lateinischen Predigten oder in Form von Bildern weiterzugeben. Malereien an Kirchenmauern, Holzschnitzarbeiten, Statuen (Heiligenfiguren), Fensterglasmalerei und auch dramatische Berichte von »Wundertaten Heiliger« sowie »Mirakelspiele«, die in Kirchen und auf Kirch- und Marktplätzen aufgeführt wurden, waren die einzige »biblische Information« für das »gewöhnliche Volk«. Dieses aber wollte die Botschaft der Bibel in seiner eigenen Sprache hören ...

Spätere Bibelübersetzungen

Die Versuche im Mittelalter, Teile der Bibel in der jeweiligen *Landessprache* im Volk zu verbreiten, stießen von Seiten der Bischöfe und Kardinäle auf großen Widerstand: sie befürchteten, daß das Volk die Bibel nicht nach dem offiziellen Verständnis auffassen und auslegen würde. Im Jahre 1199 wurden in Lyon (Frankreich) einige Menschen verurteilt und auf dem Scheiterhaufen verbrannt, weil sie Teile der Bibel in der französischen Sprache unter das Volk gebracht hatten. Diese Märtyrer gehörten zu den Waldensern, einer Art evangelischer Bewegung, die wahrscheinlich im elften Jahrhundert entstanden ist.

In England stammten die ältesten übersetzten Bibelteile schon aus dem achten Jahrhundert, aber es dauerte noch bis zum 14. Jahrhundert, bis die Bibel als Ganzes ins Englische übersetzt wurde. Diese Arbeit wurde von dem britischen Gelehrten und Priester *John Wycliff* ausgeführt. Er arbeitete zusammen mit John Purvey und Nicholas von Hereford und beendete sein Werk 1388. Unter großer Geheimhaltung (aus Furcht vor kirchlichen Behörden) wurde diese handgeschriebene englische Bibel viele Male kopiert. Die fertigen Kopien gab Wycliff seinen Nachfolgern (»Lollarden« genannt) mit, die als Laienprediger ausgesandt wurden, um in den Dörfern und Städten aus diesen Bibeln vorzulesen und zu unterweisen. Oft wurden diese mutigen Männer gefangengenommen und bestraft,

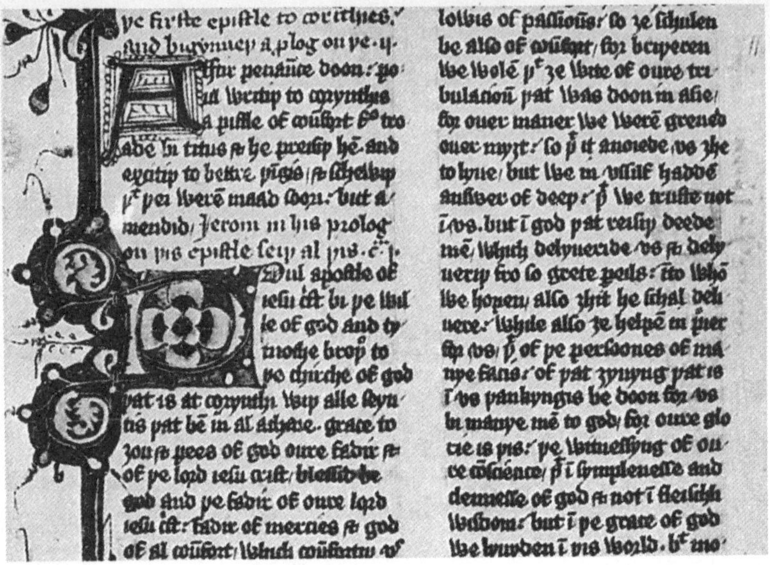

Die erste vollständige Übersetzung in Englisch wurde von John Wycliff zusammen mit John Purvey und Nicholas de Hereford gemacht und wurde im Jahre 1388 fertiggestellt. Der Widerstand gegen die Bibelübersetzung war so groß, daß Wycliffs Leichnam später ausgegraben wurde, zu Asche verbrannt und in den Fluß gestreut wurde. Die »Wycliff Bibelübersetzer« haben sich nach diesem mutigen Mann genannt. Die abgebildete Seite stammt aus einer von Hand geschriebenen englischen Übersetzung aus dem Ende des 14. Jhdts.

manche sogar auf dem Scheiterhaufen verbrannt. Wycliff selber starb, bevor die Verfolgung ausbrach, aber sein Leichnam wurde ausgegraben und verbrannt und die Asche in einen Fluß gestreut. Es gab aber drei große Ereignisse, die keine Verfolgung aufhalten konnte. Das erste große Ereignis war die Erfindung der *Buchdruckerkunst* in der Mitte des 15. Jahrhunderts durch Johann Gutenberg. Und siehe da: Das erste Buch, das aus der Druckerpresse kam, war die Bibel! Im Jahre 1452 - 1455 druckte Gutenberg nämlich die Vulgata, teils auf Pergament (ca. 30 Stück), teils auf Papier (ca. 120 Stück). Die zwei Teile dieser weltberühmten *»Gutenberg-Bibel«* zählen zusammen 1282 Seiten. Die Initialen und Schmuckränder in dieser Bibel wurden noch von Hand gemalt; ferner gebrauchte Gutenberg für jeden Buchstaben verschiedene Typen. Er wollte durch diese Variation seiner gedruckten Bibel so gut wie möglich das Aussehen einer Handschrift verleihen! Es gibt noch etwa fünfzig Exemplare dieser »Gutenberg-Bibel«, und jedes davon ist viele hunderttausend Mark wert (siehe Kap. 1). Die epoche-

machende Erfindung der Buchdruckerkunst verbreitete sich schnell, und innerhalb von fünfzig Jahren waren schon Teile der Bibel in sechs Sprachen gedruckt.
Das zweite Ereignis war die neue Kenntnis der griechischen Sprache und das damit verbundene Interesse. Fast alle europäischen Übersetzungen waren bisher auf die Vulgata gegründet, aber jetzt gelangten viele alte Handschriften der christlichen Kirchen des Ostens nach Europa und wurden hier eifrig studiert. Als erster publizierte der holländische Gelehrte Desiderius Erasmus von Rotterdam eine gedruckte Ausgabe des griechischen Neuen Testaments. Er verglich eine bestimmte Anzahl Handschriften, und im Jahre 1516 gab er in Basel einen griechischen Text heraus, zusammen mit einer parallel laufenden lateinischen Übersetzung. Eigentlich war es eine in Eile gemachte Arbeit. Die Ausgabe war voller Fehler und mußte mehrmals revidiert und neu herausgegeben werden - denn Erasmus wollte seine Arbeit vor dem spanischen Kardinal Ximénes, Erzbischof von Toledo, beenden. Eigentlich hatte Ximénes dieses Rennen schon gewonnen, denn er hatte seine Arbeit bereits im Jahre 1502 angefangen, und sein griechisches Neues Testament war 1514 schon gedruckt. Er hielt diese Ausgabe aber zurück, weil er sie mit einer Ausgabe des hebräischen Alten Testaments zusammenfügen wollte. Diese wurde 1517 fertig (mit Hilfe jüdischer Christen), aber es dauerte (möglicherweise durch kirchliche Bürokratie) noch weitere 5 Jahre bis diese »Complutensische Polyglotte« erschien. (Complutensisch kommt von Complutum, lateinischer Name der Stadt Alcala, wo die Arbeit durchgeführt wurde; »Polyglotte« bedeutet: ein mehrsprachiges Werk.)
Jetzt entstanden eine ganze Reihe Ausgaben des griechischen Neuen Testaments, aber alle basierten auf dem mangelhaften, inzwischen jedoch stark korrigierten Werk von Erasmus. Die bedeutungsvollste Ausgabe war die des Pariser Druckers Etiènne (oder Stephanus) im Jahre 1550. Sie wurde drei Jahrhunderte lang immer wieder neu aufgelegt und galt als Standardtext des griechischen Neuen Testaments, der als Basis dienen sollte für viele weitere Bibelübersetzungen.

Die Reformation

Das letzte der drei wichtigsten Ereignisse, auf die wir hindeuteten, war die *Reformation,* die 1517 von *Martin Luther* in Gang gesetzt wurde. Dieses Geschehen bedeutete nicht nur eine Umwälzung in der Geschichte der Kirche, sondern wirkte sich auch auf die Bibelverbreitung aus. In verschiedenen Ländern Europas, in denen die Reformation Fuß faßte, fing man an, die Bibel in die Landessprache zu übersetzen; oft jedoch noch unter großem Widerstand. Lu-

ther wurde von seinen Freunden entführt und in die Wartburg gebracht, wo er mit einfachen Hilfsmitteln in einer Rekordzeit das Neue Testament übersetzte (von Dezember 1521 bis März 1522). Die erste Auflage (5000 Exemplare) war innerhalb eines Jahres verkauft. Im Jahr 1534 erschien die ganze Bibel in der deutschen Sprache. Übrigens war dies nicht die erste gedruckte Bibel in Deutsch: Schon 1487 war eine deutsche Bibel gedruckt worden, wahrscheinlich von einem Mönch (für einen gewissen Desideri) verfertigt, der seine Initialen und Zeichnungen noch von Hand gemalt hatte.
In England war es der Oxford-Gelehrte und Priester William Tyndale, dessen großes Verlangen es war, seinen Landsleuten eine gedruckte Bibel in ihrer eigenen Sprache in die Hand zu geben. Wegen des Widerstands der kirchlichen Behörden reiste Tyndale nach Hamburg und begann dort unter dem Risiko schwerer Bestrafung insgeheim seine Arbeit. Nachdem er das Neue Testament beendet hatte, traf er eine Verabredung mit einem Drucker, wurde aber von den Behörden entdeckt. Er flüchtete in einen anderen Teil Deutschlands. Dort gelang es ihm, 3000 Exemplare zu drucken (1525). Viele Exemplare wurden von Kaufleuten nach England geschmuggelt und dort mit Begeisterung aufgenommen und gelesen. Viele Kopien wurden jedoch auch beschlagnahmt und öffentlich verbrannt, dennoch kamen die Bücher schneller aus der Presse, als die Behörden sie verbrennen konnten. Inzwischen arbeitete Tyndale in Deutschland weiter, verbesserte seine Übersetzung des Neuen Testaments und übersetzte Teile des Alten Testaments. Als er die Hälfte davon fertig hatte, wurde er verraten und kam in der Nähe von Brüssel ins Gefängnis. Eineinhalb Jahre später wurde er auf dem Scheiterhaufen brutal erwürgt und anschließend verbrannt. Seine letzten Worte waren: »Herr, öffne Du die Augen des Königs von England!« Andere setzten seine Arbeit fort, und 1535 wurde die ganze Übersetzung fertig. Inzwischen hatte sich die Haltung der Behörden geändert, und die zweite Ausgabe dieser »Coverdale Bible« kam mit der Zustimmung des Königs zustande. Tyndales Gebet war erhört worden!
In den Niederlanden sind aus dem 9. und 10. Jahrhundert schon verschiedene Übersetzungen der Psalmen in verschiedene holländische Dialekte bekannt. Um etwa 1400 datiert man die Übersetzung des Neuen Testaments und der Psalmen von Johan Schutken. Die erste gedruckte niederländische Bibel war die »Historie-Bijbel« von 1477 (1977 also 500 Jahre alt), die in Delft von Jacob Jacobszoon van der Meer und Mauritius Yemantszoon van Middelborch herausgegeben wurde und die deshalb auch als »Delfter Bibel« bekannt ist. Diese Bibel enthielt nur das Alte Testament ohne die Psalmen und basierte auf der »Historie-Bijbel« von 1360, die von einem un-

bekannten flämischen Autor aus dem Lateinischen übersetzt wurde; unklare Stellen erklärte er anhand der Historia Scholastica des Petrus Cometor, der etwa um 1150 lebte. Auch die niederländische Bibel kam nicht ohne Blutvergießen zustande. So erschien 1526 die sehr berühmt gewordene »Liesveldt-Bijbel«, gedruckt von Jacob van Liesveldt in Antwerpen, die von ihm mit Randbemerkungen versehen war. Im Jahre 1545 mußte van Liesveldt schwer für seinen Glauben büßen: Er wurde enthauptet! Die Tatsache, daß er in einer seiner Randbemerkungen geschrieben hatte, daß die Seligkeit des Menschen nur durch Jesus Christus erreicht werden kann, wurde von den kirchlichen Autoritäten als kriminelles Vergehen gewertet! Nach dieser ersten kompletten niederländischen Bibel folgten verschiedene andere in holländischer Sprache; römisch-katholische, mennonitische und lutherische Bibeln. Schließlich erschien 1562 in Emden die berühmte reformierte »Deux-Aes-Bijbel« (nach einer besonderen Randbemerkung benannt) und eroberte das Herz aller Reformierten in den Niederlanden. Die zweite Auflage dieser Bibel erschien 1571 durch Jan Canin in Dordrecht und wurde damit die erste in Holland gedruckte reformierte Bibel. Leider kostete sie Jan Canin das Leben.

Der Weg der Bibel, von den ersten Tontafeln bis zu den ersten gedruckten Bibeln, ist ein spannender und wunderbarer Weg. Auch hier zeigt sich wieder, daß die Bibel ein einzigartiges Buch ist! Viele Menschen gaben ihr Leben für dieses Buch. Das taten sie, weil sie darin jemanden entdeckt hatten, der sein Leben für sie gegeben hatte - am Kreuz von Golgatha. Haben all diese Menschen sich geirrt - gaben sie ihr Leben vergebens? Ist der wunderbare Weg der Bibel einfach und rational zu erklären? Oder ist doch etwas Besonderes an diesem Buch? Sollte dieses Buch doch von Gott sein?

Wer gab uns das Alte Testament?

Im letzten Kapitel verfolgten wir die weltweite Geschichte der Bibel, bis kurz nach der Erfindung der Buchdruckerkunst. Wir haben gesehen, wann die Bibel ungefähr entstanden ist; und wir haben verfolgt, auf welchem Material sie geschrieben wurde, von Tontafeln über Papyrusrollen bis hin zum Codex aus Pergament; schließlich betrachteten wir sie als gedrucktes Buch. Aber jetzt wollen wir die Bibel selber zu Wort kommen lassen und uns mit der Frage befassen, welche Hände während ihrer Entstehung an ihrem Text mitgearbeitet haben. In diesem Kapitel beschäftigen wir uns zunächst mit dem Alten Testament (das A.T. ist der erste Teil unserer Bibel und zugleich das Heilige Buch der Juden, wird von ihnen aber leider als die ganze Heilige Schrift angesehen).
Das Alte Testament ist, wie wir schon gesagt haben, ein Buch, dessen älteste Teile viele tausend Jahre alt sind. Jetzt fragen wir uns, ob der Text dieses Buches, wie er uns heute vorliegt, überhaupt noch mit dem Text identisch ist, der vor Tausenden von Jahren aufgeschrieben wurde! Für zahllose Christen ist die »Inspiration« (von Gott eingegeben, siehe Kap. 6) der Bibel von fundamentaler Bedeutung. Aber wenn der Text dieser Bibel durch die Jahrhunderte sehr verändert worden ist, hat diese »Inspiration« uns nur noch wenig zu bedeuten, denn dann kennen wir ihren ursprünglichen Text ja gar nicht mehr...
Wie genau ist der Bibeltext überhaupt? Oder anders gesagt: Welche Hände befaßten sich im Laufe der Jahrhunderte eventuell mit ihm? Das waren bestimmt nicht wenige, denn in Kapitel 2 sahen wir bereits, daß bis ca. 1450 die Überlieferung und Erhaltung der Bibel vom handschriftlichen Kopieren abhängig war. Und nicht nur das: Im Laufe der Zeiten gab es auch Menschen, die unsere Bibel »bearbeitet« haben. (Wir müssen mit dieser Aussage allerdings etwas vorsichtig sein, weil sie von der »Bibelkritik« her belastet ist; siehe Kap. 7 und 8.) Wurde die Bibel dadurch besser oder schlechter? Nun, wir wollen es nachprüfen. Wir wollen nachforschen, durch welche Hände die Texte gegangen sind. Da waren zuallererst die Bibelautoren selber und anschließend die Propheten und Schriftgelehrten, die die Texte zu Büchern zusammengefügt haben. Dann

folgten die Personen, die die einzelnen Bücher der Bibel so gewissenhaft und genau wie möglich vervielfältigt haben (durch Abschreiben); und dann kamen schließlich die großen Gelehrten, die die Bibelhandschriften verglichen und versucht haben, den ursprünglichen Text festzustellen und zu bewahren.

Autoren und Zusammensteller

Wir haben in Kapitel 2 schon gesehen, daß das erste Buch Mose möglicherweise aus einer Anzahl ganz alter Dokumente (ursprünglich auf Tontafeln festgehalten) zusammengestellt wurde, daß Mose diese Bücher zusammenfaßte und daß er die übrigen Bücher des Pentateuchs (1.-5. Buch Mose), von Gott inspiriert, selber geschrieben hat. Es ist wichtig festzustellen, daß anscheinend mit der Entstehung der Bibel ein deutliches Wissen heranwuchs, daß diese einzelnen Bücher heilig und als von Gott autorisierte Bücher mit besonderer Sorgfalt und Ehrerbietung zu behandeln sind. Das Gesetzbuch des Mose (der Pentateuch oder die *Thora)* wurde neben der Bundeslade (der heiligen Lade in Gottes Stiftshütte - vgl. 5. Mose 31,24-26) und später im Tempel zu Jerusalem sorgfältig aufbewahrt (vgl. 2. Könige 22,8). Josua vollendete wahrscheinlich das 5. Buch Mose, indem er das 34. Kapitel hinzufügte.
Dann schrieb er seine eigene Geschichte (das Buch Josua), fügte diese zu dem »Gesetzbuch Gottes« und legte sie wahrscheinlich ebenfalls in Jahwes Heiligtum (vgl. Josua 24,26). Der nächste Bibelautor war vermutlich der Prophet Samuel, der auf jeden Fall die Gesetze für das Königtum in einem Buch aufschrieb und dieses ebenfalls »vor dem Angesicht Jahwes« niederlegte (1. Samuel 10,25).
Samuel ist eine wichtige Person, weil er eine Prophetenschule leitete (vgl. 1. Samuel 19,20), aus welcher möglicherweise eine große Zahl Propheten hervorgegangen sind, die bei der wachsenden Kollektion der heiligen Bücher eine Rolle spielten. So muß das Buch Richter, das dem Buche Josua direkt folgt, zur Zeit Samuels, nachdem in Israel ein König eingesetzt worden war (vgl. Richter 17,6; 18,1; 19,1; 21,25), fertig geworden sein - vielleicht von Samuels eigener Hand. Auf jeden Fall wurde die Geschichte des Königs David von Samuel und außerdem von den Propheten Nathan und Gad beschrieben (1. Chronik 29,29). Die zwei Chronikbücher sind die ersten einer ganzen Reihe prophetischer Bücher über die Zeit der Könige. Außerdem beschrieben die Propheten Nathan, Ahias und Jedo (= Iddo) die Geschichte des Königs Salomo (siehe 2. Chronik 9,29), Schemaja und Iddo die des Königs Rehabeam (siehe 2. Chronik 12,15), und Iddo fügte die Geschichte des Königs Abia hinzu (siehe 2. Chronik 13,22). Der Prophet Jehu schrieb die Geschichte des Königs Hiskia (siehe 2. Chronik 32,32). Andere Propheten beschrieben die Geschichte des Königs Manasse (2. Chronik 33,19).

Auch die Geschichte der letzten Könige wurde in Bücher geschrieben (2. Chronik 35,27).
Diese prophetischen Bücher finden wir nicht in unserer Bibel, sie sind sogar ganz und gar verloren gegangen. Es wird aber in der Bibel immer wieder auf diese unbekannten Bücher hingewiesen, weil sie anscheinend die Regierungszeiten der beschriebenen Könige sehr viel ausführlicher behandelten. Wahrscheinlich sind die biblischen Bücher Samuel, Könige und Chronik Zusammenfassungen, die von Propheten aus den obengenannten, ausführlichen Büchern zusammengestellt und redigiert wurden. Vielleicht wissen wir sogar, wer dieser Redaktor oder diese Redaktoren waren. Der große Prophet Jeremia, der kurz vor und während der babylonischen Gefangenschaft (6. Jahrhundert vor Christus) geschrieben hat, wird nirgends als einer der Autoren der Königsgeschichten genannt. Doch hat er sehr viel geschrieben, wie sich in seinen Büchern Jeremia und Klagelieder herausstellt, die das ausdrücklich betonen (siehe Jeremia 30,2; 36,1 + 2 + 18; 45,1 + 2; 51,60 + 63). Auch hat das letzte Kapitel vom 2. Buch der Könige eine große Ähnlichkeit mit dem, was Jeremia in Jeremia 39-41 und 52 beschreibt. Es ist auch bemerkenswert, daß der Prophet Daniel während seiner Gefangenschaft anscheinend über die Bücher Mose und die Propheten verfügte, von denen er namentlich Jeremia nennt (Daniel 9,2 + 6 + 11). Man kann deshalb wohl annehmen, daß Jeremia den Auszug aus den prophetischen Büchern, wie wir ihn heute kennen, zu dem Buch der Könige machte - ein Gedanke, der vom Talmud (siehe weiter unten) gestützt wird.
So sehen wir, wie von Anfang an besondere »Männer Gottes« (wie die Propheten manchmal genannt werden), zum Beispiel Mose, Josua, Samuel und Jeremia, ununterbrochen mit dem Schreiben, Zusammenstellen und Redigieren der Kollektion der heiligen Bücher beschäftigt waren. Während der Gefangenschaft wurde diese Arbeit von anderen großen Propheten, wie Hesekiel und Daniel, weitergeführt. Manche Ausleger meinen, daß Hesekiel in seinem Buch (Kapitel 13,9) auf ein bestehendes offizielles »Prophetenregister« hindeutet, das sich in den Archiven des Tempels befand (vielleicht eine Liste der genannten Autoren und Zusammensteller der biblischen Bücher?); Hesekiel nennt auch Daniel als einen der wichtigen Diener Gottes (Hesekiel 14,14). Da Daniel selbst (wenn es sich hier in Hesekiel 14,14 um dieselbe Person handelt) anscheinend im Besitz der Bücher Mose und der Propheten (d.h. Josua bis Könige und vielleicht einiger prophetischer Bücher - auf jeden Fall Jeremias) war, kann man annehmen, daß die Juden am Ende der babylonischen Gefangenschaft schon weit mehr als den größten Teil des Alten Testaments besaßen.

Nach der Gefangenschaft hat der Priester und Schriftgelehrte Esra offensichtlich auch eine Version der Geschichte der Könige gegeben, und zwar in dem Buch der Chronik. Es ist hauptsächlich die Geschichte des Königreiches Juda und die des Tempels (vgl. Nehemia 12,23). Wir haben es hier mit einem typisch priesterlichen Bericht zu tun, und die Königsbücher berichten aus prophetischer Sicht, so daß beide Bücher wunderbar miteinander harmonieren. Die Bücher der Chronik sind mit dem Buch Esra verbunden, weil die letzten Verse der Chronik die ersten Verse von Esra bilden. Nach Esra folgt dann das Buch des Statthalters Nehemia. Zur gleichen Zeit prophezeite auch der letzte Prophet und Bibelautor - nämlich Maleachi. Damit würde das Alte Testament fertiggestellt. Der babylonische Talmud berichtet: »Nach den letzten Propheten Haggai, Sacharja und Maleachi wich der heilige Geist von Israel.«

Die hebräischen Bücher des Alten Testaments

Vier Jahrhunderte vor unserer Zeitrechnung war das hebräische Testament komplett. Es enthielt:

Das Gesetz (Thora)

1. Genesis
2. Exodus
3. Leviticus
4. Numeri
5. Deuteronomium

} 5 Bücher Mose (Pentateuch)

Die Propheten (Nebhiim)

A. Frühe Propheten

1. Josua
2. Richter
3. Samuel
4. Könige

B. Spätere Propheten

1. Jesaja
2. Jeremia
3. Hesekiel
4. Die zwölf »kleinen« Propheten

Die Schriften (Ketubim oder Haggadah)

A. Poetische Bücher

1. Psalmen
2. Hiob
3. Sprüche Salomos

B. Die fünf »Rollen«
1. Ruth
2. Hoheslied Salomos
3. Prediger
4. Klagelieder Jeremias
5. Esther

C. Geschichtsbücher
1. Daniel
2. Esra - Nehemia
3. Chroniken

Das ist auch die normale Reihenfolge der Bücher der gedruckten hebräischen Bibel. Man nennt sie in komplettem Zustand auch den *Tenach,* nach den Anfangsbuchstaben (T,N undK = CH) der drei Hauptteile. Man sieht, daß die hebräische Bibel neben der Thora und den Propheten noch eine dritte Gruppe, Schriften genannt, enthielt. Dies war eine Sammlung poetischer, beschaulicher und historischer Bücher, die aber von Anfang an genausoviel Autorität wie die übrigen Bücher hatten. Das zeigt sich beispielsweise in der Tatsache, daß ein Psalm Davids (Psalm 18) in 2. Samuel 22 zitiert wird, während 1. Könige 4,32 auf die Sprüche und Lieder Salomos verweist. Auch der Prophet Jona zitiert Teile von vielen Psalmen (Jona 2), und Hesekiel erwähnt sowohl Hiob als auch Daniel (Hesekiel 14,14+20).
In Lukas 24,44 faßt Jesus Christus die hebräische Bibel in ihren drei Teilen zusammen: »... im Gesetz des Mose, in den Propheten und in den Psalmen« (mit den Psalmen deutet Jesus hier die dritte Gruppe an, die der Schriften, wovon die Psalmen das erste und längste Buch bilden). In Matthäus 23,35 (und Lukas 11,51) faßt der Herr Jesus das Alte Testament noch auf eine andere, sehr bemerkenswerte Weise zusammen, indem er sagt: »... von dem Blut des gerechten Abel an bis auf das Blut des Zacharias, des Sohnes Barachjas.« In der hebräischen Bibel ist Abel nämlich der erste (1. Mose 4,8) und Zacharias der zuletzt genannte Märtyrer (2. Chronik 24,21). Christus sagte also tatsächlich: »... von 1. Mose bis 2. Chronik«, so wie wir (nach der Reihenfolge, wie wir sie heute haben) sagen würden: »... von 1. Mose bis Maleachi.« (Auf die genaue Festlegung des *Kanons* - d.h. die Liste der heiligen, von Gott inspirierten Bücher - kommen wir in Kapitel 5 zurück.)

Die Schriftgelehrten

Nach dem Schreiben und dem Zusammenfügen der Bücher des Alten Testaments begann dann eine neue Periode. Nun ging es darum, die hebräische Bibel der Nachkommenschaft möglichst originalgetreu zu überliefern. Wir haben gesehen, daß die Zusammensteller des Alten Testaments eine tiefe Ehrfurcht vor den heiligen Büchern hatten und sie an den allerheiligsten Orten aufbewahrten. Diese Zusammensteller waren, wie wir gesehen haben, Propheten; aber der (vermutlich) letzte von ihnen, Esra, war ein Vertreter der Priesterklasse, die für die Bibel von zunehmender Bedeutung wurde. Esra war zugleich Priester und Schriftgelehrter (Nehemia 8,10). Die *Schriftgelehrten* (buchstäblich »Schreiber«) waren ursprünglich politische oder juristische Funktionäre, die oft am Hof des Königs waren (siehe z.B. 2. Könige 12,10; 18,18; 1. Chronik 27,32). Erst nach der babylonischen Gefangenschaft begannen die Schriftgelehrten, eine Rolle als Kopierer, Erhalter und Ausleger des Gesetzes (Es-

Die Kopierer der Bibelbücher haben bei der Überlieferung des Textes eine äußerst wichtige Rolle gespielt. Buchstabe für Buchstabe, Wort für Wort, wurde abgeschrieben. Diese Schriftgelehrten (Sopherim) mußten sich beim Kopieren an sehr strenge Regeln halten. Wenn sie fertig waren, wurden die Buchstaben und Wörter gezählt, und wenn eines fehlte, mußten sie wieder neu beginnen. Diese strenge Kontrolle und die große Ehrfurcht vor dem Text haben dafür gesorgt, daß die Bibel unverändert dem Zahn der Zeit widerstehen konnte.

ra 7,6 + 11) zu spielen. Im zweiten Jahrhundert vor Christus waren die meisten Schriftgelehrten Priester. Siehe dazu das apokryphe (= nicht kanonische, aber wohl alte) Buch 1. Makkabäer 7,12. Wahrscheinlich wohnten sie zusammen in Sippen und »Geschlechtern«

(vgl. 1. Chronik 2,55). Ihre wichtigste Aufgabe war das ganztägige Studium des Gesetzes, und das war nicht mit einem normalen Beruf zu kombinieren. (Siehe das apokryphe Buch Jesus Sirach 38,25-39.)

Diese Schriftgelehrten (die *Sopherim)* waren die Gründer der Gottesdienste in den Synagogen, wovon wir in Kapitel 2 sprachen. Zur Zeit des Neuen Testaments beinhaltete ihr Amt eine dreifache Aufgabe (danach waren aber lange nicht mehr alle Schriftgelehrten auch gleichzeitig Priester):

a. Sie kopierten das »Gesetz« (die hebräische Bibel), und bewahrten es auf; sie forschten gründlich in ihm und verteidigten es; vor allem, als sich falsche Elemente in die Priesterklasse einschlichen. Sie überlieferten ungeschriebene Gesetzesauslegungen, die aus ihren Bemühungen, das Gesetz des Mose im täglichen Leben anzuwenden, entstanden. In der Praxis aber stellten sie dieses mündlich überlieferte Gesetz über das geschriebene (Markus 7,5 ff.) und kamen dadurch mit Jesus Christus in Konflikt.

b. Die Schriftgelehrten sammelten Schüler um sich, die sie in der Thora unterwiesen. Dieses geschah im Tempel oder in den Synagogen (vgl. Lukas 2,46; Johannes 18,20).

c. Sie wurden auch »Gesetzeslehrer« oder »Lehrer des Gesetzes« genannt, weil sie als Richter im jüdischen Hohen Rat, dem Sanhedrin, mit der Anwendung des Gesetzes beauftragt waren (vgl. Matthäus 22,35; Markus 14,53; Apostelgeschichte 4,5).

Nach dem Fall von Jerusalem im Jahre 70 wurde die Rolle der Schriftgelehrten noch wichtiger: Sie legten das mündliche Gesetz (siehe oben Punkt a) schriftlich nieder und überlieferten die Heiligen Schriften sehr textgetreu. Das erste (Verfassung des mündlich überlieferten Gesetzes) führte zur Entstehung des *Talmuds,* der neben der Bibel das wichtigste jüdische Gesetzbuch ist. Der Talmud besteht aus zwei Teilen: die *Mischna*, das ursprüngliche, mündliche Gesetz, das seit den Tagen Esras langsam gewachsen war und gegen Ende des 2. Jhdts. nach Christus vom Fürsten Rabbi Juda gesammelt wurde, und die *Gemara*-Kommentare der Rabbiner zur Mischna (ca. 200-500 n. Chr.). Der Talmud ist die Quelle der jüdischen religiösen und bürgerlichen Gesetzgebung und für Glauben und Leben der orthodoxen Juden verbindlich. Für die Christen ist der Talmud ein interessantes Buch, weil er die Frage beleuchtet, wie die Juden das Alte Testament auslegen und wie manche Teile des Neuen Testaments verstanden werden müssen. Neben der Katalogisierung jüdischer Gesetze hatten die »Talmudisten« noch eine weitere genauso wichtige Aufgabe, nämlich die gewissenhafte Überlieferung der heiligen Buchrollen. Man kann sich kaum vorstellen, welch ein minuziöses System die Talmudisten ausgearbeitet

Die heiligen Thora-Rollen werden in der jüdischen Synagoge aufbewahrt in der »Heiligen Lade«. Die Rollen sind oft ehrfurchtsvoll in schön bestickte und bearbeitete Tücher eingehüllt. Wenn solch eine Bruchrolle abgenutzt ist, wird sie nicht weggeworfen, sondern vergraben. Eine neue Rolle wird, auch heute noch, anhand der alten Rolle von Hand kopiert, ehe man diese vergräbt.

haben, um die Rollen nahezu perfekt zu kopieren. Nichts kann die tiefe Ehrfurcht, die die gläubigen Juden vor dem Alten Testament haben, besser illustrieren als die genauen Vorschriften aus dem Talmud, von denen sie bei diesem Kopieren geleitet wurden. Einige Beispiele:

(1) Eine Buchrolle mußte auf den Häuten von kultisch reinen Tieren geschrieben werden, die wiederum mit Sehnen von ebenso reinen Tieren zusammengefügt werden mußten. (2) Die Länge eines jeden Abschnittes mußte zwischen 48 und 60 Zeilen liegen, und die Breite mußte aus dreißig Buchstaben bestehen. (3) Das ganze Manuskript mußte zuerst liniert werden. Wenn aber drei Worte ohne eine Linie geschrieben wurden, war das Ganze wertlos. (4) Die Tinte durfte nur schwarz sein und mußte nach einem speziellen Rezept zubereitet werden. (5) Als Vorlage mußte ein authentisches Manuskript gebraucht werden, und davon durfte der Schreiber nicht im Geringsten abweichen. (6) Kein Wort oder Buchstabe durfte auswendig (aus dem Gedächtnis) aufgeschrieben werden, also ohne daß der Kopierer vorher auf die Vorlage geschaut hätte. (7) Zwischen den Buchstaben mußte ein Zwischenraum gelassen werden, so breit wie ein Haar oder ein Draht; zwischen den Paragraphen ein Abstand von neun Buchstaben und zwischen den Büchern ein Freiraum

von drei Zeilen. (8) Der Kopierer mußte Jude sein, in ein rein jüdisches Gewand gekleidet und sein Körper ganz gewaschen. (9) Wenn der Name Gottes geschrieben wurde, durfte die Feder nicht gerade neu in die Tinte eingetaucht worden sein. (10) Selbst wenn der Schreiber von einem König angeredet wurde, während er gerade den heiligen Namen Gottes schrieb, durfte er ihn nicht beachten. Buchrollen, die diesen Vorschriften nicht entsprachen, mußten verbrannt oder vergraben werden, oder man verbannte sie auf die Schulen, wo sie als Lesebücher benutzt wurden.
Wie merkwürdig es auch klingen mag: Die äußerste Sorgfalt, mit

Der Bibeltext ist den Rabbinern so heilig, daß er beim Vorlesen nicht einmal mit den Fingern berührt werden darf. Darum gebrauchte man zierliche goldene oder silberne Händchen »jat« genannt.

der das Kopieren geschah, erklärt zugleich, warum wir so wenig ganz alte Handschriften des Alten Testaments besitzen. Wenn ein Manuskript nach den oben genannten Vorschriften fertiggestellt und gründlich überprüft worden war, betrachtete man es als genauso authentisch und gleichwertig wie die alte Kopie. Da nun alle Kopien mit dem alten Manuskript identisch waren, betrachtete man die neue Kopie als wertvoller, weil das alte Manuskript oft schon leicht beschädigt war. Solche alten »mangelhaften« Handschriften wurden in der *Geniza* aufbewahrt, einem Abstellraum, der in jeder Synagoge zu finden war. Diese Handschriften gingen entweder durch Vernachlässigung verloren oder wurden vergraben, wenn das Zimmerchen zu voll wurde. Die Juden hielten also nicht die älteren, sondern gerade ihre neuesten Handschriften für die wertvollsten, so daß das Fehlen sehr alter Manuskripte des Alten Testaments uns nicht zu beunruhigen braucht. Übrigens stammen manche der Handschriften, die wir heute noch haben, gerade aus solch einer Geniza (siehe unten).

Die Masoreten

Bis jetzt konnten wir zwei Phasen der Überlieferung des Alten Testaments unterscheiden: das Schreiben und Zusammenstellen, das zur Zeit Esras und Nehemias beendet wurde, und die zur gleichen Zeit beginnende Arbeit der *Sopherim,* die das Alte Testament (vor allem die Thora) gewissenhaft und genau studierten und mit äußerster Sorgfalt kopierten. Etwa um 500 n. Chr. begann nun die dritte Phase, die ungefähr im Jahre 1000 zu Ende ging. In dieser Periode wurden nämlich die neuen Schulen der Schriftgelehrten aktiv, die sich nicht nur mit dem gewissenhaften Kopieren des Textes beschäftigten, sondern auch mit der Redaktion und Standardisierung des überlieferten Textes. Man nannte diese jüdischen Gelehrten *Masoreten (Masora* = Tradition, Überlieferung); ihre wichtigste Aufgabe war es wohl, den heiligen Text mit Lesezeichen und Selbstlauten (Vokalen) zu versehen. Der Charakter der hebräischen Sprache ließ es zu, daß sie nur mit Mitlauten geschrieben werden konnte (wie es noch heute der Fall ist im Neuhebräischen oder Iwrith), solange sie eine lebendige Sprache war und die Vorleser durch Überlieferung wußten, wie die Worte ausgesprochen werden mußten. Als jedoch das Hebräische als Umgangssprache nach und nach verschwand, war es nicht mehr für jeden klar, wie der heilige unantastbare Text ausgesprochen werden mußte. So entstand das Bedürfnis, die überlieferte Sprache durch ein vernünftiges System von Lese- und Lautzeichen festzulegen, die dem Text hinzugefügt wurden.

Die Schulen der Masoreten befanden sich in zwei Zentren, in denen schon von alters her die Schriftgelehrten ihre Arbeit verrichtet hatten, nämlich in Babylonien und Palästina (daher gibt es sowohl einen babylonischen als auch einen palästinensischen Talmud). Die Juden in Babylonien waren wegen der aufkommenden hellenistischen (griechisch-kulturellen) und christlichen Einflüsse dorthin ausgewichen. Hier gesellten sie sich zu den jüdischen Nachkommen derer, die sich dort seit der babylonischen Gefangenschaft angesiedelt hatten. Nach dem dritten Jahrhundert entstanden in Tiberias (Nord-Palästina) »Schriftgelehrtenzentren«, die noch an Bedeutung zunahmen, als Jerusalem im Jahre 637 vom Islam erobert wurde. Man könnte eine ganze Menge über die interessante Arbeit der Masoreten erzählen, aber wir müssen uns hier auf die wesentlichen

Vom Jahre 500 bis 1000 n. Chr. waren die Masoreten an der Arbeit. Ihre wichtigste Aufgabe bestand darin, den heiligen Text mit Vokalen und Lesezeichen zu versehen. Damals war die hebräische Sprache als Landessprache verschwunden, darum wußte man nicht mehr genau, wie der Text ausgesprochen werden mußte. Die Punkte und Streifen im Text oben sind die Laut- und Lesezeichen der Masoreten; das abgebildete Fragment ist die Handschrift 455, eine Seite aus dem Buch Prediger.

Punkte beschränken. Die Masoreten gingen bei ihrer Arbeit von dem durch die Sopherim überlieferten Mitlaut-Text aus, von dem sie eine offizielle Standardversion festlegten, die dann für sie unanfechtbar war. Anschließend machten sie neben dem Text eine Reihe Randbemerkungen und brachten auch im Text selber eine Anzahl Zeichen, vor allem Lese- und Selbstlautzeichen, an. Die *Randbemerkungen,* die die Masora bilden, umfaßten u.a. Zählungen aller Buchstaben, Worte und Verse in einem Buch der Bibel und sollten ein genaues Abschreiben des Mitlaut-Textes sicherstellen. Darüber hinaus wurde z.B. auch ausgerechnet, welcher Buchstabe und welcher Vers die Mitte eines jeden Bibelbuches und auch der gesamten hebräischen Bibel bildeten. Man rechnete aus, wie oft bestimmte Worte in einem Bibelbuch oder in der gesamten Schrift vorkamen; und sogar, wie oft jeder Buchstabe des Alphabetes vorkam. Die Masoreten machten sich neben dem Text sogenannte »Eselsbrücken«, um solche Angaben gut behalten zu können. Vielleicht kommt uns das heute übertrieben vor, aber es beweist die grenzenlose Ehrfurcht der Masoreten vor dem heiligen Text, daß sie davon nicht einmal den kleinsten Buchstaben oder Teil eines Buchstabens verloren gehen lassen wollten.

Außerdem finden wir in den Masoretenhandschriften *redaktionel-*

le Bemerkungen. Die Masoreten wagten es nicht, an dem überlieferten Mitlaut-Text etwas zu verändern, aber oft machten sie eben diese Randbemerkungen, um auszudrücken, wie ihres Erachtens der »geschriebene« Text *(Ketibh* genannt) gelesen werden mußte. Diese von ihnen vorgeschlagene Lesart nannte man die *»Qeré«.* Das berühmteste Beispiel einer Qeré finden wir beim Namen Gottes. Dieser wird im Hebräischen mit den vier Mitlauten *JHWH* geschrieben, der ursprünglich sehr wahrscheinlich *JaHWeH* ausgesprochen wurde. Aber da sich die Juden nach der Zeit Nehemias aus Angst vor Mißbrauch nicht mehr trauten, diesen Namen auszusprechen, wurde beim Vorlesen der Bibel in den Synagogen statt JaHWeH der Name *Adonai (aDoNaJ,* »Herr«) gelesen. Zur Erinnerung daran fügten die Masoreten den Mitlauten JHWH immer Selbstlaute von aDoNaJ zu; dadurch entstand wahrscheinlich das ursprünglich nicht bekannte Wort *JaHoWaH,* oder auch *»Jehova«.* Ein Mißverstehen dieser »Qeré« führte dazu, daß die Christen lange Zeit meinten, der Name Gottes sei Jehova, anstatt Jahwe.

Die Masoreten wandten aber noch ein anderes Mittel an, so daß man mehr las als tatsächlich dastand. Sie fügten einfach einen Mitlaut ein. Dieser stand aber zur Unterscheidung zum bestehenden unantastbaren Konsonantentext höher über der Linie und wurde darum *litera suspensa* (»schwebender Buchstabe«) genannt. Ein gutes Beispiel dafür finden wir in Richter 18,30; hier ist die Rede von einem gewissen Götzenpriester Jonathan, einem Enkel des Mose. Diese »Befleckung« des Namens Mose, des großen Knechtes Gottes, wurde als anstößig empfunden. Darum fügte man hier dem MSH (Mose) einen schwebenden Buchstaben (N) hinzu, so daß der Name MNSH (Manasse) entstand. In alten Bibelübersetzungen hat man diese Veränderung nicht immer beachtet.

Andere redaktionelle Randbemerkungen bezogen sich nicht auf die Frage, ob aus Ehrfurcht oder Pietät bestimmte Worte besser anders gelesen werden sollten, sondern darauf, ob der Text selber hier und dort vielleicht ungenau überliefert wurde. So setzten in 4. Mose 3,39 die Masoreten Punkte über die Worte »und Aaron«, weil sie meinten, daß diese eigentlich nicht in den Text gehörten. Genauso verfuhren sie mit 4. Mose 10,35 + 36, indem sie diese zwei Verse zwischen zwei umgekehrte hebräische Buchstaben N setzten. Es ist interessant, festzustellen, daß die Masoreten der Ansicht waren, der Text des Alten Testaments sei in 18 Fällen durch frühere Schriftgelehrte geändert worden. Aus Ehrfurcht vor dem Mitlaut-Text wollten sie diese nicht zurückverändern, zeigten aber wohl auf, wo diese »tiqquné-Sopherim« (Verbesserungen der Schriftgelehrten) vorkamen. So lesen wir in 1. Mose 18,22 »... aber Abraham blieb stehen vor dem Herrn«; nach Ansicht der Masoreten stand hier ursprünglich: »... aber Jahwe blieb stehen vor Abraham.« Die Schriftgelehrten änderten das aber, weil sie lieber den heiligen Text verändern wollten, als bei der Vorlesung den Eindruck zu erwecken, daß Jahwe eine (unwürdige) abwartende Haltung gegenüber Abraham einnahm.

Die wichtigste Arbeit der Masoreten bestand aber ohne Zweifel in den zwei Arten der Text-Ergänzung: den *Lesezeichen,* die die Art und Weise des Vortrages des Textes bestimmten, und den *Lautzeichen,* die ein für allemal die überlieferte Aussprache des Textes unzweideutig festlegten. Die Laute wurden durch Punkte oder kleine Striche angedeutet, die über oder unter dem Mitlaut plaziert wurden. Sowohl in Babylonien als auch in Palästina wurden so auf diesem Gebiet nach und nach bestimmte Systeme entwickelt, die aber schließlich von dem Lautsystem, das in Tiberias ausgearbeitet wurde, verdrängt wurden. Die Masoreten, die die wichtigste Rolle bei der Feststellung des mit Randbemerkungen und Lauten versehenen Textes gespielt haben (ein Text, der bis ins kleinste Detail festgelegt war), gehörten zu der Familie Ben Ascher in Tiberias, von denen Mosche Ben Ascher und sein Sohn Aaron Ben Mosche Ben Ascher die Bedeutendsten waren (9/10. Jhdt. n. Chr.). Es sind ihre Handschriften, die heute die Basis der gedruckten hebräischen Bibel bilden. Daneben können die Handschriften der Familie Ben Naphtali genannt werden, deren Bedeutung aber geringer eingestuft wird.

Handschriften

Damit sind wir bei der äußerst wichtigen Frage der vorhandenen Bibelhandschriften des Alten Testaments angelangt. Bis ins vorige Jahrhundert waren die wichtigsten Handschriften, die die Basis für den Bibeltext bildeten, noch immer die der Ben Ascher-Familie. Heute aber können diese an später entdeckten, viel älteren Handschriften geprüft werden. Die wichtigste Ben Ascher-Handschrift ist der *Leningrad-Codex* aus dem Jahre 1008, der das größte und einzig komplette Manuskript des Alten Testaments ist. Er wurde nach einem korrigierten Text von Rabbi Aaron Ben Mosche Ben Ascher angefertigt, auf Vellum geschrieben und mit dem babylonischen Lautsystem ausgestattet. Der *Codex Aleppus* stammt aus dem Anfang des zehnten Jahrhunderts und wurde vermutlich nicht von Aaron Ben Mosche selber geschrieben, obwohl er wahrscheinlich Laute und Randbemerkungen hinzugefügt hat. Bis vor kurzem umfaßte dieser Codex ebenfalls das ganze Alte Testament, hat aber durch antisemitische Ausschreitungen sehr gelitten. Im Jahr 1947 kursierten Gerüchte, daß der Codex vernichtet sei, aber 1958 wurde er glücklicherweise wieder entdeckt, wenn auch mit dem Verlust

Dieser Handschrift (Codex Aleppus) aus dem 10. Jhdt. ging durch antisemitische Ausschreitungen ein Viertel ihres Umfanges verloren. Sie galt 1947 sogar als völlig vernichtet, wurde aber 1958 wiederentdeckt.

eines Viertels seines Umfangs. Dieses kostbare Manuskript wird nun wissenschaftlich studiert, um es für künftige Ausgaben der hebräischen Bibel auszuwerten. Der *Codex Kairo* aus dem Jahr 895, der die frühen und späteren Propheten enthält, ist wahrscheinlich die älteste masoretische Handschrift und wurde von Mosche Ben Ascher geschrieben und mit Lautzeichen versehen. Im Jahr 1099 wurde dieses Manuskript in Jerusalem von Kreuzrittern beschlagnahmt, gelangte aber später in die Hände der jüdischen Gemeinde von Kairo, wo er sich auch heute noch befindet. Der *Petersburger Prophetencodex* aus dem Jahr 916 enthält nur die späteren Propheten; er wurde 1839 auf der Halbinsel Krim in einer Synagoge entdeckt. Am Ende des vorigen Jahrhunderts machte man eine wichtige Ent-

Der Codex Kairo aus dem 9. Jhdt. n. Chr. lag mehrere Jahrhunderte in einer vergessenen »Geniza« der jüdischen Synagoge von Alt-Kairo und wurde erst 1890 bei Renovierungsarbeiten entdeckt.

deckung, die auf die Geschichte der masoretischen Arbeit ein besonderes Licht warf: Im Jahr 1890 wurde die tausend Jahre alte Synagoge von Alt-Kairo wiederaufgebaut, und dabei entdeckte man eine zugemauerte und in Vergessenheit geratene *»Geniza«*, die einen unvorstellbaren Schatz alter Manuskripte enthielt. Man schätzt die Zahl der gefundenen Fragmente (die fast alle aus dem 6. bis 8. Jahrhundert stammen) auf nicht weniger als 200 000! Darunter waren zahllose jüdische Schriften aller Art, aber auch sehr viele Bibelfragmente in hebräischer, aramäischer (siehe unten) und arabischer Übersetzung, von denen manche vielleicht schon aus dem fünften Jahrhundert stammen. Diese Schriften geben einen guten Einblick in die Entwicklung der masoretischen Arbeit (schon vor den großen Masoreten von Tiberias) und zeigen, auf welche Art und Weise die Lautsysteme zustande kamen.
Abgesehen von einem kleinen, 1902 entdeckten Papyrus-Fragment (dem Papyrus Nash) waren die Geniza-Fragmente bis vor kurzem die ältesten Zeugnisse des hebräischen Bibeltextes. Wir haben aber schon angedeutet, weshalb ihr hohes Alter sie nicht notwendigerweise wervoller macht als die großen Ben Ascher-Handschriften, die uns das Endresultat einer fünfhundertjährigen wissenschaftlichen Arbeit bieten. Obwohl diese Handschriften etwa 1400 Jahre jünger sind als die jüngsten ursprünglichen Teile des Alten Testaments, haben wir doch Gründe genug (wie wir klarzumachen ver-

Der Papyrus Nash war, ehe die Qumranrollen gefunden wurden, eines der ältesten Fragmente des Alten Testaments. Das Fragment (Abbildung gibt die Originalgröße wieder), das im Jahre 1902 durch W. L. Nash in Ägypten gefunden wurde, enthält einen Teil der 10 Gebote und 5. Mose 6,4 ff. Es wird ins 2. oder 1. Jhdt. n. Chr. datiert.

suchten), der Genauigkeit ihres Textes zu vertrauen. Nicht genug damit. Die »Textkritik« (das ist die Wissenschaft, die sich mit der Feststellung des ursprünglichen Bibeltextes befaßt) hat glücklicherweise noch mehr dazu beizutragen.

Dazu gehört an erster Stelle der *samaritische Pentateuch.* Wir wissen aus der Bibel, daß die Samariter (Einwohner Samariens) ein

Mischvolk aus Israeliten und assyrischen Immigranten waren (2. Kön. 17), die sich nach der babylonischen Gefangenschaft völlig von den Juden lösten. Sie machten dadurch eine ganz eigene Entwicklung mit und kannten eine ganz eigene Überlieferung des Bibeltextes, nach der sie nur den Pentateuch (die 5 Bücher Mose) als »kanonisch« (zu den heiligen Büchern gehörend) ansahen. Die ältesten Handschriften des samaritischen Pentateuchs datieren aus dem zehnten Jahrhundert. Sie haben eine eigene Schrift und Einteilung und enthalten keine Lautzeichen. Es gibt innerhalb dieser Schriften auch kleine Unterschiede in Buchstabierung und Grammatik, aber nur überraschend wenig Unterschiede zum masoretischen Text. Das ist sehr bemerkenswert für zwei Texte, die doch etwa 1500 Jahre lang eine eigene, voneinander getrennte Überlieferungsgeschichte hatten. Es ist aber deutlich, daß wir es bei dem samaritischen Pentateuch mit einem Text zu tun haben, der ganz populär auf das Volk zugeschnitten war und keineswegs mit dem so sorgfältig redigierten Masoretentext auf eine Stufe gestellt werden kann.

Antike Übersetzungen

Hier müssen wir zuerst auf die große Bedeutung hinweisen, die die antiken Übersetzungen des Alten Testaments für die Textkritik haben. Wir denken als erstes an die aramäischen *Targume.* Schon zu Lebzeiten Jesu war Aramäisch Landessprache in Palästina geworden. Dadurch wurde es notwendig, den hebräischen Bibeltext beim Vorlesen in den Synagogen ins Aramäische zu übersetzen. Dieses Übersetzen nannte man »Targem«, den Übersetzer »Meturgeman« und die Übersetzung »Targum«. Ursprünglich wurde mündlich und auswendig übersetzt, wodurch natürlich einige Veränderungen (auch durch hinzugefügte erläuternde Erklärungen) entstanden. Allmählich wurden die verschiedenen Sprachtraditionen in Targumen schriftlich festgelegt. Diese sind deshalb so wichtig, weil sie auf einen Bibeltext zurückgreifen, der viele Jahrhunderte älter ist als der masoretische Text. Zunächst kennen wir das palästinensische Targum, von dem sehr alte Teile in den Geniza-Fragmenten gefunden wurden, die auf eine Tradition bis vor unserer Zeitrechnung zurückgehen. Außerdem sind das Pentateuch-Targum von Onkelos und das Propheten-Targum von Jonathan sehr wichtig; diese greifen auch auf uralte Traditionen zurück und haben deutlich gezeigt, daß schon vor unserer Zeitrechnung derselbe Bibeltext gebraucht wurde, wie wir ihn heute kennen.

Dasselbe gilt für die äußerst wichtige *Septuaginta*, die griechische Übersetzung aus dem 2. Jahrhundert v. Chr., über die wir in Kapitel 2 schon einiges erzählten. Wir kennen von der Septuaginta eine große Anzahl Handschriften, die bedeutend älter sind als die masoretischen Texte. Darunter befinden sich eine Reihe Codices aus Pergament, die nach dem vierten Jahrhundert entstanden sind und Teile der ganzen griechischen Bibel sowie eine Anzahl Papyrus-Fragmente aus der Zeit nach dem zweiten Jahrhundert vor Christus enthalten. Dazu gehören der Papyrus-Greek 458 (d.h. der griechische Papyrus Nr. 458 der John-Rylands-Bibliothek in Man-

Von der griechischen Übersetzung des Alten Testaments, der Septuaginta, gibt es Fragmente, die vielleicht älter sind als die hebräischen Handschriften. Dieser Papyrus Rylands Greek 458 stammt aus der Mitte des 2. Jhdts. v. Chr.

chester), der Mitte des zweiten Jahrhunderts v. Chr. entstand; der Papyrus Fouad 266 (1. oder spätes 2. Jhdt. v. Chr.) und die 1952 gefundene »Zwölfprophetenrolle« (die etwa zu Beginn unserer Zeitrechnung entstand). Auf andere wichtige Papyri kommen wir noch in Kapitel 4 zu sprechen. Auch gilt für die Septuaginta, daß sie sich im Wesentlichen sehr eng an den Masoreten-Text hält - was schon wieder ein treffender Beweis für ihre Genauigkeit ist. Die Abweichungen der Septuaginta verdienen aber große Aufmerksamkeit, weil sie sich auf einen sehr alten hebräischen Text stützt. Oft stimmt die Septuaginta dort, wo sie vom masoretischen Text abweicht, mit dem samaritischen Pentateuch überein. Es ist aber sehr wahrscheinlich, daß sich sowohl die Septuaginta als auch der samaritische Pentateuch auf Textrezensionen stützen, die (wie schon gesagt wurde) mit der gigantischen Arbeit der Masoreten nicht gleichzustellen ist. Auch andere antike Übersetzungen (vor allem die Syrische und die Lateinische) sind für die Textkritik des Alten Testaments ziemlich wichtig, aber das wollen wir hier nicht weiter ausführen.

Die Qumranrollen

In der ersten Hälfte unseres Jahrhunderts waren wir also ohne Zweifel im Besitz eines äußerst genauen Textes des Alten Testaments. Die Unterschiede zwischen dem masoretischen Text, den Targumen, dem samaritischen Pentateuch und der Septuaginta erschienen wohl auf den ersten Blick manchmal beträchtlich groß, hatten aber so gut wie nie Einfluß auf die allgemeine Bedeutung des Bibeltextes. Dennoch wünschten sich die Textforscher manchmal, daß sie in solchen Fällen sicherer entscheiden könnten, welche der verschiedenen Lesarten sie zu wählen hätten; und zwar vor allem dort, wo der masoretische Text verdächtig aussah und die Septuaginta eine weit bessere Lösung anzubieten schien. Im Jahr 1947 fand nun ein umwälzendes Ereignis statt, das ermöglichte, viele Probleme dieser

In den Höhlen bei Qumran, in der Nähe des Toten Meeres, wurden im Jahre 1947 viele sehr alte Bibelhandschriften gefunden.

Art zu lösen, und das außerdem eine phantastische Bestätigung der großen Genauigkeit unseres heutigen hebräischen Bibeltextes erbrachte.

Anfang 1947 war ein junger Beduine (Muhammad adh-Dhib) in der Nähe der Höhlen bei Qumran, westlich des Toten Meeres (ca. 12 km südlich von der Stadt Jericho), auf der Suche nach einer entlaufenen Ziege. Sein Auge fiel auf eine seltsam geformte Öffnung

In solchen Tongefäßen wurden die Qumranrollen gefunden. Neben Buchrollen, die mit der Sekte der Essener zusammenhängen, wurden Fragmente und ganze Rollen der Bibelbücher gefunden. Diese Qumranrollen bestätigen eine phantastische Genauigkeit des hebräischen Bibeltextes. Von allen Büchern aus dem Alten Testament wurden Teile gefunden, außer von dem Buch Esther.

in einem der Felshänge, und er kam auf die »glückliche Idee«, einen Stein durch die Öffnung zu werfen. Zu seinem Erstaunen hörte er das Klirren von brechendem Ton. Er untersuchte die Sache und fand auf dem Boden der Höhle verschiedene große Krüge; später stellte sich heraus, daß sie lederne Bücherrollen von sehr hohem Alter enthielten. Obwohl die Rollen (wie später bewiesen werden konnte) beinahe mehr als 1900 Jahre alt waren, befanden sie sich in einem erstaunlich guten Zustand, weil die Krüge sorgfältig versiegelt worden waren. Fünf der Rollen aus Höhle I (wie sie jetzt genannt wird) wurden auf vielen Umwegen an den Erzbischof des syrisch-orthodoxen Klosters in Jerusalem verkauft und weitere drei an Prof. Sukenik von der dortigen hebräischen Universität. Anfänglich wurde dieser große Fund nicht publik gemacht, aber glücklicherweise erzählte der Erzbischof (der kein Hebräisch konnte) im Februar 1948 einigen Gelehrten von »seinem« Fund.

Als der israelische Krieg zu Ende war, erfuhr die Welt sehr schnell, daß es sich hier um den großartigsten archäologischen Fund handelte, der je in Palästina gemacht worden war. Bei späteren Untersuchungen in der Umgebung wurden in zehn anderen Höhlen weitere Handschriften-Fragmente entdeckt. Es stellte sich heraus, daß alle diese Höhlen mit einer alten, nahegelegenen Festung in Verbindung standen, die etwa 100 v. Chr., vielleicht von der jüdischen Sekte der Essener, errichtet worden war. Diese hatten sich in die Festung (Chirbet Qumran genannt) zurückgezogen und verbargen ihre umfangreiche Bibliothek, wahrscheinlich aus Furcht vor den (ca. 68 n. Chr.) heranrückenden Römern, in den genannten Höhlen. Allein Höhle I beherbergte ursprünglich möglicherweise 150-200 Rollen, während in Höhle IV Fragmente von über 380 Manuskripten gefunden wurden. Später wurden auch biblische Texte aus dem 2. Jhdt. n. Chr. in den Höhlen bei Murabbaät, etwas südwestlich von Bethlehem, gefunden. Auch die Bibelrollen, die 1963/65 bei den Ausgrabungen in Massada (Felsenfestung in der Wüste Juda) entdeckt wurden, stellten sich als wichtig heraus.

Der wichtigste Fund aus Qumran ist die in Höhle I gefundene berühmte *Jesaja-Rolle A,* das älteste bekannte, völlig hebräische Bibelbuch aus dem zweiten Jahrhundert vor Christus; sowie ein Kommentar zu Habakuk (kl. Prophet) und eine unvollständige Jesaja-Rolle B. In Höhle IV wurde u.a. ein Fragment von Samuel gefunden, das aus dem vierten (!) Jahrhundert v. Chr. stammt und damit wahrscheinlich das älteste bekannte Stück (biblischen) Hebräischs ist. Höhle XI lieferte 1956 eine gut erhaltene Psalterrolle, eine wunderschöne Rolle mit einem Teil von 3. Mose, und ein aramäisches Targum von Hiob. Insgesamt sind die Funde so umfangreich, daß von allen Büchern des Alten Testaments (außer vom Buch

Ein Teil der ausgezeichnet erhalten gebliebenen Rolle des vollständigen Jesajabuches. Die Rolle befindet sich heute im Israel Museum zu Jerusalem.

Esther) Fragmente gefunden wurden! Damit hatten die Gelehrten etwas in Händen, wovon sie nie zu träumen gewagt hätten: einen großen Teil der hebräischen Bibel, im Durchschnitt etwa tausend Jahre älter als der masoretische Text.

Und was stellte sich heraus? Diese alten Rollen erbrachten einen erstaunlichen Beweis für die große Zuverlässigkeit des Masoreten-Textes. Ja, im Grunde ist es kaum zu glauben, daß ein von Hand überlieferter Text in tausend Jahren so wenig verändert wurde. Nehmen wir z.B. die Jesaja-Rolle A: Sie stimmt zu 95% mit dem Text der Masoreten überein, während die restlichen 5% fast ausschließlich unscheinbare Schreibfehler sind oder kleine Unterschiede in der Buchstabierung aufzeigen. Da, wo die Qumran-Handschriften von dem Masoreten-Text abwichen, stellte es sich oft heraus, daß sie mit der Septuaginta oder mit dem samaritischen Pentateuch übereinstimmten: auch verschiedene, von Gelehrten vorgeschlagene Textverbesserungen wurden von den »Qumranrollen« unterstützt. Man kann sich denken, daß mit der Auffindung dieser Rollen ein ganz neuer Wissenschaftszweig entstanden ist, der einen Überfluß an Literatur hervorbrachte und noch immer für neue Überraschungen und Entdeckungen sorgt.

Ein wichtiges Gebiet, das durch die Qumranfunde stark beeinflußt wurde, dürfen wir nicht vergessen; es ist das Ressort der »Bibelkritik«, das wir in Kapitel 7 und 8 noch genauer untersuchen werden. Die Jesaja-Rolle z.B. fegt ohne weiteres eine Reihe von Behauptungen, die die »Kritiker« über die Entstehung dieses Buches Jesaja geäußert haben, vom Tisch. Dies betrifft sowohl ihre Theorien über die Entstehungszeit des Buches, als auch über dessen Zusammenstellung aus verschiedenen Schriften verschiedener Autoren. Man muß nämlich in Betracht ziehen, daß die Bibelbücher, von denen Kopien in der Qumransammlung angetroffen wurden, vielleicht schon viele Jahrhunderte zuvor zum ersten Male auf Papier gebracht wurden. Normalerweise liegt eine längere Zeit zwischen der Abfassung eines Buches und seiner allgemeinen Annahme als Heilige Schrift. Dazu kommt die Überlieferung nach den umständlichen, zeitraubenden Vorschriften der Schriftgelehrten. Das gilt auch für das Buch Daniel und für bestimmte Psalmen, die nach Auffassung bestimmter früherer Kritiker erst im zweiten Jahrhundert vor Christus entstanden sein sollen. Die Jesaja-Rolle stammt aus dem zweiten Jahrhundert v. Chr., das ursprüngliche Buch kann darum einige Jahrhunderte älter sein. Damit sind eine große Anzahl Theorien widerlegt, die behaupten, daß bestimmte Teile aus Jesaja erst im dritten oder sogar erst im zweiten Jahrhundert v. Chr. entstanden wären; Bernhard Duhm schrieb 1892 sogar, die endgültige Version von Jesaja sei erst im letzten Jahrhundert v. Chr. zustande gekommen.

Die Jesaja-Rolle aus Qumran bedeutet ebenfalls eine Enttäuschung für liberale Kritiker, die meinten, daß Jesaja 40-66 nicht von Jesajas Hand, sondern von einem viel späteren Propheten (angedeutet als Deutero-Jesaja) oder zum Teil sogar von einem Trito-Jesaja verfaßt wurde, dessen Kapitel dann später erst dem Buche Jesaja zugefügt wurden. Es stellte sich aber heraus, daß in der Jesaja-Rolle kein Absatz zwischen Kapitel 39 und 40 zu finden war, obwohl das ganz gut möglich gewesen wäre (Kap. 40 fängt sogar auf der untersten Zeile eines Abschnittes an!). Dagegen ist solch ein Absatz in der Rolle zwischen den Kapiteln 33 und 34 zu finden, also genau auf der Hälfte des Buches. Der Absatz besteht aus drei freigelassenen Zeilen, durch die das Buch in zwei gleiche Teile aufgeteilt ist. Außerdem weisen beide Teile eine eigene Textstruktur auf: entweder schrieb ein Schreiber von zwei verschiedenen Vorlagen ab, oder zwei Schreiber mit verschiedenen Schreibgewohnheiten waren gleichzeitig, jeder mit einer Hälfte des Buches, beschäftigt (anscheinend passierte so etwas öfters). Um so auffälliger ist das vollkommene Fehlen eines solchen Absatzes zwischen Kapitel 39 und 40. Neben vielen Einwänden gegen die Deutero-Jesaja-Theorie ist es sicher von ausschlaggebender Wichtigkeit, daß es unter den Juden niemals irgend einen traditionellen Hinweis auf einen Deutero-Jesaja gegeben hat. Im Gegenteil, sogar das apokryphe Buch Jesus Sirach (ca. 200 v. Chr.) schreibt im Kapitel 48,23-28 das ganze Buch dem Propheten Jesaja zu, wobei es ausdrücklich auf die Kapitel 40,46 und 48 hinweist!

Schlußfolgerung

Unsere Ausführungen zeigen erneut die gewaltige Bedeutung der Qumranrollen: Die größte Bedeutung haben sie für die Textkritik des Alten Testaments. Unsere heutige hebräische Bibel ist, was die ältesten Teile betrifft, ca. 3400 Jahre alt und vielleicht noch älter. Dennoch haben wir Grund genug zu glauben, daß der Text, den wir besitzen, wirklich mit dem ursprünglichen Schriftgut übereinstimmt. Wir haben gesehen, worauf dieses feste Vertrauen gegründet ist: (1) auf die wenigen Unterschiede zwischen den Masoreten-Handschriften, (2) auf die beinahe buchstäbliche Übereinstimmung des weitaus größten Teils der Septuaginta mit dem masoretischen Text, (3) auf die Übereinstimmung (in groben Zügen) mit dem samaritischen Pentateuch, (4) auf Tausende von Fragmenten aus der Geniza von Kairo, (5) auf die gewissenhaften Regeln der Schriftgelehrten, die die Handschriften kopierten und schließlich (6) auf die überwältigende Bestätigung des hebräischen Textes durch die Qumranrollen. Unsere Frage war: »Wer gab uns das Alte Testament?« Hinter allen Menschenhänden, die an diesem Buch mitgearbeitet haben, sehen wir die Hand des Gottes dieser Menschen (siehe die Kap. 5 und 6).

Bis jetzt haben wir nur über die Glaubwürdigkeit der Überlieferung des Textes selber gesprochen. Eine ganz andere Frage ist natürlich die nach der Glaubwürdigkeit des Inhalts des Textes im Licht der modernen historischen, archäologischen und naturwissenschaftlichen Entdeckungen. Wir glauben, daß das Alte Testament uns auch in diesem Punkt die gleichen wunderbaren Überraschungen zu bieten hat. Wir kommen später darauf zurück.

Wer gab uns das Neue Testament?

Das St. Katharinenkloster im Herzen der Sinai-Wüste, wo Tischendorf eine seiner berühmtesten Handschriften fand: den Codex Sinaiticus.

In den vorhergehenden Kapiteln haben wir gesehen, daß die Bibel aus zwei Teilen besteht, die sich deutlich voneinander unterscheiden: das Alte Testament (oder: Buch des Bundes), das die älteste Geschichte der Welt und die Geschichte des Volkes Israel bis wenige Jahrhunderte vor Beginn unserer Zeitrechnung beschreibt, und das Neue Testament, das die Geschichte von Jesus Christus und der christlichen Urgemeinde beschreibt. Beide Teile haben ihre eigene Entstehungsgeschichte; für die des Alten Testaments lieferten die Israeliten den Löwenanteil - das Alte Testament ist ja gleichzeitig das heilige Buch der Juden -, und für die Überlieferung des Neuen Testaments sind die Christen verantwortlich. Genau wie in Kapitel 3 das Alte Testament wollen wir nun das Neue Testament erforschen: Wie entstanden die Bibelbücher? Wie wurden sie zusammengefügt? Welche Handschriften haben wir vom Neuen Testament? Gibt es andere Hilfsmittel, die uns helfen, die Glaubwürdigkeit des Textes festzustellen? Wie hat man versucht, den ursprünglichen Text zu rekonstruieren, und wie glaubwürdig ist dieser Text heute?

Autoren und Zusammensteller

Wir sprachen in Kapitel 2 schon kurz über die früheste Zusammenstellung des Neuen Testaments. Genau wie beim Alten Testament sind die ursprünglichen Handschriften der neutestamentlichen Bibelbücher (die sogenannten *»Autographa«)* nicht mehr vorhanden. Das wäre auch kaum möglich, denn der Papyrus, auf dem sie geschrieben wurden, ist zweifellos nur begrenzt haltbar. Zum Glück aber wurden die Autographa nach einer gewissen Zeit auf neue Papyrus-Rollen geschrieben, und das über einen Zeitraum von vierzehnhundert Jahren. Die Bücher des Neuen Testaments wurden in der zweiten Hälfte des ersten Jahrhunderts geschrieben und waren meistens an örtliche Gemeinden gerichtet (so die meisten Briefe von Paulus). Einige Bücher richteten sich an Einzelpersonen (die Briefe an Timotheus und der 2. und 3. Johannesbrief), andere wiederum wandten sich an einen breiteren Leserkreis (der Jakobusbrief, das Buch der Offenbarung). Manche Teile wurden in Jerusalem geschrieben (Jakobus), andere wiederum in Kleinasien (Johannes) und in Süd-Ost-Europa (der Römerbrief und die Briefe an die Thessalonicher) oder sogar in Rom (Epheserbrief, Philipper und Kolosser). Die Orte, wo die Bücher geschrieben wurden, wie auch die Orte, in denen sie empfangen wurden, lagen meist weit voneinander entfernt. Außerdem gab es nur begrenzte Möglichkeiten der Kommunikation und des Transportes; so kann man verstehen, daß es einige Zeit dauerte, bis die Urgemeinde Abschriften aller neutestamentlichen Bibelbücher hatten. Aber trotzdem fingen die ersten Gemeinden sofort an, die authentischen apostolischen Schriften zu *Sammlungen* zusammenzufassen. (Auf die Probleme, die beim Unterscheiden zwischen authentischen und nicht-authentischen, d.h. zwischen kanonischen und apokryphen Schriften auftauchen, werden wir in Kapitel 5 näher eingehen.) Bischof Klemens von Rom, der im Jahr 95 einen Brief an die Gemeinde zu Korinth schrieb, kannte offensichtlich nicht nur den Brief des Paulus an die Römer, sondern auch mindestens einen seiner Briefe an die Korinther (siehe 1. Klemens 47,1-3) und wahrscheinlich auch noch andere. Anscheinend besaß die Gemeinde in Rom schon um 95 n. Chr. Kopien einer Reihe neutestamentlicher Schriften.

Schon zu Zeiten des Neuen Testaments wurde eine derartige Verbreitung und die öffentliche Verlesung dieser Schriften befürwortet. Der Apostel Paulus befiehlt mehrmals, seine Briefe öffentlich vorzulesen (1. Thess. 5,27; 1. Tim. 4,13), und auch, daß das in verschiedenen Gemeinden geschehen soll: »Und wenn der Brief bei euch gelesen ist, so sorget, daß er auch in der Gemeinde zu Laodicea gelesen werde und daß ihr den von Laodicea leset« (Kol. 4,16). Johannes verband sogar einen besonderen Segen mit dem Vorlesen

des Buches der Offenbarung (siehe Offb. 1,3). Dieses Buch war an sieben verschiedene Gemeinden in Kleinasien (Kap. 1,4 + 11) gerichtet, die das Buch untereinander weitergeben sollten. Es wird deutlich, daß das öffentliche Vorlesen und Zirkulieren gleichzeitig bedeutete, daß die apostolischen Schriften, obwohl sie oft an eine bestimmte Gemeinde gerichtet waren, doch für alle Gemeinden Autorität hatten. Darum auch das schnelle Kopieren und, wie man es noch deutlicher in den mehr allgemein gehaltenen Briefen sehen kann, die schnelle Verbreitung (siehe Jakobus 1,1; 1. Petr. 1,1). Manche meinen, auch der Epheserbrief sei ursprünglich so ein allgemeiner Brief gewesen, weil die Worte »in Ephesus« in verschiedenen alten Handschriften fehlen.
So entstanden in den Urgemeinden also Sammlungen von Kopien neutestamentlicher Schriften. Der Apostel Petrus war anscheinend im Besitz einer Sammlung von Paulusbriefen und stellte diese den »anderen Schriften« gleich (2. Petrus 3,15 + 16). Das ist ein einleuchtender Hinweis darauf, daß man auch anderswo solche Kollektionen von Abschriften besaß. Das zeigt sich auch noch in der Tatsache, daß neutestamentliche Autoren einander manchmal erwähnen. So zitiert Paulus z.B. in 1. Timotheus 5,18 das Evangelium nach Lukas (Kap. 10,7) als »die Schrift«. So waren also vor Ende des ersten Jahrhunderts die neutestamentlichen Bücher nicht nur geschrieben, sondern auch (in vielen Kopien) weit verbreitet. Dieser Prozeß des Kopierens sollte sich wegen der zunehmenden Nachfrage noch viele Jahrhunderte fortsetzen, bis die Erfindung der Buchdruckerkunst das Abschreiben von Hand überflüssig machte.

Die ersten Handschriften-Funde

Im Augenblick existieren etwa 5000 Handschriften, die entweder das ganze oder Teile des griechischen Neuen Testaments beinhalten. Diese Summe der Handschriften ist aber erst in jüngster Zeit so enorm angewachsen, denn es ist noch nicht so lange her, daß die Christen kaum oder keine echten alten Handschriften besaßen. Im 16. und 17. Jahrhundert, als die großen protestantischen Bibelübersetzungen entstanden, kannte man außer dem *Codex Bezae* (eine Handschrift aus dem sechsten Jahrhundert, die Calvins Schüler Beza 1581 der Universität von Cambridge schenkte) keine Handschriften, die älter als aus dem elften Jahrhundert waren. Aber sonst lag zwischen den Autographa und ältesten Handschriften eine Zeitspanne von nicht weniger als tausend Jahren! Heute können wir eine klare Antwort auf eine Frage geben, deren Lösung damals fast unmöglich schien: Hatten die Bibelübersetzer einen glaubwürdigen Bibeltext? Die Antwort darauf ist ein klares Ja. Hinzu kommt, daß wir heute einen noch glaubwürdigeren Text haben! Für manche Teile

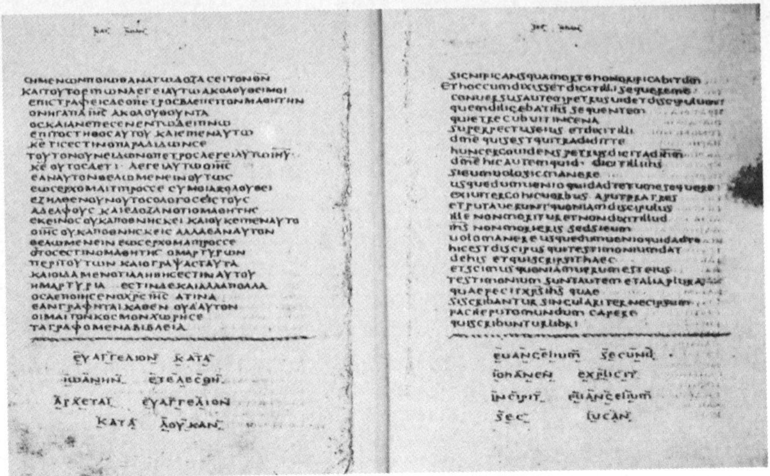

Der Codex Bezae, 5./6. Jhdt., wurde von Beza, einem Schüler Calvins, der Universität von Cambridge geschenkt. Für die protestantischen Bibelübersetzungen des 16. und 17. Jhdts. war dies die älteste Handschrift, die man hatte. Der Text ist Griechisch und Latein und zeigt hier Joh 21, 19-25

des Neuen Testaments hat die Zeitspanne von tausend Jahren sich bis auf fünfzig Jahre oder noch weniger verringert. Das ist das großartige Resultat von dreihundert Jahren Forschung - und die Arbeit geht weiter.

Es begann im Jahr 1627, als König Karl I. von England vom Patriarchen von Konstantinopel einen sehr alten Codex geschenkt bekam. Dieser Codex war 1078 in den Besitz des Patriarchen von Alexandrien gekommen, daher der Name *Codex Alexandrinus*. Wahrscheinlich ist er während der ersten Hälfte des vierten Jahrhunderts in diesem Ort entstanden. Er enthält nahezu die ganze griechische Bibel (Altes und Neues Testament) und einige apokryphe Bücher und wurde in Unzialen auf sehr dünnem Vellum geschrieben (siehe Kap. 2). Erst im 18. Jhdt. wurde dieser wichtige Codex als Ganzes publiziert; aber inzwischen hatte er schon ein eifriges Forschen hauptsächlich englischer und deutscher Gelehrter in Gang gebracht, die noch andere alte Handschriften zu finden hofften. Zwar gebrauchte man nach wie vor für die Ausgabe des griechischen Testaments den »Textus Receptus« (»akzeptierten Text«, den griechischen Text von Stephanus aus dem Jahr 1550 - siehe Kapitel 2 -, der Ausdruck selbst stammt aus dem Vorwort zur Ausgabe von Elzevir im Jahre 1633), es wurden aber inzwischen immer mehr Textvarianten bekannt. Im Jahr 1707 brachte John Mill ein griechisches Neues Testament heraus, in dem er dem Text von Stephanus die

Der Codex Alexandrinus stammt aus dem 4. Jhdt. n. Chr. und enthält sowohl das Alte als auch das Neue Testament, hier ein Ausschnitt aus Lk. 24. Als Geschenk des Patriarchen von Konstantinopel an König Karl I (1627) von England ist der Codex nun im Britischen Museum in London zu besichtigen. Weil er im Jahr 1078 in den Besitz des Patriarchen von Alexandrien kam, wurde der Codex nach diesem Ort benannt.

Textvarianten von 78 neuen Handschriften hinzufügte (siehe unten), sowie daneben eine Reihe antiker Übersetzungen und Bibelzitate von Kirchenvätern. Alle Gelehrten, die es wagten, einen revidierten Text herauszugeben, wurden scharf angegriffen, weil man dies als Mangel an Ehrfurcht ansah!
Der große Gelehrte Richard Bentley aber verteidigte diese Männer. Er hatte einen schweizerischen Schüler, J. J. Wetstein, der 1752 erstmalig eine Liste der zur Verfügung stehenden Unzialen und Minuskeln (siehe Kapitel 2) publizierte, und zwar nach einem Buchstabenkode, der bis heute Gültigkeit hat (siehe unten). Diese Arbeit wurde von vielen Gelehrten ergänzt, bis schließlich J. M. A. Scholz im Jahre 1830-36 einen Katalog publizierte, der so komplett wie nur irgend möglich war und der etwa tausend Handschriften enthielt. Die überwiegende Mehrheit dieser Schriften bestand aus Minuskeln (also nicht älter als aus dem 10. Jahrhundert), obwohl auch schon einzelne sehr wichtige Unzialen bekannt waren. Neben dem Codex Alexandrinus und dem Codex Bezae war vor allem der *Codex Vaticanus* eine der wichtigsten Handschriften des Neuen Testaments. Er enthält nahezu die ganze griechische Bibel und die apokryphen Bücher und muß zwischen 325 und 350 geschrieben worden sein. Dieses Manuskript befand sich, mindestens seit dem 15. Jahr-

hundert, in der Bibliothek des Vatikans, wurde aber erst im Jahre 1889-90 als Ganzes publiziert. Außer in der kurzen Zeit, in der die Handschrift als Teil der Beute Napoleons nach Paris gebracht wurde, hatte man den Codex Vaticanus vorher wenig beachtet. Als er nach dem Sturz Napoleons nach Rom zurückgebracht wurde, gewährten die Behörden des Vatikans den ausländischen Gelehrten keinen Einblick mehr in den Codex, weil sie selbst eine Herausgabe dieses Codex erwogen - aber daraus wurde vorläufig nichts.

Erste Revision des Textes

Um 1830 war man also im Besitz einiger sehr alter Unzialen, hatte aber daneben noch eine überwältigende Menge bedeutend jüngerer Handschriften, die fast alle ein und denselben Texttypus aufwiesen, den man »Byzantinisch« nennt, und der als *Textus Receptus* bekannt wurde. Der Luther-Übersetzung z.B. liegt dieser Text zugrunde, und es brauchte schon seine Zeit, bis die großen Gelehrten einsahen, wie viele Unvollkommenheiten er enthielt und wie viele wichtige Verbesserungen die alten Unzialen boten. In dieser Hinsicht waren drei große deutsche Gelehrte Wegbereiter: sie legten den Grund für die moderne »Textkritik«* (siehe Kapitel 3) des Neuen Testaments. Es waren J. A. Bengel (seine Ausgabe erschien 1734), J. S. Semler (1767) und J. J. Griesbach (3 Ausgaben von 1774-1805). Sie verglichen die zur Verfügung stehenden Handschriften und antiken Übersetzungen und Bibelzitate der Kirchenväter miteinander und suchten nach übereinstimmenden Texttypen; bis schließlich Griesbach alle in drei Gruppen aufteilte; (a) die *alexandrinische Gruppe* (wozu damals neben dem Vaticanus und dem Alexandrinus - ab Apostelgeschichte - vor allem eine Reihe Übersetzungen und Zitate der Väter der Ostkirche gehörten), (b) der *westliche Text* (incl. Codex Bezae und lateinische Kirchenväter und Übersetzungen) und (c) der *byzantinische Text* = Textus Receptus (incl. Codex Alexandrinus in den Evangelien und die große Menge späterer Handschriften). Diese Einteilung wurde später präzisiert, wird aber im wesentlichen immer noch angewandt. Der Gedanke, daß einige sehr alte Unzialen und antike Übersetzungen in vielen Punkten einen besseren Text als die vielen Hundert späteren Handschriften bieten würden, erntete um 1830 noch sehr viel Widerstand! Es sollten aber große Veränderungen stattfinden.

---

* Die *Textkritik* ist die bedeutende Wissenschaft, die sich mit der richtigen Fassung des ursprünglichen Bibeltextes an Hand objektiver Kriterien beschäftigt, obwohl sie manchmal von den Irrungen der »Bibelkritik« beeinflußt wird (einigen Textkritikern begegnen wir in Kapitel 7 und 8 als »Bibelkritikern«).

Im Jahre 1831 begann der Durchbruch mit einem griechischen Neuen Testament von Karl Lachmann, das 1842-50 zu einer sehr verbreiteten Ausgabe wurde. Lachmann schob den Textus Receptus einfach beiseite und konzentrierte sich auf einige Unzialen, antike Übersetzungen und Kirchenväter. Das war zwar das andere Extrem, brachte aber die textkritische Pionierarbeit ein enormes Stück voran. Denn nun erschien ein anderer junger Gelehrter auf der Bildfläche, der eine Menge neuer Handschriften sammelte wie sonst niemand vor oder nach ihm: 18 Unzialen und sechs Minuskeln; er veröffentlichte zum ersten Male 25 Unzialen und veranlaßte dann eine neue Ausgabe von elf anderen, von denen manche äußerst wichtig waren. Dieser Gelehrte war *Konstantin Tischendorf* (1815-1874). Er gab nicht weniger als acht Ausgaben des griechischen Neuen Testaments heraus, vier des lateinischen und vier von der Septuaginta, außerdem noch apokryphe Evangelien, Briefe und Ausgaben der einzelnen Handschriften. Wir wollen nun ganz kurz über einige seiner größten Entdeckungen berichten. Eine davon gehört zu dem Sensationellsten aus der Geschichte der Bibel.

Entdeckungen durch Tischendorf

Sofort, nachdem Tischendorf in Leipzig sein theologisches Studium beendet hatte, ging er im Alter von 26 Jahren nach Paris. Er hatte sich zum Ziel gesetzt, die ältesten bekannten Unzialen ausfindig zu machen und herauszugeben, und wußte, daß sich der *Codex*

Dem erst 26-jährigen Tischendorf gelang es im Jahre 1841, den ursprünglichen Text des Codex Ephraemi Rescriptus (5. Jhdt. n. Chr.) unter Zuhilfenahme einiger Chemikalien in der Bibliothek von Paris zu entziffern. 18 Jahre später entdeckte er dann den berühmten Codex Sinaiticus.

Ephraemi in Paris befand. Im sechzehnten Jahrhundert war diese wichtige Handschrift aus dem fünften Jahrhundert in die Hände des französischen Königs gelangt. Sie enthielt einen kleinen Teil des Alten und einen großen Teil des Neuen Testaments. Das Besondere an dieser Handschrift war, daß sie ein *Palimpsest rescriptus* ist,

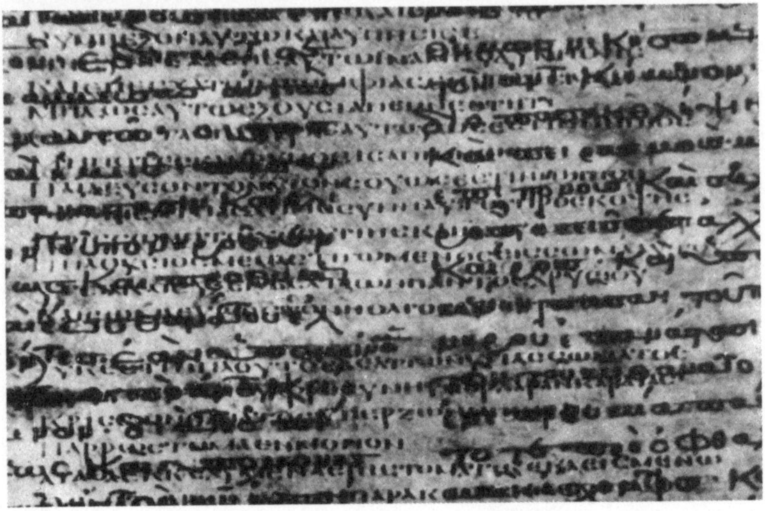

Hier ist ein sogenannter Palimpsest (Codex Ephraemi Rescriptus) abgebildet, ein zweimal beschriebenes Pergament. Der ursprüngliche Text wurde abgekratzt (das »Papier« war damals schon teuer!) und der neue Text wurde einfach darüber geschrieben.

d.h. der ursprüngliche Bibeltext ist ausradiert worden und darüber (im 12. Jhdt.) eine Kopie von Abhandlungen des syrischen Kirchenvaters Ephraem aus dem vierten Jahrhundert geschrieben. Bis dahin konnte niemand aus dem unteren Text so recht klug werden, aber es gelang dem jungen Tischendorf mit Hilfe chemischer Mittel, diese Schrift wieder sichtbar werden zu lassen und sie innerhalb von zwei Jahren völlig zu entziffern!
Er war aber mit diesem Erfolg noch lange nicht zufrieden. Er erwog, daß es in den heißen, trockenen Gebieten des Nahen Ostens womöglich noch uralte Klöster geben könnte, die nie von Mohammedanern geplündert worden waren. Hier könnten Christen in früheren Zeiten eine sichere Zuflucht gefunden und deshalb möglicherweise auch uralte Bibelhandschriften verborgen haben. So machte sich der 29jährige Tischendorf 1844 mit vier Beduinen per Kamel auf den Weg zum Kloster St. Katharina auf dem Berge Sinai. Dieses Kloster war um 530 von Kaiser Justinianus erbaut worden an einem Ort, an dem schon seit dem vierten Jahrhundert

Mönche wohnten. In einem verwahrlosten Gebäude, in dem sich die Bibliothek des Klosters befand, begann Tischendorf, nachdem er das Vertrauen der Mönche gewonnen hatte, seine Suchaktion. Eines Tages fand er einen großen Korb, voll mit alten Pergamenten: Der Bibliothekar erzählte ihm, daß man schon zwei Haufen solch alten »Plunders« verbrannt hätte. Der junge Tischendorf fand in dem Korb 129 Seiten eines griechischen Alten Testaments, die älter waren als jedes andere Manuskript, das er je gesehen hatte! Mit Mühe gelang es ihm, 43 der Seiten zu bekommen, und das auch nur, weil sie sonst ja sowieso verbrannt worden wären...

Durch diesen Fund bekam Tischendorf Auftrieb; aber wie er auch suchte, den Codex, zu dem die Blätter gehörten (und der vielleicht auch ein Neues Testament enthielt), konnte er nicht finden. Im Jahre 1853 durchforschte er das Kloster noch einmal, aber wieder ohne Erfolg. Der unauffindbare Codex ließ ihn aber nicht mehr zur Ruhe kommen, und so besuchte er 1859 das Kloster von neuem, jetzt aber mit einem Empfehlungsschreiben des russischen Zaren, in dem dieser einen Appell an seine griechisch-katholischen Glaubensgenossen im Kloster richtete. Aber auch dieses Mal blieb der Codex unauffindbar, bis er am Vorabend seiner Abreise von dem Klostervorsteher zu einem Abschiedstrunk eingeladen wurde. Während des Gesprächs zeigte er diesem ein Exemplar seiner Ausgabe der Septuaginta, worauf der Klostervorsteher meinte, Tischendorf müsse dann auch seine alte Kopie der Septuaginta sehen, aus der er jeden Tag lesen würde... Er holte ein in rotes Tuch gewickeltes Pergament von einem Brett herunter - und mit einem Blick sah Tischendorf, daß diese Blätter zu dem von ihm sehnsüchtig gesuchten *Codex Sinaiticus* gehörten. Er enthielt nicht allein 199 weitere Seiten des griechischen Alten Testaments, sondern auch ein komplettes Neues Testament!

Was empfindet wohl in solch einem Augenblick ein Gelehrter, der ein Manuskript in Händen hält, das sowohl im Alter als auch in seiner Bedeutung alles übertrifft, was er in zwanzig Jahren studiert hat? Außer sich vor Freude blieb Tischendorf die ganze Nacht auf, um Teile zu kopieren. Nach einigem Hin und Her wurde ihm das Manuskript nach Kairo nachgebracht und schließlich dem Zaren geschenkt. Dieser gab dem Kloster dafür 9000 Rubel und verlieh eine Reihe hoher Auszeichnungen. Im Jahre 1933 kauften die Briten für 100000 Pfund diesen kostbaren Codex von den Sowjets, und zu Weihnachten desselben Jahres schließlich bekam er seinen endgültigen Platz im Britischen Museum - nach einer sehr bewegten Geschichte seit seiner Entstehung Mitte des vierten(!) Jahrhunderts.

Danach beschäftigte sich Tischendorf mit einer dritten uralten Unziale: mit dem schon erwähnten *Codex Vaticanus.* Im Jahre 1866

bekam er nach einigem Hin und Her die Erlaubnis, diese Handschrift 14 Tage lang, drei Stunden täglich, einzusehen, ohne daß er irgend etwas daraus kopieren oder publizieren durfte. Aber dennoch konnte Tischendorf wichtiges Material aus dem Codex Vaticanus in seiner neuen Ausgabe des griechischen Neuen Testaments verarbeiten. Auch erschien 1868 eine Ausgabe des Codex Vaticanus (Neues Testament), von Gelehrten des Vatikans selber abgefaßt. Auf diese Weise bekamen die Gelehrten in jenem Jahr zwei der wichtigsten Handschriften des Neuen Testaments in die Hand, die ein Jahrhundert älter waren als das älteste Material, das man bis dahin hatte benutzen können!
Nun war eine gründliche Revision des allgemein akzeptierten Textes nicht mehr zu umgehen, weil die Codices Sinaiticus und Vaticanus in wichtigen Punkten abwichen - und nach Meinung fast aller Gelehrten besser waren als der Textus Receptus. Diese große Revision wurde in Deutschland von Tischendorf (1869-72) und in England von den zwei großen Cambridge-Gelehrten B. F. Westcott und F. J. A. Hort (Ausgabe 1881) durchgeführt.

Die große Textrevision

Dieses letzte Werk war für die Textkritik des Neuen Testaments von außerordentlicher Bedeutung. Die Gelehrten (Tischendorf, Westcott und Hort) teilten (nach den schon vorhandenen Richtlinien Griesbachs) die Handschriften in vier Gruppen ein: (a) die *neutrale* Gruppe (dazu gehörten vor allem der Codex Vaticanus und der Codex Sinaiticus, verschiedene Minuskeln, die Bohairische Übersetzung (siehe Kapitel 2 und unten) und die Zitate des Origenes), (b) eine ziemlich undeutliche *alexandrinische* Gruppe, die später Gruppe (a) zugefügt wurde, (c) die *westliche* Gruppe (dazu gehörten die Codex Bezae, die alt-lateinische und die damals bekannte alt-syrische Übersetzung und vor allem fast alle Zitate der frühesten christlichen Verfasser), (d) die *syrische* (oder *byzantinische)* Gruppe, die vom Textus Receptus vertreten wird. Gruppe (d) legten sie genau so schnell zur Seite wie Griesbach und Lachmann; (c) betrachteten sie als minderwertig; und zwischen Gruppe (a), die sie als die Gruppe der besten Texte ansahen, und Gruppe (b) gab es keine großen Unterschiede.
Westcott & Hort brachten endlich den lang ersehnten griechischen Text heraus. Dieser Text basierte auf den ältesten und besten Handschriften und stützte sich auf eine gut umschriebene textkritische Auffassung. Außerdem war die größtenteils darauf basierende *Revised Version* (englische revidierte Übersetzung) des Neuen Testaments aus dem Jahre 1881 bis dahin die sensationellste Publikation aller Zeiten: Nur um eines der ersten Exemplare dieser Ausgabe zu

bekommen, wurden bis zu 5000 Pfund geboten; allein schon die Oxford-Presse verkaufte am Tag der Herausgabe eine Million Exemplare; den ganzen Tag über waren die Straßen um den Verlag herum durch einen Strom von Wagen blockiert, die die Bücher zu den verschiedenen Stationen bringen sollten! Aber gleichzeitig rollte eine Welle der Kritik heran, die vor allem in der Unlust des Volkes begründet war, Änderungen im Wortlaut eines so bekannten und geliebten Buches, wie die Bibel es ist, zu akzeptieren. Teilweise war diese Kritik berechtigt, wie sich im Jahrhundert der großen Entdeckungen, das nach 1881 folgte, zeigte. Das wollen wir uns nun anschauen.

Neue Entdeckungen

Wieder kam es auf der Sinaihalbinsel zu Neuentdeckungen; dort entdeckten zwei gelehrte Zwillingsschwestern im Jahre 1892 den *Codex Syro-Sinaiticus:* eine altsyrische Übersetzung (älter als die Peschitta; siehe Kapitel 2 und unten), eine der frühesten Übersetzungen des Neuen Testaments aus dem zweiten Jahrhundert, in einer Kopie aus dem fünften Jahrhundert. Damit wurde der »neutrale« Text untermauert, der aber gleichzeitig, auf die gleiche Art wie der »westliche« Teil, von ihm abwich. Mit aus diesem Grund verlagerte sich die Debatte so nach und nach vom Konflikt zwischen dem »neutralen« und dem »byzantinischen« zu einem Konflikt zwischen dem »neutralen« und dem »westlichen« Text. Diese Diskussion wurde noch durch das Problem, das das *Diatessaron* verursachte, belebt (Diatessaron = »eins aus vieren«; eine »Schneide-und-klebe«-Zusammensetzung der vier Evangelien, die vom Kirchenvater Tatianus im zweiten Jahrhundert in griechisch und syrisch verfaßt wurde).
Im 19. Jahrhundert tauchten armenische, lateinische und arabische Übersetzungen eines Kommentars des schon erwähnten Kirchenvaters Ephraem zu diesem Diatessaron auf, und im 20. Jahrhundert fand man auch Fragmente von Übersetzungen dieses Werkes selbst. Dieses sehr frühe Werk zeigte, daß die »westliche« Textstruktur schon sehr früh vorkam, denn das Werk war deutlich davon beeinflußt. Ferner widerlegte diese Forschung Behauptungen einzelner Bibelkritiker, Tatianus habe bestimmt ganz andere Evangelien als die unseren gebraucht. Denn die Bibelkritiker vertraten die Meinung, daß unsere heutigen Evangelien, wenn sie damals überhaupt schon vorhanden waren, mit ihren Wundergeschichten und ihrem Nachdruck auf die Gottheit Christi um 160 n. Chr. bestimmt noch nicht als autoritativ angesehen wurden. Ephraems Kommentar (von dem 1957 eine Handschrift mit einem großen Teil des syrischen Originals wiedergefunden wurde!) zeigt deutlich, daß Tatianus um 160

genau dieselben vier Evangelien, etwa in der gleichen »Textgestaltung«, vor sich hatte wie wir heute; und daß sie offensichtlich damals schon so autoritativ waren, daß er es nicht gewagt hat, aus irgend einem anderen Werk (z.B. den apokryphen Evangelien) oder aus mündlichen Überlieferungen auch nur das Geringste zu zitieren! Außerdem waren die Evangelien damals offensichtlich schon so bekannt und weitverbreitet, daß innerhalb von sechzig Jahren, nachdem das Johannesevangelium geschrieben worden war, schon syrische Übersetzungen benötigt wurden, wie der Codex Syro-Sinaiticus zeigt. Die nächste, wichtige Entdeckung fand in Ägypten statt: Der amerikanische Kunstmaler C. L. Freer kaufte 1906 dem arabischen Kaufmann Ali in Gizeh einige Bibelhandschriften ab. Darunter befanden sich eine Sammlung neutestamentlicher Fragmente, die jetzt als *Codex Washingtonianus* oder *Freerianus* bekannt sind. Der Teil dieser Schriften, der die Evangelien enthält, ist weitaus das Älteste (aus dem 4. Jhdt.) und Beste. Das Wichtigste an diesem Teil war, daß er eine ganz neue Textstruktur aufzeigte, die sich mit dem neutralen/alexandrinischen und dem westlichen Text die Waage hielt. Man entdeckte schon sehr bald andere Handschriften mit derselben Textstruktur, die man später als *»caesareanische* Struktur« bezeichnete. Erstens zeigte der Text von Markus 5-16 deutliche Ähnlichkeiten mit einer schon im Jahre 1877 von Ferrar und Abbot publizierten Studie über vier Minuskeln, die unter dem Namen Familie 13 bekannt sind. Zweitens war eine deutliche Verbindung (vor allem wieder im Markusevangelium) zwischen dieser Familie und einer im Jahre 1902 von Kirsopp Lake publizierten Studie vier anderer Minuskeln zu sehen, die Familie 1 genannt wurde. Drittens richtete Prof. Hermann von Soden im Jahre 1906 die Aufmerksamkeit auf eine späte, merkwürdige Unziale, die aus dem Kloster Koridethi im Kaukasus stammt und sich jetzt in Tiflis (Tbilisi) in Georgien befindet. Auch dieser *Codex Koridethianus* aus dem neunten Jahrhundert hatte mehr oder weniger dieselbe Textstruktur. Außerdem wies B. H. Streeter 1924 nicht nur auf eine deutliche Verbindung mit der palästinensisch-syrischen Übersetzung (siehe unten) hin, sondern bewies auch, daß der große Gelehrte Origenes (gest. 254) nach seinem Umzug von Alexandrien nach Cäsarea, wie aus seinen Bibelzitaten hervorgeht, vor allem diese Textstruktur gebrauchte. Daher wurde diese Handschriftengruppe auch »cäsareanisch« genannt (obwohl es sich später herausstellte, daß Origenes diesen Text bereits in Alexandrien gebraucht haben muß). Es zeigt sich, daß auch die antiken georgischen und armenischen Übersetzungen diese Textstruktur aufwiesen. So war die anfänglich unbedeutende Familie 13 von Ferrar und Abbot zu einer neuen, selbständigen Gruppe der Evangelienhandschriften herangewachsen! (Inzwischen erwies sich, daß andere Evangelien-Fragmente des Washingtonianischen Codex auch die schon bekannten Textstrukturen aufwiesen: siehe unten.)

Die Papyri

Jetzt ist es aber an der Zeit, daß wir über eine Reihe anderer bedeutungsvoller Entdeckungen sprechen, nämlich über die Funde biblischer *Papyri* aus den allerfrühesten Jahrhunderten der Kirchengeschichte. Diese Entdeckungen wurden in den heißen, trockenen Gebieten Ägyptens gemacht; hier konnte der vergängliche Papyrus am besten erhalten bleiben. Schon im 18. und 19. Jahrhundert fand man in Ägypten verschiedene uralte Handschriften, wie die der Ilias von Homer, die aber von den Bibelkritikern kaum beachtet wurden. Das änderte sich aber schnell, als der berühmte Textkritiker Sir Frederic Kenyon vom Britischen Museum eine ägyptische Papyrusrolle mit einem Werk von Aristoteles, das man bis dahin nur dem Namen nach kannte, veröffentlichte. Plötzlich richteten sich die Augen der Gelehrten auf die antiken Gräber und Abfallstätten Ägyptens, die zwei in diesem Land bekanntesten Fundorte für Papyri: auf die Gräber, weil die alten Ägypter die Gewohnheit hatten, ihren Verstorbenen allerlei Utensilien (u.a. auch Schriften), die sie zu Lebzeiten gebraucht hatten, für das Jenseits mitzugeben; auf die Abfallstätten, weil die aussortierten Papyrusrollen dort in den regenarmen Gebieten vor Feuchtigkeit verschont blieben und die Sandverwehungen der Wüste sie vor der Sonne beschützten.
Im Jahr 1897 begannen zwei junge Männer, Grenfell und Hunt, in der Ortschaft Oxyrhynchus in einer antiken Abfallstätte zu graben. Oxyrhynchus ist eine ägyptische Ortschaft in der libyschen Wüste, ca. 15 km westlich des Nils. Schon bald entdeckten sie hier und vor allem auch in dem etwas nördlicher gelegenen *Fayum* Abertausende von Papyri, darunter auch einige neutestamentliche Fragmente aus dem dritten Jahrhundert. Ein Studium dieser Unterlagen erbrachte bald den Beweis, daß die ägyptischen Christen in dieser sehr frühen Zeit im wesentlichen denselben Text hatten, wie wir ihn in den großen Codices aus dem vierten und fünften Jahrhundert antreffen. Das ist ein wichtiger Punkt, weil einige frühere Bibelkritiker oft herablassend behauptet hatten, die Kirchenfürsten in den Tagen Konstantins des Großen hätten drastische Veränderungen im Neuen Testament vorgenommen. Zahllose Texte und Übersetzungen aus dem dritten Jahrhundert und davor haben heute das Gegenteil ausreichend bewiesen - und wieder zerplatzte eine bibelkritische Attacke wie eine Seifenblase. Die einfachen Bauern Ägyptens im zweiten Jahrhundert hatten im Grunde genau dasselbe Neue Testament wie die Gelehrten des 20. Jahrhunderts. Übri-

gens wiesen die Textstrukturen dieser alten Papyri neben verschiedenen anderen, die offensichtlich »alexandrinischer« Herkunft waren, oft deutlich »westliche« Züge auf: kein einziger war »byzantinisch«.
Diese Papyri machten auch noch etwas anderes ganz deutlich: Viele hatten lange Zeit gemeint, das Neue Testament sei in einer speziellen Art der »Sprache des Heiligen Geistes« geschrieben, weil sein Griechisch so sehr von dem bekannten klassischen Griechisch abwich. Die Papyri zeigten aber, daß das Neue Testament in der alltäglichen Umgangssprache des ersten Jahrhunderts geschrieben war: dem *Koinè*-Griechisch. Das war nicht, wie einige Kirchenväter gemeint hatten, eine »speziell für das Neue Testament entworfene Sprache«, sondern die allgemein gesprochene Sprache des Mittelmeerraumes jener Tage, die Handelssprache, die Sprache der Masse, des Marktes. Als man diese Sprache durch die Papyri besser kennenlernte, fiel auch ein neues Licht auf verschiedene Ausdrücke des Neuen Testaments. Außerdem war das Griechisch des ersten Jahrhunderts des Neuen Testaments ein weiterer Beweis dafür (entgegen der Meinung bestimmter Bibelkritiker), daß es in der Tat im ersten Jahrhundert geschrieben wurde. So erwies sich die große Bedeutung dieser Papyri schon, bevor die »großen Bibelhandschriften« aus diesem Material gefunden wurden.

Die großen Bibel-Papyri

Aber dann folgte die Entdeckung von 1930, ein Fund, der in seiner großen Bedeutung nur mit dem Codex Sinaiticus zu vergleichen ist. Gegenüber *Fayum*, an der Ostseite des Nils, wurden auf einem koptischen Friedhof von einigen Arabern verschiedene Krüge gefunden, die antike Papyri enthielten. Sie gingen durch die Hände verschiedener Händler, bevor der Löwenanteil von *A. Chester Beatty* gekauft wurde, einem bekannten amerikanischen Sammler, der in England wohnte und Eigentümer einer wertvollen Kollektion von Handschriften war. Auch die Universität von Michigan kaufte einen kleineren Teil und weitere 15 Seiten landeten anderswo. Am 17. November 1931 veröffentlichte Sir Frederic Kenyon in »The Times« die Entdeckung, daß es sich um Teile von zwölf Manuskripten handle, die eine große Anzahl biblischer Bücher enthielten. Vom griechischen Alten Testament waren folgende Teile enthalten: Teile von 1. Mose (um 300 n. Chr.); 4. Mose und 5. Mose (1. Hälfte 2. Jhdt.); Fragmente von Jesaja und Jeremia (um 200); und eine fragmentarische Handschrift von Hesekiel, Daniel und Esther (1. Hälfte 3. Jhdt.). Aber vor allem die Teile des Neuen Testaments waren außerordentlich wichtig: Ein Viertel einer Kopie (Kodebezeichnung P45) der vier Evangelien und der Apostelgeschichte

Die Chester Beatty Papyri enthalten Teile des Neuen Testaments und stammen aus der ersten Hälfte des dritten Jhdts. n. Chr. wie die oben abgebildete Seite P45, die Lk. 12,18-37 zeigt.

1. Hälfte 3. Jhdt.) war erhalten geblieben. Nachdem die Eigentümer die Schriften ausgetauscht hatten, konnte eine Handschrift (P46) mit fast allen Briefen von Paulus (Anfang 3. Jhdt.) zusammengestellt werden (der Hebräerbrief folgt darin sofort dem Römerbrief - ein Hinweis darauf, daß damals noch nicht an der Verfasserschaft des Paulus gezweifelt wurde). Schließlich fand sich zwischen den Papyri noch eine Handschrift (P47) mit einem Drittel des Buches der Offenbarung aus dem Anfang des dritten Jahrhunderts.
Man kann sich vorstellen, wie wichtig dieser Fund war. Außer den Hirten- und den allgemeinen Briefen waren alle neutestamentlichen Bücher vertreten, und das Alter unserer Textzeugen der griechischen Bibel wurde (für einzelne Teile) vom vierten Jahrundert auf den Anfang des zweiten Jahrhunderts zurückverlegt. Außerdem erwiesen sich die Textstrukturen in P45 als weder völlig »alexandrinisch« noch völlig »westlich« (noch viel weniger »byzantinisch«), während Markus eine deutlich »cäsareanische« Struktur zeigte. P46 und 47 sind mehr »alexandrinisch«. Diese Fundgrube war übrigens mit den Chester-Beatty-Papyri noch nicht erschöpft. Sehr interessant war

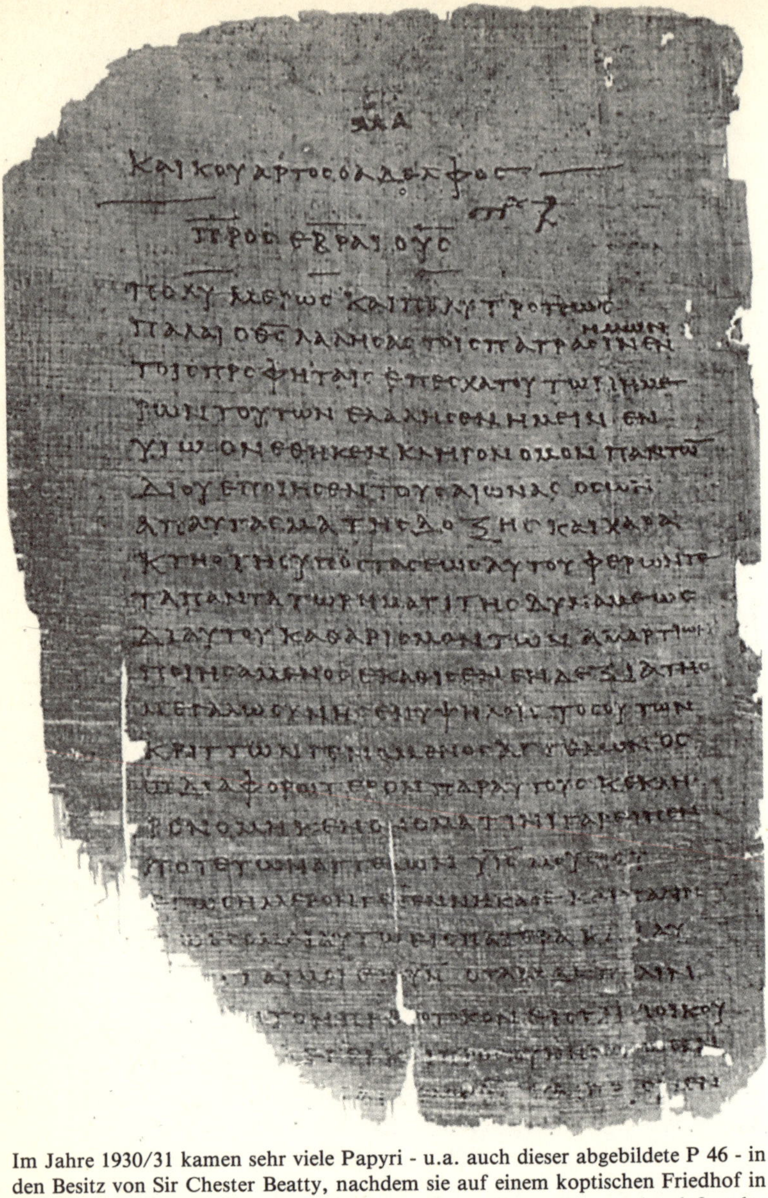

Im Jahre 1930/31 kamen sehr viele Papyri - u.a. auch dieser abgebildete P 46 - in den Besitz von Sir Chester Beatty, nachdem sie auf einem koptischen Friedhof in Ägypten gefunden worden waren. Das Besondere an diesem Papyrus ist, daß er das Ende des Römerbriefes (Rö. 16,23) und direkt folgend den Anfang des Hebräerbriefes (Hebr. 1, 1-7) enthält.

die Entdeckung eines kleinen Fragments, welches Teile von Johannes 18,31-33.37 und 38 enthielt und um 125-130 geschrieben sein muß, also weniger als 30-35 Jahre, nachdem Johannes (wie man annimmt) sein Evangelium geschrieben hat! Wenn wir überlegen, daß in dieser (für jene Zeit) äußerst kurzen Periode das Evangelium offensichtlich schon Ägypten erreicht hatte, dann sehen wir, wie wichtig dieser Fund (bekannt als der *John-Rylands-Papyrus* 117-38 oder P52) ist, um die frühe Entstehung der Evangelien zu beweisen und die Spekulation der Bibelkritiker (die behaupteten, daß das Johannesevangelium erst um 160 oder 170 niedergeschrieben wurde) zurückzuweisen. Von den neueren Papyrus-Funden müssen wir vor allem die *Bodmer-Papyri* nennen. Um 1956 kaufte die Bodmer-Bibliothek in Genf einen Papyrus-Codex des Johannesevangeliums (P66) auf, der ungefähr im Jahre 200 geschrieben wurde. Ein anderer Papyrus (P75) enthielt Teile von Lukas und Johannes, und P72 enthielt die Briefe von Petrus und Judas. Beide Papyri stammen etwa aus dem Jahre 200, während der viel jüngere P74 (aus dem 6. oder 7. Jahrhundert) die Apostelgeschichte und die allgemeinen Briefe enthält. Diese vielen Funde machten die alte

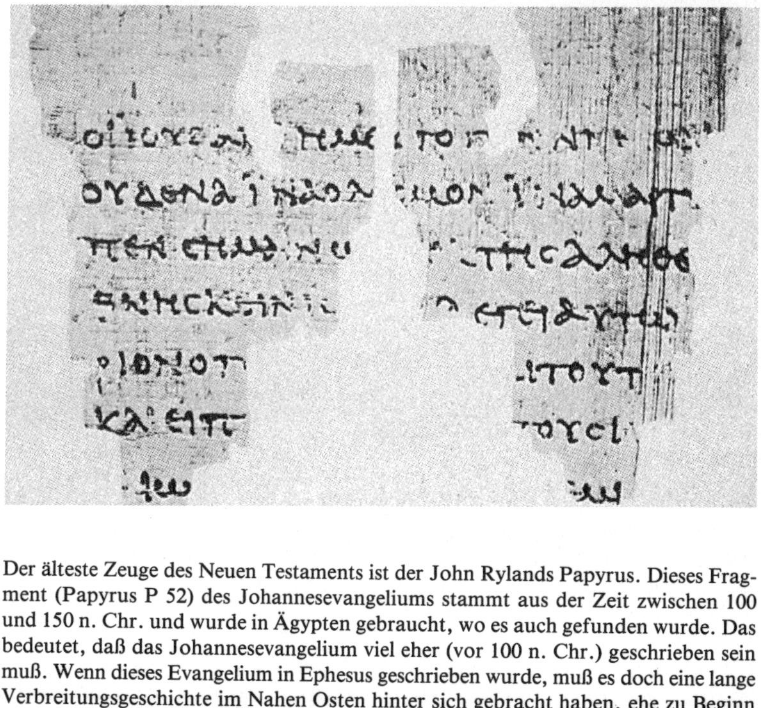

Der älteste Zeuge des Neuen Testaments ist der John Rylands Papyrus. Dieses Fragment (Papyrus P 52) des Johannesevangeliums stammt aus der Zeit zwischen 100 und 150 n. Chr. und wurde in Ägypten gebraucht, wo es auch gefunden wurde. Das bedeutet, daß das Johannesevangelium viel eher (vor 100 n. Chr.) geschrieben sein muß. Wenn dieses Evangelium in Ephesus geschrieben wurde, muß es doch eine lange Verbreitungsgeschichte im Nahen Osten hinter sich gebracht haben, ehe zu Beginn des 2. Jhdts. diese Abschrift auf Papyrus in Ägypten in Umlauf kommen konnte.

Einteilung in Textstrukturen (die sich ja auf Handschriften aus dem 4. und späteren Jahrhunderten gründete) wenig brauchbar und verlangten ganz neue textkritische Analysen dieser alten Quellen. Die Ergebnisse sind schon (bzw. werden im Augenblick) in ganz neuen Ausgaben des griechischen Neuen Testaments verarbeitet (in denen aber leider teilweise auch bibelkritische Meinungen vertreten sind; vgl. Kap. 7 und 8).

Führend bei diesen Neubearbeitungen ist u.a. *Kurt Aland,* der frühere Mitredakteur (mit Erwin Nestle) der bekannten Nestle-Ausgabe. Er ist jetzt dabei, in Zusammenarbeit mit anderen Gelehrten eine ganz neue Ausgabe vorzubereiten. Aland ist der Leiter des Instituts für Neutestamentliche Textforschung der Universität Münster und hält einen Katalog mit allen neutestamentlichen Textzeugen auf dem Laufenden: eine Liste mit Dutzenden von Papyri, Hunderten von Unzialen, Tausenden von Minuskeln und Tausenden anderer Quellen (siehe unten), von denen weitaus die meisten auf Photokopien oder Mikrofilmen im Institut vorhanden sind! Alle Texte bekommen eine Kodebezeichnung: Die Papyri ein P mit Nummer, die

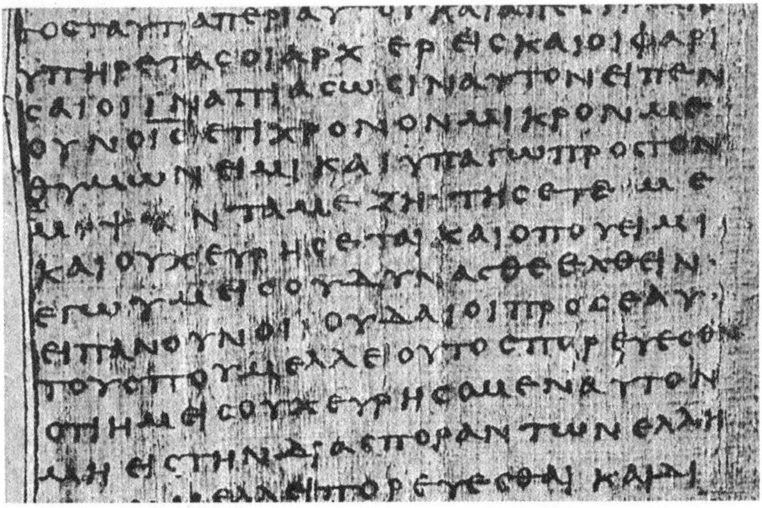

Der Papyrus P66 (im Jahre 1956 publiziert) gehört zu den Bodmer-Papyri, genannt nach dem Gründer der Bodmer-Bibliothek bei Genf, M. Martin Bodmer, der diese Papyri erwarb. P66 stammt aus der Zeit um 200 n. Chr. und enthält das Johannesevangelium. Dieser Papyrus-Codex enthielt ursprünglich etwa 75 Blätter (also 150 Seiten) von denen zwei Drittel in sehr gutem Zustand erhalten geblieben sind.

Unzialen einen hebräischen, lateinischen oder griechischen Großbuchstaben oder eine Nummer mit einer Null davor, die Minuskeln bekommen eine normale Nummer.

Die wichtigsten Handschriften

Wir können nun kurz die wichtigsten Handschriften zusammenfassen, wobei wir Gelegenheit haben, noch Exemplare zu nennen, die wir bis jetzt unberücksichtigt ließen.

1. Ganz oben auf der Liste stehen die *Papyri*, namentlich der älteste (P52), die Chester-Beatty-Papyri (P45-47) und die Bodmer-Papyri (P66, 72 und 75) (2. und 3. Jahrhundert).

2. Dann folgen die wichtigsten Handschriften: die großen *Unzialen* auf Vellum und Pergament, von denen es ca. 300 gibt, die aus dem 4. bis 9. Jahrhundert stammen; den Codex Sinaiticus (L) א [Hebräisch]), Alexandrinus (A), Vaticanus (B), Ephraemi (C), Bezae oder Cantabrigiensis (= von Cambridge) (D), Washingtonianus oder Freerianus (W) und Koridethianus (H) nannten wir schon. Wir könnten hier noch aus dem 6. Jahrhundert den Codex Claramontanus (= von Clermont) (D^2) hinzufügen, der an (D) anschließt und genau wie dieser sowohl einen griechischen als auch einen lateinischen Text hat und fast vollständig die Paulusbriefe (inkl. Hebräerbrief) enthält.

3. Die *Minuskeln* datieren aus dem 9. bis 15. Jahrhundert und sind demnach für die Textkritik von geringerer Bedeutung. Sie bestehen aus ca. 2650 Manuskripten und über 2000 Lektionarien (siehe unten). Einige der wichtigeren sind Nr. 33 (»die Königin der Minuskeln«) aus dem 9. (oder 10.) Jahrhundert, die außer der Offenbarung das ganze Neue Testament enthält und zu der »alexandrinischen« Gruppe gehört; weiter Nr. 81 (11. Jhdt.), die u.a. einen sehr guten Text der Apostelgeschichte bietet. Wir berichteten schon, daß die »cäsareanische« Gruppe u.a. von Familie 1 (d.h. der Familie, die mit Minuskel 1 anfängt und noch einige aus dem 12.-14. Jhdt. enthält) und Familie 13 (zwölf Minuskeln, angefangen mit Nr. 13, aus dem 11.-15. Jhdt.) vertreten ist. Wie gesagt, gehören die weitaus meisten Minuskeln zu der »byzantinischen« Struktur.

4. Von großer Wichtigkeit sind die antiken Übersetzungen des Neuen Testaments, auch *Versionen* (= direkte Übersetzungen aus dem Grundtext) genannt. Von den syrischen Versionen (Abkürzung Syr.) sind hauptsächlich die Alt-syrische zu nennen (erhalten im Codex Syro-Sinaiticus und dem Codex Syro-Curetonianus, ca. 200), das Diatessaron von Tatianus (ca. 170), die Peschitta (ca. 411) (siehe Kapitel 2), und spätere, wie die des Bischofs Philoxenus (508), die des Bischofs Thomas von Harkel (= Heracla) (616) und die palästinensisch-syrische Version (1. Hälfte 5. Jhdt.).

Bei den lateinischen Versionen unterscheiden wir zwischen der Alt-Lateinischen (It) und der Vulgata (siehe Kapitel 2). Die altlateinischen Versionen sind in einer afrikanischen Fassung (vor al-

lem im Codex Bobiensis [K] aus dem Jahre 400 - offensichtlich von einem Papyrus aus dem zweiten Jahrhundert kopiert - und in *e und m* erhalten), sowie in einer europäischen Fassung erhalten: Codex Vercellensis (Kode a aus dem Jahre 360) und Codex Veronensis (b). Dieser letztgenannte bildete die Grundlage für die Vulgata des Hieronymus, die u.a. in den prächtigen Codices Palatinus (5. Jahrhundert), Amiatinus und Cavensis erhalten wurde. Ferner sind diese Versionen in ca. 8000(!) anderen Texten vertreten.
Die koptischen Versionen werden nach den gebräuchlichen Dialekten unterschieden in sahidische (Sah) und spätere bohairische (Boh) Versionen (die letzte ist hauptsächlich in einem Bodmer-Papyrus [III] des Johannesevangeliums enthalten) sowie nach einigen mittelägyptischen Dialekten. Daneben müssen u.a. die äthiopischen (Eth), armenischen (Arm), georgischen (Geo) und gothischen (Goth) Versionen genannt werden (siehe Kapitel 2).
5. Wir wiesen schon mehrere Male auf die Bedeutung der Zitate früherer *Kirchenväter* hin. Sie sind deshalb wichtig, weil sie älter sind als die ältesten Codices; sie sind aber nicht immer glaubwürdig; erstens, weil die Kirchenväter manchmal frei (auswendig) zitierten oder den Text paraphrasierten (umschrieben), und zweitens, weil ihre Schriften, wie auch der Bibeltext selber, den Einflüssen der Überlieferung ausgesetzt waren. Daß ihre Schriften trotzdem wichtig sind, wird an der Tatsache deutlich, daß darin vor Ende des 1. Jahrhunderts bereits aus 14 von 27 neutestamentlichen Büchern zitiert wurde (von Pseudo-Barnabas und Klemens von Rom), und daß ca. 150 n. Chr. sogar schon Verse aus 24 Büchern Anwendung fanden (u.a. von Ignatius, Polykarp und Hermas). Ferner zitierten die Kirchenväter nicht nur aus allen Büchern, sondern auch praktisch alle Verse des Neuen Testaments! Allein bei Irenäus (Ir), Justinus Martyrus, Klemens von Alexandrien (Clem-Alex), Cyprian (Cyp), Tertullian (Tert), Hippolyt und Origenes (Or) (alle vor dem 4. Jhdt.) finden wir zwischen 30000 und 40000 solcher Zitate. Aus späteren Jahrhunderten können wir u.a. noch Athanasius (Ath), Cyrill von Jerusalem (Cyr-Jer), Eusebius (Eus), Hieronymus und Augustinus hinzufügen, von denen jeder fast alle neutestamentlichen Bücher zitiert.
6. Andere Textzeugen, die lange Zeit viel zu wenig beachtet wurden, sind die zahllosen *Lektionarien;* das sind Lesebücher, die besonders ausgewählte Bibelteile enthielten und für Gottesdienste gebraucht wurden. Die meisten dieser Lektionarien entstanden zwischen dem 7. und 12. Jahrhundert, während einzelne Fragmente aus dem 4. bis 6. Jahrhundert erhalten sind. Sie haben sich vor allem zur Klärung einiger besonders umstrittener Stellen des Neuen Testaments (Markus 16,9-20 und Johannes 7,53-8,11) als bedeutungsvoll erwiesen.

Viel älter als die Papyri sind die Tonscherben (Ostraka) aus Lachis. Zwischen 1935 und 1940 wurden hier 21 Tonscherben gefunden, die einen militärischen Briefwechsel aus dem Jahre 588 v. Chr. enthalten. Sie zeigen die verzweifelte Situation der letzten Tage dieser Stadt in Juda, während der Invasion vor der babylonischen Gefangenschaft.

7. Schließlich nennen wir noch die *Ostraka* (Tonscherben). Sie waren das Schreibmaterial der Armen (z.B. fand man eine Kopie der vier Evangelien auf zwanzig Ostraka aus dem 7. Jahrhundert - im ganzen sind etwa 1700 bekannt), und zuletzt die zahllosen alten Inschriften auf Wänden, Pfeilern, Münzen und Denkmälern.
Wenn wir jetzt die wichtigsten Handschriften (Textzeugen) in die vier Gruppen, die wir nannten, einteilen (wobei man den mit Vorurteilen beladenen Ausdruck »neutral« schon längst durch »alexandrinisch« ersetzt hat), können wir sie zu einem Diagramm zusammenfassen (siehe Anhang). Dabei zählen wir die Textstrukturen in der Reihenfolge ihrer Bedeutung auf und nennen immer zuerst die Papyri, dann die Unzialen, dann die Minuskeln, danach die Versionen und zum Schluß die Kirchenväter.

Prinzipien der Textkritik

Der Leser wird inzwischen einigermaßen Einblick bekommen haben in die Arbeit der *Textkritik* und hat damit die Glaubwürdigkeit des Textes des Neuen Testaments erkannt. Es gibt Menschen, die sich darüber herablassend äußern und etwa behaupten: »Es gibt mindestens 200 000 verschiedene Varianten des griechischen Textes, wie kann man da jemals ernsthaft behaupten, der Text unseres heutigen Neuen Testaments sei glaubwürdig!« In Wirklichkeit verhält es sich aber so, daß 95 % dieser 200 000 Varianten sofort zur Seite gelegt werden können, weil sie derartig indiskutabel sind oder von so wenig anderen Textzeugen unterstützt werden, daß kein einziger Kritiker ernsthaft ihre Authentizität in Betracht ziehen würde. Von den übrigen 10 000 Varianten aber stellt sich heraus, daß es bei ihnen zu 95 % nicht um die Bedeutung des Textes geht, sondern nur um Fragen wie Buchstabierung, Grammatik und Reihenfolge der Worte. Wenn zum Beispiel ein einziges Wort in 1000 Handschriften falsch buchstabiert wurde, betrachtet man diese als 1000 Varianten. Von den verbleibenden 5 % (ca. 500 Varianten) sind nur etwa 50 von größerer Bedeutung, und auch hier kann man in den meisten Fällen dank ausreichendem Vorhandensein anderer Textzeugen mit größter Wahrscheinlichkeit den richtigen Text rekonstruieren. Es besteht nicht der geringste Zweifel darüber, daß 99 % der Wörter des Neuen Testaments, wie wir es heute kennen, richtig überliefert sind, während wirklich wichtige Varianten nur 0,1 % der Wörter ausmachen. Keine einzige fundamentale christliche Lehre basiert auf einer zweifelhaften Variante, und keine einzige neue Variante hat jemals zur Revision eines bestimmten Lehrinhalts geführt.

Wir können also völlig sicher sein, daß wir, abgesehen von einigen vollkommen unwichtigen Kleinigkeiten, praktisch denselben Text in Händen haben, den die Bibelautoren niederschrieben. Die Menge griechischer Handschriften (ca. 5000) und Handschriften antiker Übersetzungen (ca. 9000) ist außerdem so groß, daß es nahezu sicher ist, daß die richtige Lesart eines jeden umstrittenen Bibelteils in mindestens einem dieser alten Zeugen enthalten ist. Dies kann von keinem anderen literarischen Werk der Antike gesagt werden! In allen anderen Werken der Literatur finden wir Stellen, in denen der Text deutlich erkennbar angetastet ist, bei denen man aber nicht über andere Lesarten verfügt. In solch einem Fall kann der Textkritiker die richtige Schreibweise des ursprünglichen Textes oft nur erraten und versuchen zu erklären, wie der Schreibfehler der anderen Lesarten entstanden sein könnte. Das Erstaunliche ist aber jetzt, daß es wahrscheinlich im ganzen Neuen Testament keine einzige Stelle gibt, wo solch ein »Erraten« angewandt werden mußte. Wohl hat man früher manchmal eine andere Lesart erst als »Glückssache« vorgestellt, aber im Laufe der Zeit wurde diese dann in einer der anderen Handschriften entdeckt.

Die Fehler, die beim Kopieren der Manuskripte entstanden sind, waren Varianten, die meistens aus Versehen, aber manchmal auch mit Absicht angebracht wurden. Die *versehentlichen Fehler* waren neben normalen Schreibfehlern unter anderem Fehler des Auges

(Fehlen, Verdoppelung oder Vertauschen von Buchstaben oder Worten usw.), des Ohres (falsches Verstehen, wenn diktiert wurde), des Gedächtnisses (z.B. Ersetzen durch Synonyme oder Beeinflussung durch parallele Schriftstellen) und des Beurteilens: manchmal wurden aus Versehen Randbemerkungen in den Text aufgenommen, weil man annahm, sie gehörten dahin. Vielleicht gehören Johannes 5,3 b und 4, Apostelgeschichte 8,37 und 1. Johannes 5,7 zu dieser Kategorie; es kann aber auch sein, daß diese Verse absichtlich als lehrhaft hinzugefügt worden sind. Das bringt uns zur Gruppe der *absichtlichen Veränderungen.* Dazu gehören Veränderungen in Buchstabierung und grammatischer Form sowie liturgische Anpassungen, die man überall in den Lektionarien antrifft und die sich manchmal in den Bibeltext einschlichen, wie zum Beispiel die Lobpreisungen am Ende des »Vater unser« (vgl. dazu Matthäus 6,13). Darüber hinaus sind hier Harmonisierungen paralleler Schriftstellen in den Evangelien zu nennen, die eigentlich eine gutgemeinte Änderung der Schreiber waren, die den Text falsch verstanden (so wurde in Johannes 19,14 »sechste« manchmal in »dritte« Stunde verändert).

Wir haben schon gesehen, daß der Textkritiker, um aus diesen Varianten den ursprünglichen Text zu rekonstruieren, zu allererst versuchte, die Handschriften in Textstrukturen zu ordnen, um so zu einer Einteilung in Gruppen zu kommen. Diese wurden dann wieder miteinander verglichen, um sie letztlich auf einen Urtypus zurückzuführen, der dann so weit wie möglich dem ursprünglichen Text entsprach.

Es ist schon deutlich geworden, daß bei diesen Untersuchungen nicht alle Textzeugen und Gruppen von gleichrangiger Bedeutung sind; jede davon wird nach den Kennzeichen äußerer und innerer Richtlinien eingestuft. *Äußere* Kennzeichen sind das Alter der in einer Handschrift angetroffenen Textstruktur und die geographische Verbreitung derselben (größere Verbreitung macht die Textstruktur wertvoller). Als *innere* Kennzeichen gelten die Gewohnheiten der Kopierer und der Autoren. Was die Kopierer betrifft, geht man davon aus, daß diese leicht eine schwierigere Lesart durch eine einfache, eine kürzere durch eine längere, eine stockende durch eine flüssigere Lesart ersetzen würden. Hinsichtlich der Autoren versucht man, sich in ihre Lage zu versetzen und sich vorzustellen, was diese wahrscheinlich geschrieben haben könnten; dabei beachtet man den direkten Zusammenhang (Kontext), die lehrhafte Harmonie und den Hintergrund. Man kann verstehen, daß alle diese Überlegungen nicht zu straff angewandt werden dürfen und daß dabei sehr viel von der Einsicht und der Einstellung des Kritikers abhängt. Aber ganz allgemein gesehen kann man sichergehen, daß der Kritiker in der Reihenfolge der Wichtigkeit folgende Richtlinien anwenden wird: (1) eher die ältere als die jüngere Lesart, (2) eher die schwierige als die einfache Lesart, (3) eher die kürzere als die längere Lesart, (4) die Lesart, die alle Varianten am besten erklärt, (5) eher die geographisch am meisten verbreitete Lesart, (6) eher die Lesart, die am besten mit dem Stil und Wortgebrauch des Verfassers übereinstimmt, (7) eher die Lesart, aus der kein dogmatisches Vorurteil des Kopierers hervorgeht.

Schlußfolgerung

Zusammenfassend können wir sagen, daß die Glaubwürdigkeit des griechischen Neuen Testaments wirklich außerordentlich groß ist. Wir wissen nun, daß wir im wesentlichen denselben Text besitzen, wie er von der Urgemeinde (von ägyptischen Bauern, syrischen Kaufleuten und lateinischen Mönchen) gebraucht wurde. Alle Kritik hinsichtlich einer (vermeintlichen) Ungenauigkeit oder sogar einer Manipulation wäre damit zum Schweigen gebracht! Auch die ersten Protestanten, die monumentale Bibelübersetzungen gemacht haben, hatten bereits einen sehr präzisen Text - und wir haben jetzt sogar den Beweis dafür. Die Arbeit am griechischen Text geht aber immer noch eifrig weiter, vor allem wegen der vielen Neuentdeckungen. Diese Studien werden uns sicherlich noch viele interessante Details liefern. Aber der »normale« Bibelleser darf schon jetzt davon überzeugt sein, daß er ein Wunder in Händen hält: das Wunder der Überlieferung des Neuen und Alten Testaments.

Übersicht der Textzeugen des Neuen Testamentes

	Evangelien	Apostelgeschichte	Briefe des Paulus	Allgemeine Briefe	Offenbarung
Alexandrinisch	P1, P5, P22, (P66), P75 א, B, C, W (Luk. 1-8,12; Joh. 5,13 ff) 33 (ca. 10 Minuskeln) Boh (Sah) Ath (Or)	P8, (P50) א, A, B, C, 33, 81 (ca. 6 Minuskeln) Boh (Sah) Ath, Clem-Alex? (Or)	P10, P13, P15, P16, P27, P32, P40, P65 א, A, B, C 33, 81 (ca. 9 Minuskeln) Boh (Sah)	P20, P23, P72 א, A, B, C 33, 81 (ca. 9 Minuskeln) Boh (Sah) Ath, Clem-Alex? (Or)	P18, P47 א, A, C Ca. 14 Minuskeln
Konstantinisch	P37, P45 Ω, W (Mark. 5 ff.) Fam. 1, Fam. 13 (ca. 21 Minuskeln) Geo, Arm, Pal-Syr Eus, Cyr-Jer, (Or)	P45? Texttypus noch nicht unterschieden im Rest des Neuen Testaments Cyr-Jer?			
Westlich	P25 D, W (Mark. 1-5) It (vor allem k und e), Sin-Syr, Cur-Syr Tert, Ir, Clem-Alex, Cyp, (Aug)	P38, P41, P48 D Ca. 11 Minuskeln It, Hark-Syr	D Ca. 7 Minuskeln It	P38 D It, Hark-Syr Ir, Tert, Cyp, Aug	It?
Byzantinisch	A, W (Matth.; Luk. 8,12 ff) meistens Minuskeln Goth, spätere Versionen spätere Kirchenväter	meistens Minuskeln Goth, spätere Versionen spätere Kirchenväter	meistens andere Minuskeln Goth, spätere Versionen spätere Kirchenväter	meistens andere Minuskeln Goth, spätere Versionen spätere Kirchenväter	meistens andere Minuskeln Goth, spätere Versionen spätere Kirchenväter

Kanonische Bücher und Apokryphen

Wir haben bis jetzt die Überlieferung des Textes sowohl des Alten als auch des Neuen Testaments verfolgt und gesehen, welch ein wunderbares Buch wir in die Hand bekommen haben. Wir glauben, daß es Gott selber war, der über sein Wort wachte und der uns auf einzigartige Weise (die in der klassischen Literatur ohnegleichen ist) über einen Zeitraum von 3400 Jahren (und vielleicht noch viel länger; siehe Kapitel 2 und 3) sein Wort bewahrt hat. Er gab uns eine Bibel, die bis auf wenige Kleinigkeiten noch genauso aussieht wie in der Zeit, in der sie verfaßt wurde. Wie wichtig es ist einzusehen, daß die Bibel ein göttliches Buch ist, das durch die Inspiration Gottes entstanden ist und durch seine Vorsehung überliefert wurde, zeigt sich an den zwei Fragen, die wir jetzt behandeln wollen. Wenn die Bibel ein von Gott inspiriertes Buch ist, müssen wir ja nicht nur auf die Art der Überlieferung achthaben, sondern auch auf die Frage, was die Bibelbücher eigentlich von anderen religiösen, aber nicht von Gott inspirierten Büchern unterscheidet. Mit anderen Worten: Welche Bücher gehören zur Bibel und welche nicht? Wer bestimmt das? Auf Grund welcher Tatsache? Was sagt uns die Geschichte dazu? Wir beantworten diese Frage in zwei Phasen:
(a) Wir wollen in diesem Kapitel zeigen, daß bestimmte Bücher für *kanonisch* (= zur Bibel gehörend) erklärt wurden, weil sie göttliche Autorität haben.
(b) Wir wollen (in Kapitel 6) zeigen, daß bestimmte Bücher *göttliche Autorität* haben, weil sie sich als von Gott *inspiriert* herausstellten. Diese drei Ausdrücke muß man auseinanderhalten. Bestimmte Bücher haben nicht deshalb göttliche Autorität, weil sie in der Bibel enthalten sind, sondern wurden vielmehr in die Bibel aufgenommen, weil sie göttliche Autorität haben. Sie sind kanonisch, weil sie autoritativ sind, und nicht umgekehrt.

Was bedeutet »kanonisch«?

Lassen Sie uns erst herausfinden, was *kanonisch* ist und anschließend, was die Kennzeichen kanonischer Bücher sind. Das Wort Kanon erreichte uns über die lateinische Vulgata aus dem Griechischen, das es wiederum dem hebräischen Wort *qaneh* = »Rohr« entliehen hat. Ein Rohr wurde als »Meßrohr« (vgl. Hesekiel 40,3) gebraucht, dadurch bekam das Wort die Bedeutung von Maßstab, Standard, Regel. In dieser Bedeutung fand das Wort auch im Neuen Testament Verwendung (u.a. Galater 6,16) und wurde anfänglich auch so von den Kirchenvätern gebraucht. Origenes (184-254) sprach von den Schriften als Kanon im Sinne von »Prinzipien für Glauben und Leben«. Erst zur Zeit Athanasius' (296-373) fing man an, das Wort in der gleichen Bedeutung wie heute zu gebrauchen, nämlich als *»Liste von Büchern, die göttliche Autorität besitzen«.* Man muß diese Bedeutungen, obwohl sie nah beieinanderliegen, dennoch voneinander unterscheiden. In der *aktiven* Bedeutung ist ein Buch deshalb kanonisch, weil es ein autoritativer (d.h. mit Autorität ausgestatteter, maßgebender »Maßstab« für das Glaubensleben ist; in der *passiven* Bedeutung ist ein Buch deshalb kanonisch, weil es dem »Maßstab«, der bestimmt, ob ein Buch inspiriert und damit autoritativ ist, Genüge tut. Es ist aber erkennbar, daß diese Bedeutungen sehr eng miteinander verbunden sind, denn nur inspirierte Bücher haben göttliche Autorität über Glauben und Leben. Was sind denn nun die genauen *Maßstäbe,* denen Schriften in der Vergangenheit entsprechen mußten, um als »kanonisch« zu gelten und in die Bibel aufgenommen zu werden? Doch nicht schon der, daß ein israelisches Buch (wie Eichhorn 1780 behauptete) sehr alt war? Auf der einen Seite wurden sehr alte Bücher, wie z.B. »Das Buch der Redlichen« (s. Josua 10,13) und »Das Buch von den Kriegen des Herrn« (s. 4. Mose 21,14) nicht in den Kanon aufgenommen. Auf der anderen Seite haben wir schon gezeigt, daß Bücher normalerweise sofort (»im jungen Alter«) in den Kanon aufgenommen wurden. Es kann auch nicht sein, daß (wie Hitzig um 1850 behauptete) die »geweihte« hebräische Sprache bestimmte, ob ein Buch kanonisch war oder nicht. Das erkennen wir daran, daß einerseits manche alten Schriften im »geweihten« Hebräisch nicht ohne weiteres von jedermann als kanonisch angesehen wurden und andererseits aramäisch geschriebene Teile zum Kanon der alttestamentlichen Bücher gezählt wurden, nämlich Esra 4,8-6,18; 7,12-26; Jeremia 10,11 und Daniel 2,4b-7,28. Auch die Auffassung, die Übereinstimmung mit der Thora wäre dafür entscheidend, ob ein Buch kanonisch sei (behauptete Wildeboer 1895), ist unzureichend. Natürlich stimmen alle Bücher des Alten Testaments mit der Thora überein, aber auf der einen Seite gibt es viele andere Bücher, die zwar mit ihr übereinstimmen, aber doch nicht kanonisch sind, und auf der anderen Seite verschweigt diese Auffassung, weshalb die Thora selber kanonisch ist.

Alle diese Behauptungen bieten aber leider keinen absoluten Maßstab. Dieser Maßstab kann nur sein, daß allein die Bücher, die *von Gott inspiriert* und so mit göttlicher Autorität versehen wurden, kanonisch sind. Weder die Menschen noch die Führer des Juden- oder Christentums haben den Büchern der Bibel offiziell Autorität verliehen - sie konnten nur erkennen, welche Bücher diese Autorität offensichtlich schon besaßen. Niemals haben irgendwelche Führer in der Vergangenheit, auf welchem Konzil auch immer, »bestimmt« oder »festgestellt«, welche Bücher in den Kanon aufgenommen werden müßten und welche nicht. Sie konnten höchstens offiziell feststellen, welche Bücher auf Grund ihrer göttlichen Autorität offensichtlich zum Kanon der Bibel *gehörten.* Nochmals: Kein einziges Buch ist deshalb »maßgebend« (kanonisch), weil es irgendwann einmal von Menschen in den Kanon aufgenommen wurde - das wäre eine Verknüpfung der beiden Aspekte des Begriffs »Kanon« (s. oben). Ein Buch ist nur dann maßgebend, wenn es deutlich von Gott mit Autorität versehen ist, das heißt von Gott inspiriert ist. Das einzige, was den Menschen von Gottes Vorsehung überlassen wurde, war, solche göttlich autoritativen Bücher als solche zu erkennen. Diesen Prozeß der Festlegung, welche Bücher offensichtlich von Gott kamen und welche nicht, wollen wir nun kurz durch die Jahrhunderte verfolgen. Aber als erstes müssen wir sorgfältig die Kriterien aufzeigen und erklären, nach denen ein Buch als kanonisch anerkannt werden konnte.

Das prophetische Kriterium

Das wichtigste Kriterium war zweifellos der *prophetische* bzw. *apostolische Charakter* eines Buches. Wenn jemand ein anerkannter Prophet Gottes war, war es für jedermann klar, daß seine Schriften nicht dem Willen eines Menschen entsprungen waren, sondern der Eingebung des Heiligen Geistes (2. Petrus 1,20 + 21). Gott redete zu den Vätern durch die Propheten (Hebräer 1,1). Und wenn ein Buch durch einen Apostel Jesu Christi geschrieben wurde, dann mußte es als kanonisch angenommen werden (vgl. Galater 1,1 + 8 f. + 11 f.). Einerseits ist kein Fall bekannt, wo ein wirklich prophetisches oder apostolisches Buch als nicht-kanonisch verworfen wurde, andererseits wurden Bücher, die dieses Kennzeichen nicht hatten, von den Gläubigen sofort verworfen (2. Thess. 2,2; vgl. auch 1. Johannes 2,18 f.; 4,1-3; 2. Korinther 11,13).

Wir finden also im Grunde im *Alten Testament* ausschließlich prophetische Bücher: erst die 5 Bücher Moses, der ein Prophet war (5. Mose 18,15 + 18), dann die Bücher der frühen und späteren Propheten (vermutlich von Josua, Samuel, Jeremia und Esra geschrieben, weiter von Jesaja, Jeremia, Hesekiel und 12 »kleineren Propheten«: siehe Kapitel 3), und schließlich die Gruppe der »Schriften«, die aber genauso prophetisch sind, wenn sie auch nicht immer von Männern, die von »Beruf« Prophet waren, geschrieben wurden (z.B. die Könige David und Salomo und der politische Funktionär Daniel). Der prophetische Charakter dieser Schriften wird daran erkennbar, daß die älteste Einteilung des Alten Testaments nicht dreiteilig (Gesetz, Propheten, Schriften), sondern zweiteilig war. Während und nach der Gefangenschaft sprach man von »dem Gesetz (des Mose)« und »den Propheten« (Daniel 9,2 + 6 + 11; Sacharja 7,12; Nehemia 9,14 + 29 f.), und so finden wir es auch fast immer im Neuen Testament (Matthäus 5,17 f; 22,40; Lukas 16,16 + 29 + 31; 24,27; Apostelgeschichte 13,15; 24,14; 26,22). Das Alte Testament besteht also ausschließlich aus Büchern, die von Männern mit prophetischer Berufung und Begabung (und darum von Gott getrieben) geschrieben wurden. Auch die Bücher des *Neuen Testaments* wurden von Männern mit spezieller Berufung und Begabung geschrieben, nämlich zuerst und vor allen Dingen von den Aposteln. Von den acht neutestamentlichen Verfassern gehörten drei (Matthäus, Johannes und Petrus) zu den zwölf Jüngern (oder Aposteln) des Herrn Jesus (Lukas 6,13-15). Paulus war der große Apostel der Heiden, der neben den Zwölfen von Christus berufen wurde (siehe z.B. Römer 1,5; 2. Tim. 1,11). Der Briefschreiber Jakobus, der Bruder von Jesus, war nach Galater 1,19 auch als Apostel bekannt: Manche meinen sogar, er sei identisch mit Jakobus, dem Sohn des Alphäus, also auch einer von den Zwölfen. Der Briefschreiber Judas war ein Bruder des Jakobus. Manche meinen, daß er der in Lukas 6,16 genannte Apostel Judas ist. Auf jeden Fall gehört er zum Kreis der Apostel (vgl. Apostelgeschichte 15,27). Dasselbe galt für die Evangelisten Markus und Lukas; obwohl sie nicht Apostel genannt wurden, waren sie enge Freunde und Mitarbeiter der Apostel: Markus der des Apostels Petrus (vgl. 1. Petrus 5,13) und Paulus (2. Tim. 4,11; Philemon 24); Lukas der des Paulus (dieselben Verse). Eine nur apostolische Verfasserschaft war sowieso nicht ausschlaggebend für den kanonischen Charakter eines Buches: Die christliche Kirche ist auf dem Fundament der Apostel und (neutestamentlichen) Propheten gebaut (Epheser 2,20; vgl. 3,5). Also haben Männer, die zwar keine Apostel waren, aber doch eine prophetische Berufung hatten, das Fundament mitgebaut. Ihre Bücher haben demnach zwar keinen apostolischen Verfasser, wohl aber apostolische Autorität und Zustimmung. Gerade wegen dieses notwendigen prophetischen Charakters eines Bibelbuches wurde der zweite Petrusbrief lange Zeit nur zögernd als kanonisch angesehen. Erst als die Kirchenväter davon überzeugt waren, daß er keine Fälschung, sondern wirklich von Petrus geschrieben war (vgl. 2. Petrus 1,1), erhielt er seinen festen Platz im neutestamentlichen Kanon.

Das Kriterium der Autorität

Manchmal war die Berufung eines Propheten nicht sofort deutlich zu erkennen, oder man war sich nicht sicher, wer der Verfasser eines Buches war, wie z.B. bei dem Brief an die Hebräer. In diesem Fall spielte ein zweites Kriterium eine große Rolle, nämlich die *göttliche Autorität* eines Buches. Jedes Buch der Bibel redet in autoritärem Ton und direkt im Namen Gottes; oft sogar mit einem ausdrücklichen: »So spricht der Herr«, oder »Das Wort des Herrn geschah zu mir«, oder »Der Herr sprach zu mir«. In den historischen Büchern finden wir autoritative Aussagen über das Handeln Gottes, in den Lehrbüchern finden wir solche über das, was Gläubige tun sollten. Die neutestamentlichen Bücher sind zwar deutlich von apostolischer Autorität, aber letztlich gibt es nur eine absolute Autoritätsinstanz, nämlich Gott selber. Die Apostel und Propheten üben nur die Autorität ihres Herrn aus (vgl. 1. Korinther 14,37; Galater 1,1 + 12).

Es ist nicht immer ganz leicht, die wirklich göttliche Autorität zu erkennen. Manche apokryphen Bücher erheben den Anspruch, auch autoritativ zu sein, aber das ist kein so absolutes Kriterium wie der prophetische Charakter eines Buches. Darum wurden manche Bücher, die behaupteten, göttliche Autorität zu besitzen, aus anderen Gründen doch verworfen. Bei anderen Büchern war es genau umgekehrt: Es war nicht sofort klar, daß sie mit göttlicher Autorität sprachen. Ein Beispiel dafür ist das Buch Esther, in dem der Name Gottes überhaupt nicht einmal vorkommt. Erst als allgemein deutlich wurde, daß Gottes bewahrendes Handeln mit seinem Volk und damit seine Pläne und sein Vorhaben mit ihm sehr deutlich in diesem Buch zum Ausdruck kamen, erhielt es seinen Platz im alttestamentlichen Kanon.

Die Tatsache, daß bei bestimmten Büchern gezögert wurde, braucht uns nicht zu beunruhigen, weist es doch darauf hin, daß man mit Gottes Wort nicht oberflächlich, sondern gerade mit Sorgfalt und Unterscheidungsvermögen zu Werke ging. War man nicht von der göttlichen Autorität eines Buches überzeugt, wurde es verworfen. Gott gab seinem Volk zu dieser Aufgabe besondere Vollmacht. Die gottesfürchtigen Juden und Christen waren gewiß nicht immer brillante Persönlichkeiten, waren aber wohl in der Lage, die göttliche Autorität einer Schrift zu erkennen, wenn sie darin vorhanden war. Als Christus die Pharisäer fragte, ob Johannes der Täufer auf Grund menschlicher oder göttlicher Autorität taufte, und sie antworteten, sie wüßten es nicht, wollte Er ihnen auch nicht sagen, auf Grund welcher Autorität Er handelte. Mit anderen Worten, wenn Menschen die göttliche Autorität, die ihnen begegnet, nicht erkennen, wird auch kein anderes Argument oder Zeichen sie überzeugen können.

Andere Kriterien

Für die Kanonizität eines Buches gibt es noch einige andere Kriterien, die vor allem dann eine Rolle spielen, wenn der prophetische und/oder autoritative Charakter nicht sofort deutlich wird, wie zum Beispiel im Fall des Buches Esther. Ein drittes Kriterium ist nämlich die *geistliche Kraft* eines Buches. »Das Wort Gottes ist lebendig und kräftig« (Hebräer 4,12), deshalb können die inspirierten Schriften jemanden zur Errettung durch den Glauben an Christus Jesus unterweisen, »denn alle Schrift, von Gott eingegeben, ist nütze zur Lehre, zur Aufdeckung der Schuld, zur Besserung und zur Erziehung in der Gerechtigkeit« (2. Timotheus 3,15 + 16). Petrus redet von dem »lebendigen Wort Gottes, das da bleibt« und vergleicht es mit »vernünftiger, lauterer Milch« (1. Petrus 1,23; 2,2). Wirklich kanonische Bücher sind also dadurch gekennzeichnet, daß sie erbauend, erzieherisch und lebenserneuernd sind. Dieses Kennzeichen liegt nicht immer gleich auf der Hand: Erst als sich herausstellte, daß das Hohelied überhaupt nicht sinnlich, sondern im Gegenteil sehr erhaben und tiefgeistlich war, erhielt es seinen Platz im Kanon.

Ein viertes Kennzeichen kanonischer Bücher ist deren *historische und dogmatische Genauigkeit*. Dieses Kriterium wurde vor allem im negativen Sinne gebraucht, so daß jedes Buch, das im Lichte früherer Offenbarungen offensichtlich inhaltlich Unrichtigkeiten enthielt, auf Grund der einfachen Überlegung, daß Gottes Wort wahr und konsequent sein muß, als nicht-kanonisch verworfen wurde. Das Buch Judith z.B. ist mit historischen Unrichtigkeiten durchsetzt, und andere Bücher enthalten zum Beispiel die vollkommen unbiblische Empfehlung, Tote anzubeten. Enthielt ein Buch keine historischen Fehler, war damit natürlich noch lange nicht gesagt, daß es kanonisch war; enthielt es aber solche, konnte es ohne weiteres verworfen werden. Darum prüften die Beröer die Lehre des Paulus auch sehr genau - an Hand der Schriften, um festzustellen, ob seine neue Lehre mit den alten Offenbarungen (Apostelgeschichte 17,11) übereinstimmte, damit sie dann »das gepredigte Wort Gottes annehmen konnten, »nicht als Menschenwort, sondern, wie es das in Wahrheit auch ist, als Gottes Wort« (vgl. 1. Thess. 2,13). Viele apokryphen Bücher wurden wegen ihrer (dogmatischen) Irrlehren und historischen Fehler verworfen, auch wenn sie oft mit viel Autorität redeten. Schließlich gibt es noch das Kriterium der *ursprünglichen Aufnahme* eines Buches. Wie wurde das Buch von den Personen angenommen, an die es in erster Linie gerichtet war? Gerade sie waren doch am besten in der Lage zu erkennen, ob es Gottes Wort war oder nicht. Aus diesem Grunde versuchten spätere Generationen zu erforschen, ob und wie ein Buch von den ersten

Adressaten ursprünglich empfangen wurde. Da das Nachrichten- und Transportwesen zu jener Zeit noch sehr umständlich war, kostete es oft viel Zeit und Mühe, hierüber Informationen zu bekommen. Das war einer der wesentlichsten Gründe, weshalb es so lange dauerte, bis bestimmte neutestamentliche Bücher allgemein als kanonisch anerkannt wurden. Außerdem wurde dieses Kriterium vor allem im negativen Sinn gebraucht: Wurde ein Buch von den ersten gläubigen Empfängern nicht sofort und allgemein angenommen, verwarf man es ohne weiteres.
Aber umgekehrt bedeutete die Tatsache, daß ein Buch von bestimmten Gläubigen an einem bestimmten Ort angenommen wurde, noch nicht ohne weiteres, daß es damit gleich ein inspiriertes Buch sein mußte. Während späterer Generationen akzeptierten manche Christen, die nicht genügend über die ursprüngliche Annahme oder Ablehnung eines Buches aufgeklärt waren, örtlich und zeitweilig Bücher, die aber tatsächlich nicht-kanonisch waren, bis sie dann darüber aufgeklärt wurden.

Die Notwendigkeit des Kanons

Dieser letzte Punkt zeigt schon an, wie wichtig es war, zu einer allgemeinen Festlegung der wirklich kanonischen Bücher zu kommen, damit in dieser Hinsicht eine Einheit in die christliche Kirche kommen würde. Hinsichtlich des Kanons des Alten Testaments war dieses Problem weniger groß gewesen, weil die Israeliten eine kleine und feste Gemeinschaft bildeten und ihre Bücher anfänglich nur wenig Verbreitung fanden. Für sie entstanden diese Probleme erst, nachdem 70 n. Chr. Jerusalem verwüstet und die jüdische Gemeinde zerstreut wurde. Ein weiterer Grund war, daß viele christliche Schriften in Umlauf kamen. So entstand für die Juden die Notwendigkeit, zu einer formellen Aussage über den alttestamentlichen Kanon zu kommen, wie er in der Tat später im Talmud festgelegt wurde. Für die zerstreut wohnenden Christen war die Notwendigkeit einer formellen Festlegung des neutestamentlichen Kanons noch viel größer. Dafür gab es drei Gründe:
(a) Ein *dogmatischer* Grund: Im Jahre 140 n. Chr. kam der Irrlehrer Marcion nach Rom, verkündete dort eine neue Lehre und bekam schon bald viele Anhänger. Er verwarf das Alte Testament ohne weiteres und stellte einen stark verkürzten Kanon des Neuen Testaments auf, der nur das Lukasevangelium und die Briefe des Paulus (außer denen an Timotheus und Titus) enthielt, die er zudem noch nach eigenem Gutdünken veränderte! Dadurch entstand für die Kirchenväter die Notwendigkeit, nicht einen »Alternativ-Kanon« aufzustellen, sondern öffentlich zu zeigen, welches der bis dahin allgemein angenommene Kanon war. Alle Christen mußten wissen, auf welche Bücher sie sich berufen konnten.

(b) Ein *kirchlicher* Grund: In vielen Orten, vor allem in den Ostkirchen, wurden Bücher vorgelesen, die oft hoch geschätzt, aber von anfechtbarem Inhalt waren. Auch nachdem sie als nicht-kanonisch abgewiesen worden waren, wurden bestimmte Bücher erbaulicher Art noch in den Gemeinden vorgelesen; darum kommen sie auch in manchen alten Handschriften wie etwa dem Codex Sinaiticus vor (siehe Kap. 4). Aber es mußte doch, besonders in Verbindung mit der Frage, welche Bücher in Fremdsprachen übersetzt werden sollten, klipp und klar festgestellt werden, welche erzieherischen Bücher kanonisch waren und welche nicht.
(c) Ein *weltlicher* Grund: Als im Jahre 303 n. Chr. die letzte große Christenverfolgung im Römischen Reich ausbrach, befahl Kaiser Diokletian, alle neutestamentlichen Schriften zu vernichten. Dazu mußten die Gemeinden alle ihre heiligen Buchrollen ausliefern. Dies betrachteten die Gläubigen jedoch als regelrechten Abfall von Gott und versuchten, die Behörden durch Abgabe anderer christlicher nicht-kanonischer Bücher abzuspeisen, in der Hoffnung, daß die »Polizisten« den Unterschied nicht bemerken würden. Auf diese Art und Weise wurde den ersten Christen der praktische Unterschied zwischen kanonischen und nicht-kanonischen Büchern besser deutlich und öffentlich bekannt.

Der alttestamentliche Kanon

Wir haben bis jetzt die Kriterien und die Notwendigkeit eines Kanons (formelle Liste der inspirierten Bücher) betrachtet; jetzt kommen wir zu der Frage: »Welche Beweise haben wir dafür, daß wir in unserer Bibel tatsächlich den richtigen Kanon haben?«
Anhand des Alten Testaments haben wir schon gesehen (Kapitel 3), daß zur Zeit Nehemias und Maleachis (ca. 400 v. Chr.) der hebräische Kanon mit seinen 24 (wir zählen 39) Büchern schon komplett war. Für die Christen ist das wichtigste Beweismaterial für diesen alttestamentlichen Kanon im Neuen Testament zu finden. Das Neue Testament zitiert fast alle alttestamentlichen Bücher als autoritativ (siehe Kapitel 6); das gilt auch für diejenigen *»Ketubim«* (oder »Schriften«: siehe Kapitel 3), von denen manche Leute meinten, daß sie erst viel später in den Kanon aufgenommen wurden. Die einzigen alttestamentlichen Bücher, die nicht im Neuen Testament zitiert werden, sind Richter, Ruth, Chronik, Esther und Hoheslied; wohl aber werden Geschehnisse aus Richter (Hebräer 11,32) und Chronik (2. Chronik 24,20 f.; Matthäus 23,35) als authentisch zitiert, während Jesus Christus sich in Matthäus 9,15 mit deutlichem Hinweis auf das Hohelied als Bräutigam vorstellt. Demgegenüber steht, daß im Neuen Testament manchmal ein Geschehen aus einem apokryphen Buch als autoritativ zitiert wird (siehe 2. Tim. 3,8;

Judas Vers 9+14), was aber nicht bedeutet, daß das zitierte Werk damit selbst gleich autoritativ sein würde.
Wie wir sahen, bestätigt uns das Neue Testament die Dreiteilung des Alten Testaments in Gesetz, Propheten und Schriften (Lukas 24,44), wobei die beiden letzten Teile aber meistens als »die Propheten« zusammengefaßt werden (siehe oben). Der Herr Jesus kritisierte die jüdische Tradition in vielen Hinsichten, hatte aber niemals eine Auseinandersetzung mit den religiösen Führern über den Kanon der hebräischen Bibel (siehe Johannes 10,31-36). Die dreiteilige Gliederung des Alten Testaments kommt zum ersten Mal in dem Vorwort vor, das der griechische Übersetzer (der Enkel des hebräischen Verfassers) des apokryphen Buches Jesus Sirach im Jahre 132 v. Chr. dem Buche zufügte. Er spricht darin einige Male über das Gesetz, die Propheten und die »übrigen Bücher«. Man wußte offensichtlich schon um einen hebräischen Kanon, wie wir es auch bei *Philo,* dem gelehrten Juden in Alexandrien zur Zeit Jesu sehen. Er anerkannte die Autorität der heiligen Bücher und betrachtete die apokryphen Bücher als nicht autoritativ; das weist darauf hin, daß diese Bücher von den alexandrinischen Juden nicht wirklich als kanonisch angesehen wurden, obwohl sie in die Septuaginta (die griechische Übersetzung der alexandrinischen Juden; siehe Kap. 2) aufgenommen waren.
Wichtig ist das Zeugnis von *Flavius Josephus* (ein anderer gelehrter Jude) gegen Ende des ersten Jahrhunderts. Er machte in seinem Werk »Contra Apion« (1,8) deutlich, daß die Juden nur 22 Bücher als göttlich ansahen, und daß die jüdischen Bücher, die seit der Zeit des Königs Artaxerxes (also seit Nehemia) geschrieben wurden, diese Autorität nicht hatten, weil es damals kein exaktes Aufeinanderfolgen von Propheten mehr gab. Er bestätigt also, daß der Kanon chronologisch mit dem Buch Maleachi abgeschlossen wurde; dasselbe bezeugt auch der Talmud. Es ist interessant, daß Josephus von 22 Büchern spricht (wahrscheinlich übereinstimmend mit der Zahl der Buchstaben des hebräischen Alphabets) und dabei 5 Bücher Mose, 13 prophetische Bücher und 4 Bücher mit Lobpreisungen und Lebensrichtlinien unterscheidet. Wir zählten in Kapitel 3 die 24 Bücher des hebräischen Kanons auf; es ist gut möglich, daß Josephus auf »nur« 22 Bücher kam, weil er Ruth und Klagelieder als Anhang zu Richter resp. Jeremia betrachtete. Mit der Gruppe von vier Büchern hat er offensichtlich die Psalmen, Sprüche, Prediger und Hiob oder Hoheslied gemeint; die übrigen Bücher rechnete er zu den prophetischen Büchern. Seiner Meinung nach ist Daniel also auch ein prophetisches Buch.
Wenn man den Fund eines Fragments vom Buch Daniel unter den Qumranrollen und den Hinweis Jesu auf Daniel als Propheten

(Matthäus 24,15) dazu nimmt, dann bleibt nicht viel von der Behauptung mancher Kritiker übrig, Daniel sei nur ein spätes (2. Jhdt. v. Chr.) und nicht-prophetisches Buch. Dieser letzte Punkt ist sehr wichtig, weil die Gruppe der »Schriften« (der dritte Teil des hebräischen Kanons, zu dem auch das Buch Daniel gerechnet wird) manchmal als ein viel späterer und zweifelhafter Anhang zum Kanon betrachtet wird. Wir haben aber gesehen, daß (a) diese Schriften genauso als prophetische Bücher betrachtet wurden (vgl. Lukas 24,27 mit Vers 44 und die Andeutung der Psalmen als »Gesetz« und »Schrift« in Johannes 10,34-36), und ferner (b) bereits sowohl Jesus Sirachs Enkel als auch das Neue Testament und Josephus die »Schriften« als kanonisch betrachteten, und daß (c) Josephus und der Talmud deutlich kundtun, daß mit Maleachi der Kanon beendet wurde (damals gehörten also auch bereits die »Schriften« zum Kanon). Der Talmud lehrt, daß die Propheten bis auf die Zeit Alexanders des Großen prophezeiten, daß danach aber der Heilige Geist von Israel wich und somit die Bücher des Jesus Sirach und alle anderen aus dieser Zeit nicht kanonisch sind.

Der wichtigste Grund dafür, daß manche trotzdem glauben, daß die »Schriften« zur Zeit Jesu Christi noch nicht komplett und/oder kanonisch waren, sind Berichte von Debatten, die über einige dieser Schriften in der Ortschaft Jamnia um 90 n. Chr. stattfanden. Es wurden Einwände gegen Sprüche, Hoheslied und Esther erhoben, die aber alle widerlegt wurden. Man hat manchmal über ein Konzil von Jamnia gesprochen, auf dem man diese Bücher angeblich offiziell in den hebräischen Kanon aufgenommen habe, aber das ist ein großes Mißverständnis. Erstens war es keineswegs ein Konzil, an dem repräsentative jüdische Führer teilnahmen, sondern nur eine Sitzung von Gelehrten. Und zweitens wurden keine Bücher in den Kanon aufgenommen, sondern man diskutierte lediglich über Bücher, die schon längst zum Kanon gehörten. Ferner wurden keine Bücher aus dem Kanon herausgenommen, die man zuvor aufgenommen hatte. Das Werk der Rabbiner in Jamnia führte nur zur formellen Bestätigung des Kanons, nicht aber zu seiner Aufstellung.

Der älteste christliche Kanon des Alten Testaments wurde von *Melito,* Bischof von Sardis, aufgestellt (ca. 170 n. Chr.), nach seinen Aussagen und aufgrund sorgfältiger Forschung während einer Reise durch Syrien. Die Liste, die von Eusebius in seiner »Kirchengeschichte« aufgenommen wurde, enthält (wenn wir annehmen, daß Melito die Klagelieder zu Jeremia und Nehemia zu Esra rechnete) alle alttestamentlichen Bücher bis auf Esther (das Buch Esther war offensichtlich in Syrien weniger bekannt). Eine *Liste* aus derselben Zeit, die in einem Manuskript angeführt wird, das in der Bibliothek des Griechischen Patriarchats in Jerusalem aufbewahrt wird, nennt den ganzen hebräischen Kanon: Darin werden nur die Klagelieder nicht genannt, weil sie wahrscheinlich als zu Jeremia gehörend angesehen wurden. Der große Gelehrte *Origenes* (1. Hälfte 3. Jhdts.) umschreibt den kompletten alttestamentlichen Kanon, nennt dabei aber auch den apokryphen »Brief des Jeremia«. Auch *Athanasius* gab 367 eine Liste heraus, in der er das Buch Esther (das er apokryph nennt) fehlen läßt und Baruch (inkl. »Brief des Jeremia«) hinzufügt. Der lateinische Gelehrte *Hieronymus* (ca. 400) gibt uns in seinem Vorwort zum Kommentar zu Daniel genau denselben Kanon, wie wir ihn kennen.

Der neutestamentliche Kanon

Wir haben schon gesehen, daß die endgültige Festlegung des Kanons des Neuen Testaments wegen der gewaltigen Verbreitung und der schwierigen Kommunikation (mangelhafte Nachrichtenmedien und Transportmittel) der ersten Christen sehr viel länger dauerte als die Festlegung des Alten Testaments. Aber bereits die allerfrühesten Kirchenväter (die »apostolischen Väter«, wie Ignatius und Polykarp; Anfang des zweiten Jahrhunderts) wußten, daß es einen Unterschied zwischen ihren Schriften und denen der Apostel gab. Ignatius schreibt in seinem Brief: »Ich möchte keine Befehle geben so wie Petrus und Paulus: Sie waren Apostel.« In Pseudo-Barnabas und 2. Klemens werden bereits Worte aus Matthäus zitiert als heilige Schrift. Justinus Martyrus (ca. 150) teilt uns mit, daß in den Versammlungen der Gemeinden die »Gedenkschriften, die Evangelien genannt werden« und die »Gedenkschriften der Apostel« neben den »Schriften der Propheten« gelesen werden. Wir hören jedoch noch nicht, welche Evangelien und apostolischen Bücher das sind.
Von *Irenäus* an (ca. 180) bekommen wir mehr Klarheit. Er war ein Schüler von Polykarp, dem Jünger des Johannes, und wurde Bischof von Lyon. Aus seinen Schriften geht hervor, daß die vier Evangelien, die Apostelgeschichte, die Briefe des Paulus (inkl. Philemon?), 1. Petrus, 1. und 2. Johannes und das Buch der Offenbarung als kanonisch angenommen waren, aber Jakobus und der Hebräerbrief gehören unter anderem noch nicht dazu. Sehr auffällig ist die Tatsache, daß der Gedanke an ein vierfaches Evangelium offensichtlich schon in der ganzen Christenheit als absolut feststehend angesehen wurde (vgl. Kap. 4 über das Diatessaron des Tatianus). *Tertullian* (ca. 200) kennt die vier Evangelien, die Apostelgeschichte, 13 Briefe von Paulus, 1. Petrus und 1. Johannes, sowie Judas und das Buch der Offenbarung. Interessant ist aus dieser Zeit der *Kanon Muratori*, eine Liste der neutestamentlichen Bücher aus Rom (Ende 2. Jhdt., benannt nach dem Antiquitäten-

händler, der ihn 1740 entdeckte). Er ist offensichtlich ein orthodoxer Protest gegen den genannten »Kanon« von Marcion und enthält die vier Evangelien, die Apostelgeschichte, 13 Briefe von Paulus, Judas, zwei Briefe von Johannes und das Buch der Offenbarung. In dieser Liste wird die »Offenbarung des Petrus« nicht ganz akzeptiert, und der »Hirte« des Hermas wird als nicht-kanonisch verworfen. Es ist merkwürdig, daß darin u.a. der Hebräerbrief und 1. Petrus fehlen, aber man nimmt an, daß das Manuskript nicht komplett ist (daher auch »Muratorisches Fragment« genannt), daß also früher diese Bücher durchaus genannt worden sein könnten.
Die fehlende Kommunikation zwischen Ost und West geht sehr deutlich aus den frühesten antiken Übersetzungen hervor. Die (westliche) alt-lateinische Übersetzung enthält einige Bücher nicht, die vor allem im Osten im Umlauf waren (Hebräerbrief, Jakobus und 1. Petrus), während in der alt-syrischen (östlichen) Übersetzung einige Bücher fehlen, die vor allem im Westen bekannt waren (2. und 3. Johannes, Judas, Offenbarung). Es dauerte einige Zeit, bis die fehlenden Bücher überall bekannt wurden, aber zusammen beinhalten diese zwei ältesten Bibeln den ganzen neutestamentlichen Kanon (bis auf 2. Petrus; siehe unten).
Wie man erwarten kann, finden wir die früheste komplette Benennung des ganzen Kanons zwischen Rom und Syrien. *Origenes* (ca. 230) aus Ägypten veröffentlichte eine komplette Liste, die von den Christen allgemein anerkannt wurde, wobei nach seinen Aussagen Hebräer, 2. Petrus, 2. und 3. Johannes, Jakobus und Judas von einigen angezweifelt wurden. Er widerlegt das jedoch und sagt nachdrücklich, daß der Hebräerbrief von Paulus geschrieben wurde. *Eusebius* aus Cäsarea (ca. 340) nennt denselben Kanon (außer dem Hebräerbrief) und dieselben von einigen Leuten angezweifelten Bücher. *Cyrillus* von Jerusalem (ca. 370) betrachtet alle uns bekannten Bücher, außer dem Buch der Offenbarung, als kanonisch. Die älteste bekannte, komplette Liste der 27 neutestamentlichen Bücher stammt von *Athanasius,* Bischof von Alexandrien; er stellt sie in seinem Osterbrief des Jahres 367 vor. Kurz darauf sehen wir, wie im Westen durch Hieronymus und Augustinus (ca. 400) dasselbe geschieht und wie der Kanon auf den *Konzilien von Hippo* (393) *und Karthago* (397 und 419) offiziell bestätigt wird. Dabei weisen wir noch einmal nachdrücklich darauf hin, daß diese Konzilien nicht darüber berieten, welche Bücher in den Kanon aufgenommen werden sollten, sondern nur offiziell aussprachen, welche Bücher schon seit jeher von der Allgemeinheit als kanonisch angesehen wurden.

Umstrittene Bücher

Wir haben jetzt gesehen, daß hinsichtlich des Alten wie auch des Neuen Testaments die meisten Bücher sofort, andere aber mit einigem Zögern als kanonisch angesehen wurden. Die Bücher, die von allen sofort anerkannt wurden, nennt man *Homologoumena* (»einstimmig anerkannt«); die Bücher, die sofort von allen verworfen wurden, nennt man *Pseudepigraphen* (»mit falscher Angabe, unecht«). Die umstrittenen Bücher nennt man *Antilegomena* (»widersprochen, umstritten«), und die Bücher, die nur von einzelnen anerkannt wurden, nennt man *Apokryphen* (buchst. »verborgen, geheimnisvoll«, später: »nicht-kanonisch, apokryph«).

Wir wollen uns nun kurz mit den letzten drei Gruppen befassen und beginnen mit den *Antilegomena,* also den biblischen Büchern, die kurze Zeit von einigen angefochten wurden. Das will aber nicht heißen, daß ihr Platz im Kanon weniger sicher ist als der der anderen Bücher; im Gegenteil, wir haben versucht zu zeigen, daß alle Bücher der Bibel ursprünglich sofort als kanonisch anerkannt wurden, auf jeden Fall aber von denen, an die sie zunächst gerichtet waren. In allen Fällen entstanden erst viel später Zweifel am kanonischen Charakter mancher Bücher. Im Judentum geschah dies durch das Aufkommen bestimmter rabbinischer Schulen; im Christentum entstanden Zweifel, wenn Bücher, die in anderen Teilen der Welt verfaßt und in Umlauf gebracht waren, anderswo nicht sofort als authentisch anerkannt worden waren. Es dreht sich im ganzen um fünf alt- und sieben neutestamentliche Bücher:

(a) *Esther* wurde als ein weltliches Buch angesehen, vor allem weil darin der Name Gottes nicht vorkommt. Ein möglicher Grund dafür ist, daß für die persischen Juden (die sich geweigert hatten, nach Palästina zurückzukehren) Gottes Bundesverheißung nicht galt. Andererseits wird in Kap. 4,14 aber geradewegs auf Gottes Vorsehung und Hilfe hingedeutet; auch wird ein religiöses Fasten abgehalten, und Esther zeigt, daß sie einen festen Glauben hat (4,16). Tatsächlich ist gerade dieses Buch ein mächtiges Zeugnis von Gottes Erlösungsplan mit seinem Volk - eine Erlösung, die noch immer den Grund für das jüdische Purimfest legt (Esther 9,26-28).

(b) Die *Sprüche Salomos* wurden von einigen angefochten, weil darin widersprüchliche Aussagen vorkämen (siehe 26,4 + 5); eine Behauptung, die sehr einfach zu widerlegen ist.

(c) Das Buch *Prediger* wurde als zu pessimistisch angesehen (siehe z.B. 1,1 + 9 + 18), weil man den Standpunkt des Verfassers nicht richtig verstand. Dieser trachtete danach, Erfüllung des Lebens in den Dingen »unter der Sonne« zu finden, was ihm natürlich nicht gelang (siehe 7,23-29), bis er schließlich lernte, die Dinge von Gottes Warte aus zu sehen (11,9; 12,1) und somit zu dem »Schlußwort« kam: »Fürchte Gott und halte seine Gebote« (12,13).

(d) Das *Hohelied* betrachteten manche als zu sinnlich. Dabei mußte man wohl die Augen verschlossen haben für die Reinheit des Buches, die Vortrefflichkeit der ehelichen Liebe, die darin gepriesen wird und die geistliche Anwendung des Buches, die schon von Anfang an darin erkannt wurde.

(e) *Hesekiel* fanden manche im Widerspruch mit den mosaischen Gesetzen, aber auch das stellte sich als Interpretationssache heraus und konnte schließlich richtiggestellt werden.

(f) Der *Hebräerbrief* wurde eine Zeitlang wegen der Anonymität des Verfassers angefochten, und weil manche Ketzer diesem Brief anscheinend Irrlehren entnahmen. Schließlich sah man ein, wie falsch das war und wurde davon überzeugt, daß Paulus wahrscheinlich der Verfasser ist.

(g) Der *Jakobusbrief* wurde im Westen so lange nur zögernd aufgenommen, bis deutlich wurde, daß der Verfasser in der Tat der bekannte apostolische Gemeindevorsteher aus Jerusalem war und der Inhalt seines Briefes (»Rechtfertigung durch Werke?«) nicht im Widerspruch mit der Lehre des Paulus stand - was auch von späteren Kirchenvätern betont wurde, obwohl sogar Luther noch Mühe mit diesem Buch hatte.

(h) Der *2. Petrusbrief* war das am meisten angefochtene Buch, hauptsächlich wegen des stilistischen Unterschieds zum ersten Petrusbrief. Daher entstanden Zweifel an der Verfasserschaft. Man meinte sogar eine Zeitlang, daß das Buch eine Fälschung aus dem zweiten Jahrhundert sei, was aber dadurch widerlegt wurde, daß Klemens von Rom (1. Jhdt.) aus diesem Buch zitierte, daß literarische Übereinstimmungen mit den Qumranschriften bestehen (siehe Kapitel 3) und daß der zweite Petrusbrief schon von den koptischen Christen des dritten Jahrhunderts hochgeschätzt wurde, wie es die Bodmer-Handschrift P72 (siehe Kapitel 4) zeigt. Wir können hier nicht ausführlich auf die Verfasserschaft eingehen, aber wir glauben in Übereinstimmung mit einer Autoritätsperson wie Donald Guthrie (Professor am London Bible College) daran, daß es nur ungenügende Gründe dafür gibt, die Verfasserschaft des Petrus anzuzweifeln. Der stilistische Unterschied zu einem literarischen Meisterwerk, wie es der erste Petrusbrief ist, liegt vielleicht in der Tatsache begründet, daß Petrus bei dem zweiten Brief mit Silvanus zusammengearbeitet hat (siehe 5,12).

(i,j) Die Briefe *2. und 3. Johannes* wurden nicht überall sofort anerkannt, weil sie etwas anonym schienen und anfänglich nur begrenzt im Umlauf waren. Der Stil und die Botschaft dieser beiden Briefe stimmen aber deutlich mit 1. Johannes überein, und niemand außer dem großen Apostel Johannes würde es im ersten Jahrhundert gewagt haben, sich den Gläubigen in Kleinasien mit dem »anmaßenden« Namen »der Älteste« vorzustellen.

(k) der *Judasbrief* war wegen seiner Hinweise auf apokryphe oder pseudepigraphe Werke umstritten; aber die meisten frühen Kirchenväter verstanden offensichtlich, daß wohl die zitierte Information, nicht aber die Werke selber, denen diese Information entnommen war, als autoritativ präsentiert wurde und daß die Hinweise sich nicht wesentlich von Paulus' außerkanonischen Informationen unterschieden (z.B. 2. Tim. 3,8).

(l) Das Buch der *Offenbarung* war eines der ersten Bücher, die als von Gott inspiriert anerkannt wurden (Hermas, Papias, Irenäus; 2. Jhdt.), andererseits war es aber auch das Buch, über das am längsten (bis weit ins vierte Jhdt.) diskutiert wurde, vor allem wegen allerlei Irrlehren, die bestimmte Sekten mit diesem Buch verbanden. Nachdem diese aber widerlegt werden konnten, war der Platz im Kanon gesichert.

Die von allen abgelehnten Bücher

Nun kommen wir zu den *Pseudepigraphen,* einer Sammlung oft unechter, absurder religiöser Schriften, die unter den Juden bzw. den Christen eine bestimmte Verbreitung fanden. Die alttestamentlichen Pseudepigraphen entstanden zwischen ca. 200 v. Chr. und 200 n. Chr., und die des Neuen Testaments im 2. und 3. Jhdt. nach Christus. Manche sind dogmatisch ungefährlich (wie Psalm 151), andere Pseudepigraphen jedoch enthalten religiöse Phantasien oder Überlieferungen (möglicherweise auf einem historischen Kern beruhend), dazu oft fragwürdige Imitationen der prophetischen Bücher und unnütze Spekulationen über unbekannte Themen (wie z.B. die Kindheit Jesu Christi); vor allem aber allerlei Irrlehren, die nach Aussagen der kanonischen Bücher als verwerflich und gefährlich angesehen werden müssen. Kein einziger geistlicher Führer hat jemals auch nur eines dieser Bücher als kanonisch angesehen. Zweifellos kamen in solchen Büchern auch wahre Dinge vor, daher kommt es auch, daß die Bibelautoren manchmal indirekt darauf hingewiesen haben. So scheint es (nach Origenes), daß Judas in seinem Brief auf das Buch »Die Himmelfahrt Moses« (Vers 9) und das Buch 1. Henoch (Vers 14 f.) hinweist und Paulus in 2. Timotheus 3,8 auf das eine oder andere Buch von Jannes und Jambres (oder Mambres).

Die Standardliste der *alttestamentlichen Pseudepigraphen* umfaßt 17 Bücher; vier legendäre (u.a. das Buch von Adam und Eva), sieben apokalyptische (Apokalypse = Offenbarung, u.a. die von Judas zitierten Bücher), vier unterweisende Bücher, ein historisches und ein poetisches Buch: die Psalmen Salomos, denen wir auch noch Psalm 151 (der in der Septuaginta vorkommt) zufügen können. Diese Liste ist aber noch lange nicht vollständig: Die Qumranrollen haben noch verschiedene neue Pseudepigraphen ans Licht gebracht.

Die Menge der *neutestamentlichen Pseudepigraphen* ist noch viel größer: Photius nannte im 9. Jahrhundert bereits 280, und seitdem sind noch andere bekannt geworden. Die Sammlung enthält Dutzende »Evangelien« (einige bekannte sind die sogenannten des Thomas, des Petrus, der Ägypter, des Nikodemus, Josephs des Zimmermanns, der Geburt der Maria und der Kindheit Jesu), dazu eine Reihe Bücher, »Apostelgeschichten« genannt (von allerlei einzelnen Aposteln), eine Menge Briefe (unter denen sogar, wie man behauptete, einer war, den Christus an den König von Mesopotamien geschrieben haben soll, und 6 Briefe, angeblich von Paulus an Seneca), eine Reihe Bücher, die »Offenbarung« genannt wurden (u.a. die des Paulus, des Thomas, des Stephanus) und verschiedene andere.

Alttestamentliche Apokryphen

Wir kommen jetzt zu den *»apokryphen« Büchern,* von denen manche Leute glaubten, daß sie kanonisch seien. Das ist ein wichtiges Thema, weil u.a. die römisch-katholische Kirche eine Reihe alttestamentlicher Apokryphen als kanonisch betrachtet, so daß man diese Bücher wohl in den römisch-katholischen, nicht aber in den meisten evangelischen Bibelausgaben findet. Die Septuaginta enthält ebenfalls alle diese Apokryphen (außer 2. Esdras) und auch einige Pseudepigraphen. Die römisch-katholische Kirche erklärte während des Konzils von Trient (1546) die Apokryphen (bis auf 1. und 2. Esdras und das Gebet des Manasse) für kanonisch. Wir können die vollständige Liste der alttestamentlichen Apokryphen jetzt wie folgt einteilen:

1. Historisch

1. Esdras (Vulgata: 3. Esdras = 3. Esra): hauptsächlich eine Bearbeitung von 2. Chronik 35 und 36, Esra, Nehemia 8 und Legenden.
1. Makkabäer: die Geschichte des Judentums unter Antiochus Epiphanes und den Hasmonäern bis ca. 100 v. Chr. Ein wichtiges historisches Werk!
2. Makkabäer: ein paralleler, mehr legendärer Bericht, nur über Judas, den Makkabäer.

2. Religiöse Fiktion (»haggadah«)

Tobias: eine kurze, sehr pharisäische Novelle (ca. 200 v. Chr.), gesetzlich.
Judith: dasselbe (ca. 150 v. Chr.), heldisch, voller historischer Fehler.
Anhänge zu Esther: spätere, populäre Nachträge, die dazu dienen

sollten, das Fehlen des Namens Gottes im Buch Esther wieder wettzumachen.
Anhänge zu Daniel: später aufgenommene Legenden: Die Geschichte der Susanna, die Geschichte von Bel und dem Drachen und der Gesang der drei Männer im Feuerofen (siehe Daniel 3).

3. Lehrhaft (»Weisheit«-Literatur)
Die *Weisheit Salomos* (zwischen 140 v. und 40 n. Chr.?): Attacke auf Skeptizismus, Materialismus und Götzendienst.
Jesus Sirach oder Ekklesiasticus (ca. 180 v. Chr.), ein moralisch hochstehendes Werk, ähnlich wie die Sprüche.
Baruch (zwischen 150 v. und 100 n. Chr.?): dieses Buch behauptet von sich, das Werk von Jeremias Freund Baruch zu sein - es enthält ein nationales Sündenbekenntnis, »Weisheit« und ein Erlösungsversprechen. Man fügte dem Buch Baruch oft den unabhängigen Brief des Jeremia bei.

4. Apokalyptische (= prophetische Visionen)
2. Esdras (Vulgata: 4. Esdras): Prophetie, Visionen und Ermahnungen. (Man sagt, daß dieses Buch Luther so verwirrte, daß er es in die Elbe warf.)
Im Lichte dessen, was wir oben geschrieben haben, wird es nicht schwer sein einzusehen, weshalb die ost-orthodoxen, anglikanischen und protestantischen Kirchen diese Bücher niemals als völlig kanonisch angesehen haben. Wir wollen uns an die fünf genannten *Kriterien* erinnern und sehen, daß die Apokryphen (1) nicht den Anspruch erheben, prophetisch zu sein, (2) nicht mit der wirklichen Autorität Gottes reden, (3) wenig originelles, aufbauendes Material, keine Zukunftsprophetie und keine neue Wahrheit über den Messias (Gottes gesalbten Erlöser) weitergeben, (4) manchmal voller historischer Fehlangaben und dogmatischer Ketzereien sind, wie z.B. die Totenanbetung und (5) von Gottes Volk, an das sie zunächst gerichtet waren, abgewiesen wurden. Die jüdische Gemeinde hat sie niemals als kanonisch angenommen. Christus und die neutestamentlichen Verfasser taten das genausowenig; auch die christliche Kirche an sich hat sie zu keiner Zeit akzeptiert. Die meisten großen Kirchenväter der Frühkirche haben sie als nicht-kanonisch verworfen. Kein großes Kirchenkonzil hat diese apokryphen Bücher als kanonisch angesehen, bis die kleinen, örtlichen Konzilien von Hippo und Karthago (siehe oben) es dann, vor allem unter dem Einfluß von Augustinus und der Septuaginta, doch taten; aber sogar Augustinus betrachtete sie nur als begrenzt kanonisch und wurde außerdem in diesem Punkt schwer von Hieronymus, dem größten hebräischen Gelehrten jener Zeit, angegriffen. Er weigerte sich so-

gar, die Apokryphen ins Lateinische zu übersetzen. Erst nach seinem Tod wurden sie der Vulgata hinzugefügt. Selbst noch in der Zeit der Reformation wurden diese Bücher von vielen römischen Gelehrten als nicht-kanonisch verworfen.
Wir haben schon gesehen, wie die Apokryphen in die Septuaginta hineingelangten. Die alexandrinischen Juden, die diese griechische Übersetzung machten, hatten keine einzige Richtlinie, um einen Kanon festzulegen. Ihre Übersetzung beruft sich darum auch keineswegs darauf, einen Kanon darzustellen (siehe oben Philo). Genauso wie bei den ersten christlichen Bibeln (Sinaiticus, Vaticanus, etc.), nahm man in alten Manuskripten oft die Apokryphen auf, um sie für das Studium und Vorlesen zur Verfügung zu haben, ohne sie damit aber gleich als kanonisch anzuerkennen. Dies zeigt sich in den Schriften der antiken Verfasser und Kirchenväter. Als schließlich das *Konzil von Trient* im Jahre 1546 die Apokryphen für kanonisch erklärte, war das eine polemische und mit Vorurteilen belastete Maßnahme. In Diskussionen mit Luther beriefen sich die päpstlichen Katholiken auf Makkabäer, um die Totenanbetung zu verteidigen. Nachdem Luther dieses Buch als apokryph verwarf, antwortete Rom damit, daß man es in Trient einfach für kanonisch erklären ließ. Daß dies nicht nur eine polemische, sondern auch eine mit Vorurteilen belastete Maßnahme war, zeigt sich darin, daß nicht alle apokryphen Bücher für kanonisch erklärt wurden; so wurde u.a. 2. Esdras deshalb verworfen, weil es eine ausdrückliche Warnung gegen Totenanbetung enthält.

Neutestamentliche Apokryphen

Die Sache mit den apokryphen Büchern des Neuen Testaments ist deshalb einfacher, weil keines von ihnen auch nur von irgendeiner christlichen Gruppe als kanonisch angesehen wird, nicht einmal von Rom. Dadurch ist auch der Unterschied im Vergleich zu den Pseudepigraphen sehr vage; jede der Apokryphen-Schriften wurde von mindestens einem Kirchenvater als mehr oder weniger kanonisch betrachtet, was bei den Pseudepigraphen niemals der Fall war. Wenn wir die gerade genannte Definition der Apokryphen beibehalten, können wir sie wie folgt einteilen:

1. Werke der »apostolischen Väter«:

Die *7 Briefe von Ignatius* (um 110 n. Chr.), insbesondere an die Epheser, Magnesier, die Trallier, die Römer, die Philadelphier, die Smyrnaer und an Polykarp.
Der *Brief von Polykarp* an die Philipper (um 115).
Der *Brief von Klemens* an die Korinther (um 96).
Der sogenannte *zweite Brief von Klemens* (aber nicht von ihm) (120-140?).

Die »*Didache*« (= Lehre) der zwölf Apostel (aber nicht von ihnen) (100-120?).
Der *Hirte des Hermas* (Allegorie) (115-145?).
Der *Brief von Barnabas* (aber nicht von ihm; auch Pseudo-Barnabas genannt) (zwischen 70 und 135?).

2. Andere Apokryphen, die manchmal als kanonisch betrachtet wurden:

Die *Offenbarung des Petrus* (aber nicht von ihm) (um 150)
Die *Apostelgeschichte des Paulus* (um 170)
Der *Brief an die Laodizäer* (4. Jhdt.?)
Das *Evangelium der Hebräer* (um 75).

Schlußfolgerung

Der Kanon der Bibel ist ein faszinierendes Thema und zeigt uns, wie deutlich und auffällig sich die Bücher der Bibel von den edelsten, nicht-inspirierten religiösen Schriften unterscheiden - so auffällig, daß nur sehr wenige Bücher der Bibel umstritten sind, und das auch nur von einigen wenigen Kritikern.
Dieser einzigartige Charakter der kanonischen Bücher kann nur durch das Wunder göttlicher Inspiration erklärt werden (siehe Kapitel 6).

Was ist Inspiration?

Dieses Kapitel gehört eigentlich noch zu dem vorigen. Dort hatten wir gesehen, daß bestimmte Bücher für *kanonisch* erklärt wurden, weil sich herausstellte, daß sie *göttliche Autorität* haben. Nun wollen wir noch einen Schritt weitergehen und zeigen, daß bestimmte Bücher deshalb göttliche Autorität haben, weil sie *von Gott inspiriert* wurden. Hinter dem Problem »kanonisch oder apokryph« steckt also in Wirklichkeit die Frage nach der »Inspiration«. Darum werden wir uns nun mit diesem Thema befassen. Die Frage nach der Inspiration ist heute eine der fundamentalsten und aktuellsten Themen im christlichen Lager, weil viele andere Fragen, wie die Glaubwürdigkeit, Unfehlbarkeit und absolute Autorität der Bibel direkt damit zusammenhängen. Vermittelt die Bibel uns göttliche Botschaften in menschlicher, also unvollkommener Form? Oder sind etwa alle einzelnen Wörter von Gott eingegeben und damit wichtig und unfehlbar? Waren die Bibelverfasser nur »Schreibmaschinen«, die blindlings registrierten, was Gott ihnen diktierte? Die Beantwortung dieser Fragen ist für die heutige Theologie von sehr großer Wichtigkeit (wie wir auch in Kapitel 7 und 8 sehen werden), darum wollen wir uns jetzt mit ihnen befassen. Die Ausgangsbasis für unsere Forschungen ist natürlich die Bibel selbst, denn sie sagt ja an vielen Stellen von sich, daß sie von Gott inspiriert ist (wenn dieses Wort in unserer deutschen Übersetzung auch so nicht vorkommt). Die göttliche Eingebung ist nicht einfach eine Art »poetische Eingebung«, von der die Bibelverfasser Gebrauch machten, sondern vom Heiligen Geist getrieben, schrieben sie Worte nieder, die von Gott kamen. Am besten läßt sich das erkennen, wenn wir einige der betreffenden Schriftstellen, die im Neuen Testament von der Inspiration reden, näher betrachten.

Biblische Schlüsseltexte

Die wichtigste Stelle finden wir in 2. Timotheus 3,16: »Denn alle Schrift, von Gott eingegeben, ist nütze zur Lehre, zur Aufdeckung der Schuld, zur Besserung, zur Erziehung in der Gerechtigkeit.« Wir sehen, daß hier »der Schrift« (ein für die Bibel bekannter Ausdruck: siehe u.a. Johannes 7,38 + 42; 10,35; Galater 3,8 + 22; auch für einzelne Bibelstellen gebraucht: siehe u.a. Lukas 4,21; Johannes 19,37; Apostelgeschichte 8,35) ein besonderes Kennzeichen gegeben wird.

Dieses Kennzeichen ist, daß die Schrift »von Gott eingegeben« ist. Im Griechischen ist das nur ein Wort: *theopneustos,* welches buchstäblich *»gottgehaucht«* bedeutet. Das heißt erstens, daß die Schrift oder die »heiligen Schriften« (2. Timotheus 3,15) von Gott »ausgehaucht«, d.h. von ihm ausgegangen sind; es sind seine Worte und so aufgeschrieben, wie er wollte. Und zweitens sind es Worte, die er »eingehaucht« hat, d.h. er hat sie durch Menschen (Propheten und Apostel) schriftlich festlegen lassen. Das ist »der Odem des Allmächtigen« (vgl. Hiob 32,8).
Die Inspiration ist also Gottes Werk, welches durch die Bibelverfasser ausgeführt wurde. Die Art und Weise wird uns in 1. Petrus 1,10+11 näher erklärt: »Nach dieser Seligkeit haben gesucht und geforscht die Propheten, die von der Gnade geweissagt haben, die auf euch kommen sollte, und haben geforscht, worauf oder auf was für eine Zeit der Geist Christi deutete, der in ihnen war und zuvor bezeugt hat die Leiden, die über Christus kommen sollten, und die Herrlichkeit danach.« Hieraus lernen wir also folgendes: 1. daß die Inspiration durch das *Wirken des Heiligen Geistes,* der in den Bibelverfassern wirkte, geschah; 2. daß die Autoren beim Niederschreiben der unfehlbaren Wahrheit, deren Erfüllung gesichert ist, vom Heiligen Geist geleitet wurden, und 3. daß die Inspiration durch den Heiligen Geist so geschah, daß die menschlichen Verfasser manchmal selber nicht begreifen konnten, was diese von Gott eingegebenen Worte eigentlich bedeuteten. In 2. Petrus 1,21 finden wir noch eine weitere wichtige Stelle, die über Inspiration spricht: »Denn es ist noch nie eine Weissagung aus menschlichem Willen hervorgebracht; sondern von dem Heiligen Geist getrieben haben Menschen im Namen Gottes geredet.« Hier erkennen wir, daß die Bücher der Bibel nicht in eigener Initiative des Verfassers geschrieben wurden, sondern daß die Propheten (im weiteren Sinn eine Bezeichnung für alle Bibelverfasser; siehe Kapitel 5) vom Heiligen Geist »getrieben«, ja sogar buchstäblich »getragen und mitgeführt« wurden wie die Blätter vom Wind. Inspiration ist »getrieben werden« vom Heiligen Geist. Es soll durch Seine Kraft geschehen, nicht nach den Überlegungen der Bibelverfasser, damit diese nicht ihre eigenen Gedanken niederschrieben, sondern die Gedanken Gottes, von Ihm selbst stammend, zum Ausdruck brachten.
Dann heißt es auch, »daß keine Weissagung in der Schrift eine Sache eigener Auslegung ist« (2. Petrus 1,20); es handelt sich um die Worte Gottes selber. Darum haben diese Worte auch göttliche Autorität, wie wir in 2. Tim. 3,16 gesehen haben: »Denn alle Schrift, von Gott eingegeben, ist nütze zur Lehre, zur Aufdeckung der Schuld, zur Besserung, zur Erziehung in der Gerechtigkeit.«
Wir können unsere Definition von Inspiration noch etwas präzisie-

ren: Die Bibel wurde in diesem Sinne inspiriert, daß vom Heiligen Geist getriebene Männer »gottgehauchte« Worte geschrieben haben, die für die Menschen göttliche Autorität besitzen. Wir müssen beachten, daß 2. Tim. 3,16 sagt, daß die Schrift inspiriert ist, und nicht die Verfasser. In manchen Fällen werden die Bibelverfasser auch noch andere Bücher geschrieben haben, ohne daß diese deshalb als inspiriert anzusehen sind. Und die Verfasser haben, obwohl sie gläubig waren, auch manches falsch gemacht. Wir brauchen dabei nur an Mose, David oder Petrus zu denken. Nur die Bücher der Bibel, die sie verfaßten, sind »gottgehaucht«; trotzdem waren die Autoren beim Schreiben ganz einbezogen, denn sie wurden »vom Heiligen Geist getrieben«, und wir lesen, daß »der Geist Christi in ihnen« war. Es gibt also drei Elemente im Prozeß der Inspiration:

(a) Die *göttliche Verfasserschaft.* Das Wort ist von Gott ausgegangen, »ausgehaucht«, es sind buchstäblich seine Worte, die in der Schrift niedergelegt sind; er selbst ist Quelle und Ursache der Heiligen Schriften.

(b) Das *menschliche Werkzeug.* Gott gebrauchte die Menschen, um sein göttliches Wort niederzuschreiben; diese Menschen fungierten nicht als »Schreibmaschinen«, denn sie hatten ihren eigenen Stil und Wortschatz (wie wir noch sehen werden). Gott gebrauchte ihre Persönlichkeit, um Seine Gedanken zu offenbaren. Die Bibelverfasser hatten verschiedene Ausdrucksformen, wie beispielsweise eine Flöte und eine Oboe verschiedene Töne von sich geben; aber es war Gott, der diese Instrumente »bespielte«, damit sie die Melodien hervorbrachten, die Er wollte (vgl. 1. Korinther 14,7 in anderem Zusammenhang).

(c) Das *geschriebene Ergebnis.* Das Produkt des »Bespielens« von seiten Gottes und des »Getriebenseins« der Verfasser ist ein geschriebenes Buch von göttlicher Autorität. Dieses Buch hat laut 2. Tim. 3,16 das letzte Wort in dogmatischen, moralischen und anderen Fragen. Nicht alles, was die Bibelverfasser gesagt oder geschrieben haben, hat diese Autorität; denn genaugenommen sind nicht die Verfasser inspiriert, sondern die »heiligen Schriften«, die sie niedergeschrieben haben, sind »gottgehaucht«.

Unterschied zwischen Offenbarung und Erleuchtung

Es gibt noch eine andere, sehr wichtige Schriftstelle über Inspiration. Diese wirft gleichzeitig ein Licht auf die zwei Begriffe *»Offenbarung«* und *»Erleuchtung«.* Zwischen diesen beiden Begriffen und der Inspiration gibt es einen krassen Unterschied. In 1. Korinther 2,10-16 lesen wir: »Uns aber hat es Gott offenbart durch seinen Geist; denn der Geist erforscht alle Dinge, auch die Tiefen der

Gottheit. Denn welcher Mensch weiß, was im Menschen ist, als allein der Geist des Menschen, der in ihm ist? So weiß auch niemand, was in Gott ist, als allein der Geist Gottes. Wir aber haben nicht empfangen den Geist der Welt, sondern den Geist aus Gott, daß wir wissen können, was uns von Gott geschenkt ist. Und davon reden wir auch nicht mit Worten, welche menschliche Weisheit lehren kann, sondern mit Worten, die der Geist lehrt, und deuten geistliche Sachen für geistliche Menschen. Der natürliche Mensch aber vernimmt nichts vom Geist Gottes; es ist ihm eine Torheit, und er kann es nicht erkennen; denn es muß geistlich verstanden sein. Der geistliche Mensch aber ergründet alles und wird doch selber von niemand ergründet. Denn, wer hat des Herrn Sinn erkannt, oder wer will ihn unterweisen? Wir aber haben Christi Sinn.«

In dieser wichtigen Stelle wird der Reihe nach über das gesprochen, was wir schon in *Offenbarung,* Inspiration und Erleuchtung eingeteilt haben. Bei allen drei Bezeichnungen spielt der Heilige Geist die entscheidende Rolle. Erstens hat Gott durch seinen Geist den Gläubigen die Wahrheit geoffenbart (entfaltet, enthüllt, bekanntgemacht). Gott kennt ja die Tiefen seiner selbst und ist demnach auch imstande, sie uns zu offenbaren. Zweitens sehen wir dann, daß der Heilige Geist die Wahrheit nicht nur entfaltet, sondern auch in den Personen gewirkt hat, zu denen die Offenbarung kam, also hier in den Aposteln. Sie haben den Geist aus Gott empfangen, so daß sie nicht nur die Wahrheit hörten, sondern auch wußten, was ihnen von Gott aus Gnade geschenkt worden war. Darum redeten sie mit Worten, die ebenso von diesem Geist gewirkt, d.h. inspiriert waren. Weil es derselbe Gott ist, der dies alles bewirkt, sind die Schriften dieser Apostel also ebenso rein, ebenso inspiriert und autoritativ wie die Offenbarung, die sie bekamen.

Wir stoßen in 1. Korinther 2,13 noch auf eine Übersetzungsschwierigkeit. Es scheint aber, daß wir den Schluß von Vers 13 (»und deuten geistliche Sachen für geistliche Menschen«) im Zusammenhang gesehen am besten folgendermaßen übersetzen sollten: (a) »so daß wir geistliche Sachen durch geistliche Worte mitteilen«; oder (b) »und deuten Geistliches (Sachen) für Geistliche (Menschen)«. In der ersten Übersetzung geht es um die Inspiration: Die geistlichen Dinge, über die die Verfasser der Bibel reden, sind nicht in menschlich-unvollkommener Form verfaßt, sondern in geistlichen, also von Gott inspirierten Worten. Die »Form« ist ebenso autoritativ und unfehlbar wie der »Inhalt« (falls wir diese Begriffe wirklich voneinander trennen können), denn beide sind geistlich, von Gottes Geist gewirkt. In der zweiten Übersetzung geht es um die *Erleuchtung:* Nicht jeder Mensch kann geistliche Wahrheiten verstehen, sie können nur geistlich denkenden Menschen zugänglich gemacht werden. Das be-

deutet (wie die Verse 14-16 weiter erklären), daß der Geist Gottes nicht nur für die Offenbarung von Gottes Wahrheit und für die Inspiration der heiligen Schriften nötig ist, sondern daß auch diejenigen, die Gottes Wort empfangen, seinen Geist brauchen. Der Bibelleser muß »geistlich« sein, erleuchtet vom Heiligen Geist, denn die Wahrheit kann nur »geistlich«, durch das Licht des Heiligen Geistes, beurteilt und verstanden werden. Wer diese geistliche Erleuchtung besitzt, hat »Christi Sinn« (das rechte Verständnis).
Die Inspiration unterscheidet sich also von der *Offenbarung* und der *Erleuchtung*. Gott hat »vorzeiten manchmal und auf mancherlei Weise geredet zu den Vätern durch die Propheten« (Hebräer 1,1). Das ist eine Offenbarung; aber wenn alle diese Propheten ihre gesamten Offenbarungen einfach aufgeschrieben hätten, wären daraus nicht ohne weiteres »Heilige Schriften« entstanden. Dazu war außer der Offenbarung die »Inspiration« notwendig. Offenbarung ist die göttliche Enthüllung der Wahrheit, Inspiration ist die göttliche Niederschrift der Wahrheit. Einerseits wurde den Propheten viel geoffenbart, das nicht in inspirierten Schriften festgelegt wurde; andererseits gibt es eine Menge inspirierter Schriften in der Bibel, die keine neue Offenbarung enthalten. Aber es besteht auch ein Unterschied zwischen Inspiration und *Erleuchtung*. Die Inspiration der Schrift ist nicht zugleich eine Garantie dafür, daß diejenigen, die darin lesen, sie auch verstehen werden. Dazu ist Erleuchtung des Herzens und des Verstandes notwendig (vgl. Lukas 24,31 + 32 + 45). Wie wir schon sahen, verstanden sogar die Bibelverfasser nicht alles, was sie niederschrieben. Und doch waren ihre Schriften vollkommen inspiriert. Es gibt wohl verschiedene Stufen der Erleuchtung, nicht aber eine abgestufte Inspiration. Die Apostel waren mehr erleuchtet als David, und dieser war wiederum mehr erleuchtet als Bileam. Aber die Worte, die wir in der Schrift von Bileam, David und Paulus vorfinden, sind alle gleich inspiriert, gleich göttlich und von gleicher Autorität.

Merkmale der Inspiration

Wir haben nun auf drei Aspekte der Inspiration hingewiesen (Gott als Autor, das menschliche Werkzeug und das geschriebene Resultat); ferner erklärten wir die Unterschiede zwischen Inspiration einerseits und Offenbarung plus Erleuchtung andererseits. Wir wollen jetzt etwas näher auf die Art und die Charaktereigenschaften der *Inspiration* eingehen, und erläutern zuvor zwei Hauptmerkmale: (a) Die Inspiration ist *wörtlich*, das heißt, die einzelnen Wörter des ursprünglich geschriebenen Bibeltextes sind von Gott inspiriert; (b) Die Inspiration ist *allumfassend*, das heißt, jeder Teil des Bibeltextes ist von Gott inspiriert.

Anmerkung: Diese zwei Merkmale zusammen bedeuten, daß jedes Wort des ursprünglich geschriebenen Bibeltextes inspiriert ist; wir sprechen hier nachdrücklich über den »ursprünglich geschriebenen« Text, weil in den späteren Handschriften (Kap. 3 und 4) und Übersetzungen (Kap. 2) Fehler vorkommen können. Was lehrt die Bibel selber über ihre *wörtliche* Inspiration? Sie macht sehr deutlich, daß nicht nur ihr Inhalt (ihre Botschaft, ihr *kerygma* = Verkündigung), sondern auch ihre Form (ihre Wörter) von Gott inspiriert ist. Im Alten Testament lesen wir mehrere hundert Male, daß das Wort des Herrn (Jahwe) zu den Propheten kam. Mose schrieb alle Worte Jahwes nieder (2. Mose 24,4). David sagte: »Der Geist des Herrn hat durch mich geredet, und sein Wort ist auf meiner Zunge« (2. Samuel 23,2). Und zum Propheten Jeremia sprach Jahwe: »Tritt in den Vorhof am Hause des Herrn und predige denen, die aus allen Städten Judas hereinkommen, um anzubeten im Hause des Herrn, alle Worte, die ich dir befohlen habe, ihnen zu sagen, und tu nichts davon weg« (Jeremia 26,2). Das waren dieselben Worte, die Jeremia später in ein Buch schreiben mußte: »Nimm eine Schriftrolle und schreibe darauf alle Worte, die ich zu dir geredet habe über Israel, über Juda und alle Völker von der Zeit an, da ich zu dir geredet habe, nämlich von der Zeit Josias bis auf diesen Tag« (Jeremia 36,2). Im Neuen Testament ist es ebenso. Wir sahen schon in 1. Korinther 2,13, daß die Inspiration »nicht mit Worten, welche menschliche Weisheit lehren kann«, geschieht, »sondern mit Worten, die der Geist lehrt, und deuten geistliche Sachen für geistliche Menschen«. In Offenbarung 22,19 warnt Johannes: »Und wenn jemand etwas davontut von den Worten des Buches dieser Weissagung, so wird Gott abtun seinen Anteil vom Baum des Lebens.« Und letztlich bezeugt uns der Herr Jesus in Matthäus 5,18 selber, daß diese wörtliche Inspiration sogar Buchstaben und Lesezeichen unantastbar macht: »Denn ich sage euch wahrlich: Bis daß Himmel und Erde vergehe, wird nicht vergehen der kleinste Buchstabe noch ein Tüpfelchen vom Gesetz, bis daß es alles geschehe.« Ebenso souverän bezeugt die Schrift in 2. Timotheus 3,16 von sich selbst, daß ihre Inspiration *allumfassend* ist, und daß kein Teil der Bibel davon ausgeschlossen ist: »Denn alle Schrift, von Gott eingegeben, ist nütze zur Lehre, zur Aufdeckung der Schuld, zur Besserung, zur Erziehung in der Gerechtigkeit.« Darum kann Paulus in Römer 15,4 schreiben: »Denn was zuvor geschrieben ist, das ist uns zur Lehre geschrieben, auf daß wir durch Geduld und den Trost der Schrift die Hoffnung festhalten.« So verstehen wir auch die unverbrüchliche Einheit der Schriften, die deswegen zusammengefaßt werden können als »die Schrift« (Einzahl!), über die Jesus in Johannes 10,35 sagte: » - und die Schrift kann doch nicht gebrochen werden.« Die allumfassende Inspiration der Schrift macht sie zu einem unverbrüchlichen, einzigen Ganzen, so daß es absolut nicht gestattet ist, auch nur etwas von ihren Worten hinwegzutun oder hinzuzufügen (vgl. 5. Mose 4,2; Offenbarung 22,18 + 19).

Abweichende Inspirationstheorien

Aus dem Obenstehenden erkennt der Leser, daß wir die Bibel als das unfehlbare, autoritative, völlig inspirierte Wort Gottes akzeptieren. Dies war auch der allgemeine Standpunkt der christlichen Kirche während mehr als 18 Jahrhunderten. Es entstanden zwar öfter Probleme, wenn man sich vorzustellen versuchte, wie die Bibel einerseits wörtlich von Gott inspiriert sein kann und andererseits doch eindeutig von menschlichen Autoren mit unterschiedlichem Stil und Wortschatz zusammengestellt wurde; aber letztlich ist das ja eine Frage, die wir nie vollständig beantworten können, weil wir als Menschen das Wirken des Geistes Gottes nicht begreifen. Ähnlich verhält es sich mit der Beteiligung des Geistes Gottes bei der Wiedergeburt: »Der Wind bläst, wo er will, und du hörst sein Sausen wohl; aber du weißt nicht, woher er kommt und wohin er fährt. So ist ein jeglicher, der aus dem Geist geboren ist« (Johannes 3,8). Das Wort, das hier für »Wind« gebraucht wird, ist dasselbe wie das, was auch für »Geist« verwendet wird. Die Stelle erinnert uns an »gottgehaucht« (2. Timotheus 3,16) und an »von dem heiligen Geist getrieben« (2. Petrus 1,21). Die Frage des Nikodemus nach dem »Wie« der Wiedergeburt ist darum genauso töricht, wie die nach dem »Wie« der Auferstehung der Toten (1. Korinther 15,35 + 36), die ja auch ein unerforschliches Werk des Geistes Gottes ist (Römer 8,11), oder die Frage nach dem »Wie« der Inspiration...
Das heißt natürlich nicht, daß wir nicht sorgfältig überprüfen dürfen und müssen, was uns die Bibel über ihre Inspiration mitteilt. Dabei müssen wir ungekürzt an dem festhalten, was die Schrift uns sowohl über ihre allumfassende, wörtliche Inspiration als auch über »das menschliche Element« lehrt, das in Stil, Wortgebrauch und Persönlichkeit der Bibelverfasser zutage tritt. Hieran erkennen wir ja gerade das Wunder der Bibel. Sie ist ein total menschliches Buch und gleichzeitig ein total göttliches, unfehlbares Buch! Das Wunder des geschriebenen Wortes Gottes ist vergleichbar mit Jesus Christus, dem fleischgewordenen Gotteswort (Johannes 1,1-14), der zugleich vollkommener Gott und vollkommener Mensch war und ist. Der Heilige Geist, der über Maria kam, um »das Heilige«, den Sohn Gottes, aus ihr zu erwecken (Lukas 1,35), war derselbe Geist, der einzelne Menschen dazu trieb, göttliche Prophetie hervorzubringen (2. Petrus 1,21).
Genauso wie man in der Kirchengeschichte das Wunder der Person

Christi zu erklären versuchte, indem man seine Menschheit oder seine Gottheit leugnete, ging man auch mit der Bibel vor. Entweder man zerredete das menschliche Element in der Schrift, oder man griff ihre Inspiration an. Im ersten Falle kam man zu der Lehre, die *»mechanische Inspiration«* genannt wird, hierbei soll die Persönlichkeit der Bibelverfasser ganz ausgeschaltet sein. Das hieße, daß diese nichts anderes als Sekretäre gewesen sind, die das göttliche Diktat blindlings niederschrieben. Schon eine oberflächliche Betrachtung der Bibel zeigt sofort, daß diese Auffassung unsinnig und falsch sein muß. Man erkennt in jedem Buch der Bibel den Stil, die Gemütsverfassung (siehe z.B. Jeremia 18,19-23; Galater 3,1-5; 4,12-20; 5,12), die zeitlichen Umstände und die Umgebung des Verfassers. Bei einer mechanischen Inspiration müßten alle Bücher der Bibel vollkommen gleichtönend sein, was sie aber keineswegs sind. Wohl finden wir auf dem Gebiet des Spiritismus (also des Okkulten und Dämonischen), solche »automatischen Diktate«, aber für die Bibel gilt: »Und die Geister der Propheten sind den Propheten untertan« (1. Korinther 14,32); d.h. die Prophezeiungen geschehen nicht außerhalb des Willens und der Persönlichkeit des Propheten. Eine spiritistische Inspiration ist Gottes und des Menschen unwürdig. Gott schuf den Menschen in seinem Bilde und macht darum Gebrauch von dessen Fähigkeiten (vgl. Lukas 1,1-4) und seiner Persönlichkeit; aber die Inspiration garantiert dabei, daß der Mensch die Worte niederschreibt, von denen Gott (rechnend mit dem »Instrument«, das er »bespielt«) will, daß sie aufgeschrieben werden. Dabei wird menschlichem Versagen vorgebeugt. Gott will kein »Medium« als sein Werkzeug, sondern er will den ganzen »Menschen«. Nun gibt es aber auch andere, die das Wunder des vollkommen Menschlichen und vollkommen Göttlichen der Bibel nicht akzeptieren können und dem entgegenhalten: Wenn es menschliche Elemente in der Bibel gibt, müssen sie dann auch notwendigerweise, nach normalen menschlichen Kriterien, unvollkommen sein. Das hieße dann, daß ein so altes Buch, wie es die Bibel ist, historisch und wissenschaftlich unglaubwürdig oder sogar völlig unwichtig wäre, und daß man erwarten dürfte, Mythen, Legenden, fromme Übertreibungen und sachliche Widersprüche darin zu finden. Das bringt uns zur *»Bibelkritik«,* die wir in Kapitel 7 und 8 noch ausführlicher behandeln wollen.

Für den Augenblick können wir diese abweichenden Theorien am besten überblicken, wenn wir davon ausgehen, daß nach unserer festen Glaubensüberzeugung die Bibel Gottes Wort *ist;* das bedeutet, daß jedes Wort der Bibel (d.h. der Urtext) zu diesem Wort Gottes gehört. Demgegenüber steht nun der *Modernismus* (19. Jhdt.) mit seiner Auffassung, daß die Bibel nur Gottes Wort *enthält,* und ferner die *Neo-Orthodoxie* (20. Jhdt.) mit ihrer Auffassung, daß die Bibel unter bestimmten Umständen zum Wort Gottes *wird.*

(a) Der Modernismus. Er behauptet, bestimmte Teile der Bibel hätten göttliche Autorität, aber sehr viele Teile seien menschlich und fehlerhaft (d.h. historisch und wissenschaftlich unglaubwürdig und überholt). Die Teile aber, die inspiriert sind, seien durch eine Art göttliche »Erleuchtung« (nach Auffassung mancher Leute sogar mehr eine Art religiöser Intuition) niedergeschrieben worden. Diese Erleuchtung soll verschiedene Stufen gekannt haben, so daß auch die inspirierten Teile mehr oder weniger mit religiösen Irrtümern und primitiven Weltanschauungen behaftet seien.

(b) Neo-Orthodoxie. Nach dieser Auffassung dürfe man keinen Unterschied zwischen inspirierten und nicht-inspirierten Teilen der Bibel machen. Man dürfe auch nicht sagen, daß die Bibel an sich eine Offenbarung Gottes sei, sondern Gott offenbare sich uns durch die Bibel in einer persönlichen Begegnung mit den Menschen. Trotz dieses fehlbaren, unvollkommenen Buches erkenne der Mensch im Glaubenserleben aber doch die Stimme Gottes. Die Bibel sei nicht Gottes Offenbarung, sondern nur ein Bericht früherer persönlicher Offenbarungen Gottes an Menschen; die Offenbarung zwar sei vollkommen, doch der Bericht nur stümperhaft. Aber Gott könne dem Menschen, der ihm im Glauben begegnet, durch diese Stümperhaftigkeit hindurch begegnen, und in solch einem Moment könne die Bibel für den Gläubigen zum Gotteswort werden. In der extremeren Form dieses Denkens (der *Entmythologisierungstheologie)* werden alle objektiven, historischen Aussagen der Bibel als an sich nicht zur Sache gehörend abgewiesen; das sollte nur die mythische Form sein, die man abtragen müsse, um an den wahren religiösen (»existentiellen«) Kern der biblischen Botschaft heranzukommen. Die Bibel könne also für uns zum Gotteswort werden, wenn sie auf die richtige Weise entmythologisiert und dadurch der Kern der absoluten Liebe aufgedeckt werde, wie dieser im Mythos der selbstlosen Liebe Gottes in Christus verfaßt sei. Die Behandlung und Widerlegung dieser Anschauungen muß bis später warten, aber wir wollen zeigen, daß (1) diese Ansichten in völligem Widerspruch zu den ausdrücklichen Aussagen stehen, die die Bibel über sich selbst macht, daß sie (2) zu großer Inkonsequenz führen und daß sie (3) letztlich auf einem falschen wissenschaftlichen Weltbild fußen, wie auch auf philosophischen Ausgangspunkten, die abgelehnt werden müssen. Wir wollen in diesem Kapitel einigen Einwänden unsere Aufmerksamkeit schenken, die die Anhänger dieser alternativen Auffassungen gegen die Lehre der oben beschriebenen Inspiration angeführt haben.

Sogenannte Gründe gegen die Inspiration

Wir wollen nun kurz auf *sechs Einwände* besonders eingehen.

1. »Wie können wir glauben, daß der ursprünglich geschriebene Bibeltext unfehlbar war, wenn er doch nicht mehr vorhanden ist?« - Die Antwort ist sehr einfach: Es ist gerade das Beeindruckende und Wunderbare an der Überlieferung unseres Bibeltextes, daß wir, bis auf einige Kleinigkeiten, den ursprünglichen Text genau rekonstruieren können (siehe Kapitel 3 und 4). Schon daran können wir erkennen, wie wichtig es für Gott war, uns den wörtlich genauen Bibeltext in die Hände zu geben, wenn er auch auf der anderen Seite verhindert hat, daß die ursprünglichen Manuskripte bewahrt blieben (möglicherweise, um sie vor Mißbrauch zu schützen; vgl. 2. Könige 18,4).

2. »Wie können die vielen schlechten oder auch lügenhaften Aussagen, die in der Bibel stehen, inspiriert sein?« - In der Tat, in der Bibel finden wir viele Worte Ungläubiger (wie die des Gemeindesekretärs in Ephesus, des Oberhauptmanns von Jerusalem und des Anwalts Tertullus; Apostelgeschichte 19,23 + 24), und sogar verkehrte Aussagen von Gläubigen (wie die Verleugnung des Petrus). Wir finden Worte, die Satan ausspricht; lange (teils falsche) Reden der Freunde Hiobs und sogar den Ausspruch: »Es gibt keinen Gott« (Psalm 14 und 53 - von einem Narren ausgesprochen). Aber die Inspiration hat überhaupt nichts zu tun mit den Leuten, die diese Worte aussprachen! Nicht sie wurden inspiriert (das ist keine Frage), sondern die Schriften, die unter Leitung des Heiligen Geistes diese Worte, genau wie Gott es wollte und wie er es als wichtig für uns erachtete, getreu wiedergegeben haben. Wir sehen also, daß die Bibel wohl Lügen zitiert (z.B. 1. Mose 3,4), aber keine lehrt. Sie nennt diese Lügen lediglich, um uns davor zu warnen.

3. »Ist der Gebrauch verschiedener Schreibstile von einigen Bibelverfassern nicht ein Beweis gegen die Inspiration durch den einen, göttlichen Verfasser?« - Nein, Gott wurde nicht durch die unterschiedlichen Persönlichkeiten der Autoren »gehindert«, sondern machte im Gegenteil vollen Gebrauch davon. So ließ er gleich vier Evangelien schreiben - weil eines niemals ganz den Reichtum der Person und des Werkes Jesu Christi hätte wiedergeben können. - Und wie hat Gott genau die richtigen Personen dazu gebraucht!: Gerade der bekehrte jüdische Kollaborateur Matthäus verfaßte das Evangelium über Jesus Christus als Judenkönig; der untreue, aber wieder umgekehrte Knecht Markus schrieb über Jesus als den wahren Knecht Gottes; der »geliebte Arzt« Lukas beschreibt Ihn als den wahren Menschen, der da kam, um Gottes Barmherzigkeit zu offenbaren; und der Apostel Johannes schildert Ihn uns schließlich als wahren Gott. Dies war nur ein Beispiel davon, wie der Herr von dem »Tonvolumen« und der »Klangfarbe« seiner Werkzeuge Gebrauch machte, während er dennoch die ganze Melodie und Harmonie bestimmte.

4. »Paulus sagt doch selber, daß nicht alle Aussagen in seinen Briefen inspiriert sind?« - Das immer wieder angeführte Beispiel ist hier 1. Korinther 7, wo Paulus einen Unterschied macht zwischen dem, was er selber sagt (Vers 6 + 12 + 25) und dem, was der Herr sagt (Vers 10). Wer an dieser Stelle eine Schwierigkeit sieht, zeigt damit, daß er ein falsches Verständnis von der Inspiration hat, er macht keinen Unterschied zwischen Inspiration und Offenbarung. Alles, was in der Bibel steht, ist inspiriert, aber nicht jedes Schriftwort beruht auf einer direkten »Offenbarung« Gottes. Über die Bindung der Ehefrau an ihren Mann hatte Paulus (auch aus dem Alten Testament) eine ausdrückliche Offenbarung, ein Gebot des Herrn (1. Korinther 7,10; vgl. 11,23; 14,37; vgl. Matthäus 5,31 + 32; 19,3-9); in anderen Fällen hatte er zwar kein solch ausdrückliches Gebot, konnte aber als jemand, der »auch den Geist Gottes hatte« (1. Kor. 7,40), Auskunft über Gottes Ansichten hinsichtlich verschiedener Fragen geben (1. Kor. 7,17b; 4,17). Ob Paulus nun über eine bestimmte Sache eine besondere Offenbarung hatte oder nicht: Alles, was er in 1. Korinther 7 niederschrieb, war voll und ganz inspiriert; der Heilige Geist gab ihm ein, was er über die verschiedenen Streitfragen schreiben sollte: sei es das Gebot des Herrn oder seien es eigene (durch den Heiligen Geist gewirkte) Gedanken.

5. »Kommen in der Bibel nicht zahllose Widersprüche vor, die die Inspiration unglaubwürdig machen?« - Das ist ein sehr beliebtes Argument gegen die Inspiration, und viele haben sich schon bemüht, lange Listen solch widersprüchlicher Aussagen zusammenzustellen. In dieser kurzen Ausführung können wir natürlich nicht alle sogenannten Widersprüche abhandeln, wohl aber einige »Rubriken« aufzählen, in die man diese vermeintlichen Schwierigkeiten einreihen kann. Die Lösung der Probleme liegt dann auf der Hand:

(a) Fehler in den verwendeten Handschriften (normalerweise durch Textkritik zu korrigieren) und Fehler oder Schwächen in Übersetzungen (z.B. daß unterschiedliche Wörter und Satzkonstruktionen des Urtextes nicht zur Geltung kommen).

(b) Das Mißverstehen spezifisch antiker und östlicher Ausdrucksweisen und Vorstellungen oder auch der gebräuchlichen »unwissenschaftlichen« Redensart der Bibel.

(c) Das Nicht-Unterscheiden verschiedener Offenbarungen, Handlungen und Worte Gottes in unterschiedlichen Phasen der Heilsgeschichte.

(d) Oft wird ein und dieselbe Sache von verschiedenen Autoren aus unterschiedlichen (scheinbar widersprüchlichen) Gesichtspunkten wiedergegeben.

(e) Oft werden bei der Beschreibung einer Sache von verschiedenen Verfassern ganz unterschiedliche Aspekte dieser Sache betont oder weggelassen, wodurch sie einander wunderbar ergänzen, anstatt sich zu widersprechen.
(f) Viele Stellen können auf verschiedene Arten »gelesen« werden. Es ist verblüffend, wie oft sie so gelesen werden, daß dadurch die Widersprüche erst entstehen!
6. »Kommen in der Bibel nicht zahllose historisch und wissenschaftlich unrichtige Behauptungen vor?« - Hier liegt die wohl wichtigste Fußangel, wenn es um Argumente gegen die Inspiration geht. Diese Entgegnung hängt übrigens sehr eng mit dem vorhergehenden Punkt zusammen! Was soll man bloß von einem Buch halten, das über folgende Dinge spricht: Über eine flache Erde, eine Himmelskuppel, über Pfeiler, auf denen die Erde ruht, über die Frau Kains, die einfach aus dem Nichts auftaucht, über den wiederkäuenden Hasen, mythologische Tiere, primitive Wundergeschichten, über historische Unmöglichkeiten und zwei widersprüchliche Schöpfungsgeschichten, sowie drei »beseelte Tiere« (redende Schlange, sprechender Esel und ein Fisch, in dem Jona drei volle Tage verbrachte), und über alle möglichen überholten Geschichten mehr, die man in der Bibel nicht erwarten würde, wenn sie von einem vollkommenen, allwissenden Gott Wort für Wort inspiriert wurde! Wir nehmen diesen Einwand (der auch in der modernen Theologie eine gewichtige Rolle spielt) so ernst, daß wir ihm den ganzen zweiten Band unserer Buchreihe widmen werden! Da wollen wir dann ausführlich zu zeigen versuchen, daß die Bibel nicht nur bei religiösen Fragen mit göttlicher Autorität spricht, sondern auch da, wo sie über Geschichte, die Natur und den Kosmos spricht. Wir wollen zeigen, daß auch das wichtig ist! Leider können wir hier nicht auf die historische und wissenschaftliche Glaubwürdigkeit der Schrift eingehen, werden aber im zweiten Buch um so ausführlicher darauf zurückkommen. Die Bibel ist kein Geschichts- oder wissenschaftliches Buch; aber da, wo sie etwas über Geschichte oder Wissenschaft aussagt, ist sie immer im Recht und redet mit göttlicher Autorität.

Die Inspiration des Alten Testaments

Jetzt, wo wir die biblische Lehre der Inspiration in der Hauptsache dargelegt und gegenüber einer Reihe von Haupteinwänden verteidigt haben, können wir etwas ausführlicher auf die Inspiration des Alten und des Neuen Testaments je für sich eingehen. Für das Alte Testament haben wir in dieser Hinsicht ein doppeltes Zeugnis: das des Alten Testaments über sich selbst und das des Neuen Testaments über das Alte.

1. Das Alte Testament über sich selbst. Wir haben in Kapitel 5 gesehen, daß die Verfasser des Alten Testaments sich als *Propheten,* als »Männer Gottes« vorstellten und als solche akzeptiert wurden, und daß auch ihre Schriften sofort als von göttlicher Autorität akzeptiert und an einem heiligen Ort aufbewahrt wurden. Sie waren *»Männer des Geistes«* (vgl. Hosea 9,7), weil der Geist des Herrn (Jahwe) sie trieb und als Werkzeug gebrauchte: »Gott der Herr redet, wer sollte nicht Prophet werden?« (Amos 3,8). Der Prophet ist der »Wortführer« Gottes, der in Seinem Namen Seine Worte redet (vgl. 2. Mose 7,1; 4,30). »... Ich will ihnen einen Propheten, wie du bist, erwecken aus ihren Brüdern und werde meine Worte in seinen Mund geben; der soll zu ihnen reden alles, was ich ihnen gebieten werde« (5. Mose 18,18). Falsche Propheten konnten entlarvt werden, weil sich ihre Prophezeiungen nicht erfüllten (5. Mose 18,22), oder wurden von Gott selber entlarvt (4. Mose 16,8-35; 1. Kön. 18,38-40; 22,19-25). Es waren die echten Propheten Gottes, die durch die Kraft des Heiligen Geistes die Worte Gottes schriftlich niederlegten.
Die Bücher des Alten Testaments sind also »prophetische Schriften«. Die Mosebücher sind die »Gebote Jahwes« (Richter 3,4) und die »Worte ... die er geredet hat« (Daniel 9,11 + 12). Das Buch Josua wird auch »Gesetzbuch Gottes« genannt (Josua 24,26), und in den Tagen der anderen »frühen Propheten« (siehe Kap. 3 und 5) sprach Gott ebenfalls zu Menschen (Richter 1,2; 6,25; 1. Sam. 3,21), und seine Worte wurden niedergeschrieben (1. Chron. 29,29). Bei den »späteren Propheten«, von Jesaja bis Maleachi, finden wir immer wieder das mächtige Wort »so spricht der Herr« wiederholt. Auch erwähnen sich die Propheten gegenseitig: Daniel (9,2) erwähnt Jeremia, und Esra (1,1; 5,1) nennt Jeremia, Haggai und Sacharja. Sacharja spricht von den früheren Schriften als »dem Gesetz und den Worten, die der Herr Zebaoth durch seinen Geist sandte durch die früheren Propheten« (7,12). Die Psalmen bezeugen selbst ihre Inspiration (45,2; 2. Sam. 23,2), und die drei Schriften von Salomo sind das Produkt seiner göttlichen Weisheit (1. Könige 4,29-33) usw.
2. Das Neue Testament über das Alte. In Kapitel 5 haben wir gesehen, daß fast alle Bücher des Alten Testaments im Neuen als von Gott inspiriert zitiert werden. Dabei ist es noch wichtig zu sehen, wie das Neue Testament das Alte als unzertrennbare Einheit sieht, von der man demnach nicht willkürlich Teile als nichtinspiriert entfernen darf. Wir wiesen darauf hin, daß das Alte Testament im Neuen als »die Schriften«, aber auch als »Schrift« (z.B. Johannes 10,35) bezeichnet wird. Andere (singuläre) Ausdrücke, die auf diese Einheit hinweisen, sind: »das Wort Gottes« (Markus 7,13; Johannes 10,35; Römer 9,6; Hebräer 4,12) und »das Gesetz«; diese letzte Be-

zeichnung meint das Sinaigesetz, die fünf Bücher Mose (z.B. in der Redeweise: »das Gesetz und die Propheten«: Matthäus 5,17; 7,12 usw.), oder das ganze Alte Testament (Johannes 10,34; 12,34; 15,25; Apg. 25,8; Römer 3,10-19; 1. Kor. 14,21).
Es fällt auch auf, daß für die neutestamentlichen Verfasser der Ausdruck »die Schrift sagt« genau dasselbe bedeutete wie »Gott sagt«. In Galater 3,8 und Römer 9,17 führt Paulus die Schrift als die Redende an, meint aber dort buchstäblich, daß Gott sprach. Die Worte der Schrift waren für ihn mit den Worten Gottes identisch, so daß er dort sagen konnte: »Die Schrift sagt«, wo er eigentlich sagen wollte: »Gott sagt in der Schrift.« So etwas kommt auch umgekehrt vor: Jesus Christus erwähnt die Worte von 1. Mose 2,24 als von Gott ausgesprochen (Matthäus 19,4 + 5), obwohl der Vers nicht buchstäblich von Gott ausgesprochen wurde, sondern von Mose. Für Christus ist das aber dasselbe, weil es in der Schrift steht. Genauso sehen wir bei den Jüngern, daß sie Worte der Bibelverfasser als von Gott gesagt zitieren (Apg. 4,24-26; 13,32-35; siehe auch Hebräer 1,5-13). Diejenigen, die »durch den Mund seiner heiligen Propheten« sprachen, waren Gott Vater (Lukas 1,70), der Heilige Geist (Apg. 1,16) und der Geist Christi (1. Petrus 1,11).
Vor allem ist das Zeugnis von *Jesus Christus* über das Alte Testament besonders wichtig. Seiner Meinung nach wurde es »im Geist« geschrieben (vgl. Matthäus 22,43), so daß sogar das kleinste Teilchen göttlich ist und in Erfüllung gehen wird (Lukas 16,17; 18,31; 24,25-27; 32,44-46). In seiner Auseinandersetzung mit dem Satan berief er sich nicht auf seine eigene Autorität, sondern auf die Schriften mit der dreifachen Antwort: »Es steht geschrieben« (Matthäus 4,1-10). Der Herr stellte sogar das geschriebene Wort über seine eigenen Worte (Johannes 5,39-47). Wenn sogar Er, der Sohn Gottes, sich sowohl bei seinen Auseinandersetzungen als auch bei seinen Lehren immer wieder auf die Schrift berief, wie groß muß dann ihre Autorität sein!? Jesus zeigt auf, was die Folge ist, wenn man die Schrift nicht achtet: »Ihr irret und kennet die Schrift nicht noch die Kraft Gottes« (Matthäus 22,29).
Die Autorität der Schrift ist sogar größer als die Vollmacht eines von den Toten Auferstandenen oder eines Engels im Himmel (Lukas 16,29-31; Galater 1,8). Christus selbst bestätigt uns ausgerechnet die göttliche Richtigkeit der heute so oft umstrittenen Schriftstellen, wie z.B. die Berichte von Adam und Eva, der Sintflut, Jona, Daniel, die Einheit des Buches Jesaja und die Verfasserschaft des Mose bezüglich der fünf Bücher Mose. Manche haben hier eingeworfen, daß Christus und die Apostel die Inspiration des Alten Testaments nicht wirklich bestätigt haben, sondern sie hätten sich lediglich den gängigen jüdischen Auffassungen angepaßt

(abgesehen von der noch schlimmeren Auffassung, Christus hätte »es auch nicht besser gewußt«).
Was wäre das Wort des Herrn und seiner Jünger noch wert, wenn sie sich in solch einem wichtigen Punkt so bewußt den falschen Auffassungen angepaßt hätten? Kann man aber wirklich auf einer »Anpassung« beharren, wenn man sieht, wie sehr Christus diejenigen tadelte, die der Schrift zuwiderhandelten oder etwas anderes lehrten? Wie begegnete Jesus denjenigen, die menschliche Satzungen höher stellten als die Schrift (Matth. 15,1-6)? Bedenken wir auch, wieviel Nachdruck der Herr auf die Handhabung und Erfüllung eines jeden Teils der Schrift legte, wie wir schon sahen. Wenn ich an Jesus Christus glaube, darf meine Haltung der Schrift gegenüber dann anders sein als die des Herrn?

Die Inspiration des Neuen Testaments

Auch hier können wir wieder zwei Gruppen unterscheiden. Genauso wie Christus die Inspiration des Alten Testaments bestätigte, versprach er eine solche »Geistesleitung« auch seinen Jüngern; und diese konnten sich auf Grund seines Versprechens und ihrer apostolischen Sendung auf eine göttliche Inspiration berufen.
1. Die Vorhersage Jesu. Der Herr Jesus versprach den *Jüngern,* die er berief und aussandte, mehrmals die besondere Leitung des Heiligen Geistes: »Denn ihr seid es nicht, die da reden, sondern eures Vaters Geist ist es, der durch euch redet« (Matthäus 10,20; Markus 13,11 »der Heilige Geist«); »denn der Heilige Geist wird euch zu derselben Stunde lehren, was ihr sagen sollt« (Lukas 12,12). Wenn das schon gültig war für die Zeit, in der sie mündlich Zeugnis geben sollten, wieviel mehr würde es für das Niederlegen ihrer Schriften gelten. Der Herr Jesus machte sogar Zusagen mit Bezug auf verschiedene Teile des Neuen Testaments: »Aber der Tröster, der Heilige Geist, welchen mein Vater senden wird in meinem Namen, der wird euch alles lehren und euch erinnern alles des, was ich euch gesagt habe« (Johannes 14,26; das sehen wir vor allem in den Evangelien erfüllt). »Wenn aber der Tröster kommen wird, welchen ich euch senden werde vom Vater, der Geist der Wahrheit, der vom Vater ausgeht, der wird zeugen von mir. Und auch ihr werdet meine Zeugen sein, denn ihr seid von Anfang bei mir gewesen« (Johannes 15,26+27; dieses letztere sehen wir vor allem in der Apostelgeschichte erfüllt). »Wenn aber jener, der Geist der Wahrheit, kommen wird, der wird euch in alle Wahrheit leiten. Denn er wird nicht aus sich selber reden; sondern was er hören wird, das wird er reden, und was zukünftig ist, wird er euch verkündigen« (Johannes 16,13; siehe die Offenbarung).
In seinem Gebet zum Vater hat Christus speziell für die Einheit des

Zeugnisses der *Apostel* gebetet: »Heiliger Vater, erhalte sie in deinem Namen, den du mir gegeben hast, daß sie eins seien gleichwie wir« (Johannes 17,11). Und schließlich sandte der Herr Jesus sie als derjenige aus, der alle Macht auf Erden hat, damit sie Menschen zu Jüngern machten und diese alles halten lehrten, was Christus ihnen befohlen hatte (Matthäus 28,18 + 19). Und so zogen sie hin: Das Alte Testament war »Gottes Wort« (siehe oben), die Lehre von Jesus war es auch (Lukas 5,1), und die Predigt der Apostel war es ebenfalls (Apg. 8,14; 11,1; 12,24; 13,7 + 44-49; 15,35 + 36; 17,13; 18,11; 19,20; vgl. 1. Thess. 2,13). Wieviel mehr galt dieses dann für ihr geschriebenes Wort, welches höher gewertet wurde als das mündliche (vgl. Johannes 5,47; Lukas 16,30 + 31).

2. Die Ansprüche der Verfasser. Die apostolischen Verfasser des Neuen Testaments wußten sehr wohl, daß sie »Wort Gottes« niederschrieben und auch, daß sie keine apostolischen Nachfolger haben würden, weil Apostel Augenzeugen Christi sein mußten (Apg. 1,21 + 22; 1. Kor. 9,1; vgl. 2. Kor. 12,12). Das Neue Testament ist also das einzige Werk, das den Anspruch erheben kann (und es auch tut), die Erfüllung der Verheißung Christi und die authentische Wiedergabe der apostolischen Lehre (also der Lehre Christi) zu sein; siehe Galater 1,6-12; Hebräer 2,3 + 4.

Wir sehen somit, daß das Neue Testament sich mit dem Alten auf eine Linie stellt. Das Alte Testament wird »die Schriften« genannt, und Petrus stuft die »Schriften« des Paulus genauso hoch ein wie die »übrigen Schriften« (2. Petrus 3,16). Paulus selber nennt seine Briefe »prophetische Schriften« (Römer 16,26) und gibt ihnen damit ebensoviel Autorität wie dem Alten Testament (vgl. 1. Tim. 4,11 + 13). Auch spricht er in 1. Timotheus 5,18, wo er 5. Mose 25,4 und Lukas 10,7 zitiert, über das Evangelium von Lukas als »die Schrift« und stellt damit beide Abfassungen auf eine Stufe. Johannes nennt das Buch der Offenbarung »Prophetie« (1,3; 22,18 + 19) und zählt sich damit zu den »Propheten«; vergleichen Sie, was wir gerade sahen mit Römer 16,26, und beachten Sie auch Epheser 2,20; 3,3 + 5.

Sowohl das Alte als auch das Neue Testament wurden also von »Propheten«, von »Männern Gottes« geschrieben und stehen damit auf gleicher Ebene. Wir sehen, daß das ganze Neue Testament den Anspruch erhebt, inspiriert und von göttlicher Autorität zu sein. Beachten wir dazu die bemerkenswerten Behauptungen der Evangelisten (u.a. Markus 1,1; Lukas 1,1-4; Johannes 20,31; 21,24) und die des Paulus in verschiedenen Briefen (Röm. 1,1-3; 16,26; 2. Kor. 10-13; Gal. 1 und 2; Kol. 1,23-26; 4,16; 1. Thess. 2,13; 5,27; 2. Thess. 3,14; 2. Tim. 1,13; 4,1 + 2). Ähnliche Kennzeichen weisen die »allgemeinen Briefe« auf (u.a. Jakobus 1,1; 1. Petrus 1,1; 5,1 + 12; 2. Petrus 3,1 + 2; 1. Joh. 1,1-5; 4,1-6; 5,13; Judas 3).

Begründung der Inspiration

Man kann für die Inspiration der Bibel viele »Argumente« ins Feld führen - und das haben wir ja auch versucht -, aber letztlich ist das so, als wollte man das Bestehen der Sonne (mit Wörtern) beweisen; Der beste Beweis für ihr Bestehen ist die unmittelbare Erfahrung ihres Lichts und ihrer Wärme. So ist es auch mit der Inspiration: der beste Beweis dafür ist letztlich die *persönliche Glaubenserfahrung* als Folge und Wirkung dieser Inspiration! In dieser Hinsicht können wir jetzt vier Eigenschaften unterscheiden:

1. Die moralische Kraft und Autorität der Bibel. Wir erkannten in Kapitel 5 unter den Kennzeichen eines »kanonischen« Buches ihre göttliche Autorität und lebenserneuernde Kraft. Nun sehen wir, wie solch ein Buch zu diesen Eigenschaften kommt: Es sind die Folgen der göttlichen Inspiration! So wie Christus »mit Vollmacht lehrte« (Matth. 7,29), so lehrt auch die Bibel mit ihrem immer wieder vorkommenden »so spricht der Herr«. Geben wir der Bibel einmal die Chance, mit Autorität zu reden, so wird sie brüllen wie ein Löwe; aber die »Autorität« eines Löwen kann sich erst dann herausstellen, wenn man ihn losläßt. *Die Lehre der Bibel muß nicht verteidigt, sondern verkündigt werden.* Schließlich muß ja ein Mensch, um von der Bibel »überführt zu werden«, nicht in seinem Verstand, wohl aber in seinem Herzen und Gewissen überzeugt werden, und das ist das Werk des Heiligen Geistes (1. Kor. 2,13 + 14; 2. Petrus 1,19-21). Pascal sagte einmal: »Es gibt genügend Licht für den, der sehen will« (vgl. Joh. 7,17; Offb. 22,17). Das Licht des Wortes Gottes hat angefangen, in Tausenden von Herzen zu leuchten (2. Kor. 4,1-6), und die Menschen haben die lebenserneuernde Kraft dieses Wortes an sich selbst erfahren.

2. Die Einheit der Bibel. Jetzt, wo wir das Geheimnis der Inspiration kennen, können wir auch besser begreifen, warum die Bibel von solcher Einzigartigkeit gekennzeichnet ist, wie wir es in Kapitel 1 beschrieben haben.

Wir meinen jetzt besonders die Einzigartigkeit ihrer Entstehung und ihrer Einheit: Wer oder was hat die Einheit der 66 Bücher geschaffen, die über einen Zeitraum von mindestens 1500 Jahren geschrieben wurden, von ca. 40 Autoren in drei Sprachen, mit Hunderten von Themen, die aber nur ein Hauptthema kennen: *Jesus Christus*? Kein Mensch und auch keine Gruppe von Menschen stellte dieses Buch zusammen: Die Bücher wurden, nachdem sie geschrieben waren, nur deshalb der wachsenden Sammlung hinzugefügt, weil die Empfänger sie als inspiriert erkannten. Die Sammlung weist einen bemerkenswerten »Plan« auf, von dessen Existenz vor oder während ihres Entstehens kein Mensch wissen konnte. Der Ursprung dieses Planes muß also über den Bibelverfassern selber stehen und übernatürlich sein; die Einheit der Schrift muß demnach von dem stammen, von dem sie selbst immer wieder bezeugt, daß er ihr Verfasser ist: von Gott selbst!

3. Die Anerkennung der Bibel. Wir haben in Kapitel 1 schon auf die wunderbare Aktualität, die gigantische Verbreitung, die haargenaue Überlieferung und das hartnäckige Überleben der Bibel hingewiesen. Wir kennen das Geheimnis jetzt: Millionen von Menschen in der Geschichte haben dieses Buch als das *inspirierte Wort Gottes* angenommen. Von Anfang an hat die christliche Kirche viele und kräftige Zeugnisse dieser Inspiration abgelegt. Bereits die ältesten Kirchenväter betrachteten das Neue Testament als »die Schrift« und wiesen auf dieselbe Art und Weise auf sie hin, wie es die Apostel mit dem Alten Testament taten. Die Inspirationslehre ist nicht eine Erfindung blinder Orthodoxie von einigen »Außenseitern« der Christenheit, sondern von den allerersten Anfängen bis heute besteht ein ununterbrochener Strom von Millionen Christen, die die vollkommene, wörtliche Inspiration der Schrift von Herzen akzeptiert haben.

4. Die historische und wissenschaftliche Glaubwürdigkeit der Bibel. Wir haben oben kurz über vermeintliche Fehler und Widersprüche in der Bibel gesprochen und darauf hingewiesen, daß die meisten ganz einfach zu erklären sind. Wenn nun auch einige Probleme übrig bleiben, die nicht (sofort) zu lösen sind, vergegenwärtige man sich doch, wieviel Tausende von Fehlern historischer, kosmologischer und biologischer Art, wieviel Irrtümer, Fehler und Übertreibungen die 31 173 Verse der Bibel hätten enthalten müssen, wenn sie nicht das inspirierte Wort Gottes wäre. Vergleichen wir damit die Irrtümer der Ägypter (die Mose nicht beeinflussen konnten!), der Chaldäer (die Daniel nicht durcheinanderbrachten!) und der Griechen (die Paulus nicht irreführten!); denken wir ferner an die Unwissenschaftlichkeiten, denen wir bei den Hindus, bei Homer, bei Aristoteles und sogar bei Augustinus und Ambrosius begegnen, vor allem, wo sie Aussagen über die stoffliche Welt machen. Die Bibel spricht über die Natur, über Pflanzen, über das Licht und die Atmosphäre, über Meere und Berge - und das alles (obwohl in überwissenschaftlicher Sprache) den Tatsachen entsprechend! Die Bibel redet von Tausenden von Orten und Geschehnissen aus dem Altertum - aber kein Fund der *Archäologie* hat jemals eine biblische Aussage als unrichtig entlarvt. Der Spott der Kritiker erstarb, als die Archäologen entdeckten, daß die Kunst des Schreibens schon zur Zeit Abrahams bestand; als die Geschichte und Chronologie der Könige von Israel bestätigt wurden und als die damalige Existenz des Königs Belsazer von Babel und des antiken Volkes der Hethiter nachgewiesen wurde.

Und die Bibel spricht nicht nur glaubwürdig über die Vergangenheit, sondern auch über die Zukunft. Sie enthält Hunderte von Verheißungen, von denen manche, obwohl Hunderte von Jahren vorher gegeben, sich dennoch buchstäblich erfüllt haben; keine vagen Zukunftsvorhersagen, die man auf subjektive Weise deuten könnte (wie bei einem Horoskop), sondern sehr genaue Vorhersagen, wie die genaue Verheißung der Zeit, des Ortes und der Art der Geburt Jesu Christi. Ferner weitere Prophetien, die sein Leben, Sterben, seine Auferstehung und Himmelfahrt betreffen. Der Koran und die Veda (die ältesten heiligen Texte der Inder) enthalten keine so genauen Prophezeiungen, die darüber hinaus auch noch erfüllt wurden. Die Ursache dafür ist ganz einfach: Die Bibel unterscheidet sich von allen (religiösen) Büchern der Welt dadurch, daß sie das unfehlbare, autoritative und inspirierte Wort Gottes ist!

Die Bibelkritik am Alten Testament

Fragment eines der ältesten Manuskripte des Alten Testaments. Es befindet sich heute in The Israel Museum in Jerusalem.

Wir haben schon gesagt, daß wir in den Kapiteln 2 und 3 unsere eigene Überzeugung von der Entstehungsgeschichte des Alten Testaments wiedergegeben haben. Das war nicht die Sicht vieler moderner Theologen. Die von uns wiedergegebene Auffassung entspricht aber dem Verständnis sehr vieler orthodoxer Theologen. Unsere Auffassung hat ihren Schwerpunkt in dem, was wir aus der Schrift über den kanonischen Charakter (Kapitel 5) und die göttliche Inspiration (Kapitel 6) der verschiedenen Bücher der Bibel gelernt haben. Deshalb sind die vorigen Kapitel auch alle sehr eng miteinander verbunden. Aber es wäre unrichtig, den Eindruck zu erwecken, unsere Auffassung würde von den meisten Theologen unserer Tage geteilt. Das ist leider nicht der Fall, und wir werden nun nachprüfen, warum. Wir werden fragen: Was ist »Bibelkritik«? Wie ist sie entstanden? Was ist ihre Version von der Entwicklung und Überlieferung des Alten Testaments? Was sind ihre Behauptungen, und worauf gründet sie sich? Und schließlich: Warum und auf welche Weise müssen wir ihr begegnen?

Was ist Bibelkritik?

Grob gesagt ist die *»Bibelkritik«* ganz einfach die Wissenschaft, die sich mit dem Ursprung und dem heutigen Zustand des Urtextes der Bibel beschäftigt. Auch hier müssen wir wieder zwei Begriffe auseinanderhalten: (1) Die *»niedere Kritik«* oder kurz gesagt, die *Textkritik,* die sich mit der Festlegung der richtigen Worte des ursprünglichen Bibeltextes beschäftigt - eine Wissenschaft, die wirklich von Nutzen ist (wir wiesen in Kapitel 3 und 4 schon ausführlich darauf hin). (2) Die *»höhere Kritik«* kurz *Bibelkritik* (im engeren Sinn) genannt, die sich mit dem Inhalt des Textes auf Grund des Wesens, der Form und des Themas der verschiedenen Bücher der Bibel befaßt. Dabei berücksichtigt sie Angaben über die Umstände der Autoren und Empfänger der Bücher. Die Themen, mit denen sich diese Bibelkritik beschäftigt, sind Fragen der Glaubwürdigkeit, der Echtheit, der Integrität und der literarischen Form der verschiedenen Schriften, die zusammen die Bibel bilden. An sich könnte ein solches Studium eine gewisse Objektivität wahren, aber das Urteilen über das Wort Gottes und das Anzweifeln der Inspiration kann eigentlich nicht anders als zu einem Trugschluß führen. Die Geschichte hat das dann auch deutlich bewiesen.

Schon solange es Bibelbücher gibt, gibt es auch Kritik am Inhalt und Umfang der Heiligen Schrift; denken wir z.B. an die Einschränkung des Kanons durch die Sadduzäer und Samariter und später bei Marcion (Kapitel 5). Julianus, der Abtrünnige, entwarf im 4. Jhdt. eine Art evolutionistische Entwicklungsgeschichte der Lehre von Christus. Als der Streit um den Kanon schließlich beigelegt und der Kanon für immer festgelegt war, entbrannte ein neuer Streit an der Frage, was nun in diesem Kanon wesentlich und was unglaubwürdig oder unwichtig war. Jetzt ging es nicht mehr um den Umfang, sondern um die (historische und dogmatische) Autorität des Kanons.

In dieser kurzen Abhandlung können wir leider nur oberflächlich auf die *Geschichte der alttestamentlichen Bibelkritik* eingehen. Einen ersten Anfang der modernen literarischen Kritik sehen wir schon bei *Karlstadt* (1520), der u.a. die Verfasserschaft des Mose für den Pentateuch leugnete. *A. Masius* (1574) sagte zum ersten Mal, daß die Bücher der Bibel zusammengestellt und redigiert sein könnten.

Neben diesem und anderen römischen Autoren sehen wir eine humanistische Linie (vertreten durch *Hugo de Groot),* die den historischen Kontext betonte und Parallelen zu heidnischen Kulturen und Religionen suchte (so auch *J. Lightfoot* und J. J. Wettstein). Diese Linie wurde von den englischen Deisten und anderen, die die Inspiration der Bibel als Wort Gottes verwarfen *(Th. Hobbes, I. de la Peyrère, B. de Spinoza, R. Simon;* 2. Hälfte 17. Jhdt.), weiter verfolgt. Und immer war die Kritik am Pentateuch in bezug auf die Verfasserschaft Moses einer der Hauptgründe.
Diese Kritik führt Anfang des 18. Jhdts. vor allem im Blick auf den Pentateuch zu der *»Quellenscheidungstheorie«.* Der erste, der angesichts des Kanons verschiedene Quellen zu unterscheiden versuchte (d.h. verschiedene Schriften, die erst später zu den verschiedenen Büchern der Bibel zusammengestellt wurden), war *H. B. Witter* (1711), der in 1. Mose 1-3 zwei Quellen zu erkennen meinte, die durch einen Unterschied im Namen Gottes gekennzeichnet sein sollten. *J. Astruc* (1753) meinte in 1. Mose sogar drei Quellen unterscheiden zu können, die von Mose zusammengestellt wurden und später ganz verschmolzen sein sollten zu dem heutigen Buch Genesis. Auch Astruc wies genau wie Witter vor allem auf die verschiedenen Gottesnamen in 1. Mose hin als Kennzeichen für die unterschiedlichen Quellen. Diese Erkenntnis wurde die Basis der Quellenscheidungstheorie, deren neue Linie von *J. G. Eichhorn* (1780-83) kräftig durchgezogen wurde. Er gebrauchte nun zum ersten Male den Ausdruck »höhere Kritik« und wird der »Vater der alttestamentlichen Kritik« genannt. Er unterteilt 1. Mose in den »Jahwisten« (J), die Quelle, die den Namen Jahwe gebrauchte, und den »Elohisten« (E), die Quelle, die den Namen Elohim (Götter) benutzte. Er führte auch neue Kriterien ein, wie »Parallelgeschichten« und »Duplikate« (z.B. die »zwei Geschichten« in der Sintflutgeschichte).
Diese subjektiven Kriterien führten neben einer Quellenscheidungstheorie schon bald zu einer *»Fragmententheorie«,* die unzählige Quellen im 1. Buch Mose »entdeckte« *(K. D. Ilgen, A. Geddes, J. Vater;* ca. 1800). Zu dieser Gruppe gehört auch der bekannte Theologe *W.M.L. de Wette,* der außerdem die ganze Religionsgeschichte Israels strikt evolutionistisch auffaßte und eine ganz neue Quelle D (von Deuteronomium) vorstellte (sie würde aus dem späten 7. Jhdt. v. Chr. stammen), um die Entstehung des Buches Deuteronomium (5. Buch Mose) zu erklären.
Die Fragmententheorie wurde von *H. Ewald* (1823) verworfen und durch eine *»Ergänzungstheorie«* ersetzt, wobei er von einer elohistischen »Grundschrift« ausging, die allmählich durch Teile späterer Quellen ergänzt wurde. Im Jahre 1840 arbeitete er dieses dann

zu einer *»Kristallisationstheorie«* aus, bei der er davon ausging, daß alle Verfasser, die hintereinander Beiträge zu den Mosebüchern lieferten, gleichzeitig das ganze zur Verfügung stehende Material überarbeiteten.

Die moderne Quellenscheidungstheorie

Im Jahre 1853 gelang *H. Hupveldt* der große Durchbruch. Er legte den Grund für die moderne Quellenscheidungstheorie, indem er behauptete, daß die *Jahwistenteile (J)* in 1. Mose keine Ergänzung waren, sondern ursprünglich ein eigenes Schriftstück gebildet hatten; weiter meinte er, daß die *elohistische »Grundschrift« (E)* nicht eine, sondern die Zusammensetzung zweier Schriften (E1 und E2) war; ferner, daß diese drei Dokumente von einem Überarbeiter zu den heutigen 5 Büchern Mose zusammengestellt wurden; und schließlich, daß *D (= Deuteronomist)* in der Tat einer ganz anderen Quelle entsprang. Die E1-Quelle wurde später *P (= Priesterkodex)* genannt, und E2 blieb E. Die chronologische Entstehungsordnung der vier Quellen war nach Meinung Hupveldts: P-E-J-D. Dieses wurde von *E. Reuss* und seinem großen Schüler *K. H. Graf* (1866) bezweifelt, sie meinten, daß P das jüngste Dokument sei. In dieser Meinung von dem Holländer *A. Kuenen* (1869) unterstützt, wurde die Reihenfolge der 4 Quellen wie folgt festgelegt: J-E-D-P.

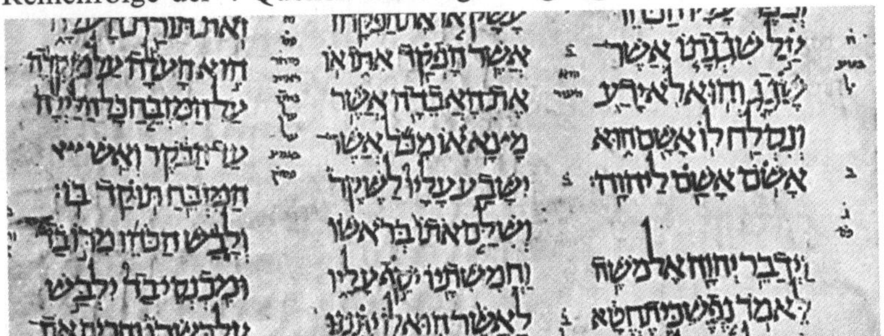

Eine Handschrift mit einem Teil aus dem Pentateuch (3. Mose 5,18-6,5) aus dem Anfang des 10. Jhdts. n. Chr., versehen mit den Randbemerkungen der Masoreten. Nach der »Quellenscheidungstheorie« entstand um 1900 die »Formgeschichte«. Die Befürworter dieser Auffassung analysieren die Bibel vor allem aufgrund literarischer Stilformen.

Kuenen ging es vor allem um die evolutionistische Rekonstruktion der Geschichte Israels. Hierin folgte ihm auch der bedeutendste Vertreter der Quellenscheidungstheorie: *J. Wellhausen* (1876-78). Dieser fügte keine neuen Elemente hinzu, sondern überprüfte und formulierte mit viel Glanz die Theorie von Graf und Kuenen und gab ihr die klassische Form, durch die sie in Windeseile die Alttestament-Studien Europas und später auch Amerikas eroberte. Er »datierte« J auf ca. 850 v. Chr. und E auf ca. 750 v. Chr.; um 650 v. Chr. sollte daraus eine zusammenhängende Geschichte erstellt worden sein: JE. Während der Erweckung unter Josia (621 v. Chr.) sollte D zusammengestellt worden sein (vgl. 2. Chr. 34,14-33) und schließlich sei P in der Zeit zwischen Hesekiel und Esra allmählich herangewachsen.
Bereits in diesem Stadium unserer Forschung entdecken wir einige bemerkenswerte Widersprüche. Ein unterschiedlicher Gottesname sollte auf verschiedene Quellen hinweisen (Astruc, Eichhorn); doch gibt es unterschiedliche Quellen mit demselben Gottesnamen, nämlich P und E (Hupveldt), während E sich in Thematik, Stil und dem Wortschatz oft kaum von J. unterscheidet. Natürlich ist J jünger als E (sagen alle Kritiker außer Graf), denn Jahwe sei ein späterer Name für Gott als Elohim; aber nein, J sei in Wirklichkeit älter als E, sagen Kuenen und Wellhausen. P sei der Elohist, der sich am meisten in Thematik und Stil von J unterscheidet, also müsse P das älteste Dokument sein, sagen die älteren Kritiker; aber nein, P sei der Jüngste von allen, denn das passe besser in die Evolutionslehre über die Entwicklung des jüdischen Gottesdienstes seit dem primitiven Polytheismus (Vielgötterei) bis zu dem von Priestern beherrschten Monotheismus (Eingottlehre). Schon im 19. Jhdt. wurden diese Spekulationen von *W. H. Green* (1895 bis 1896) zurückgewiesen. Er zeigte auf, wie wenig die Quellenscheidungstheorie mit den tatsächlichen Angaben der Bibel übereinstimmt. Die Quellenscheidungstheorie hatte sich aber schon einen sehr festen Stand erobert; in den englischsprachigen Ländern wurde sie von *W.R. Smith, S. R. Driver* und *C. A. Briggs* sehr populär gemacht, obwohl man immer wieder begrenzte Ergänzungen und Änderungen der Theorie vornahm. *K. Budde* und *R. Smend* (1912) teilten J in zwei Quellen: J1 und J2. *W. Eichrodt* (1916) und *G. Eissfeldt* (1922) unterschieden in J eine »Laienquelle« (L), in etwa mit J1 übereinstimmend, die zur Zeit Elias entstanden und auch in Richter und Samuel »hineingekommen« sein soll. Diese L ähnelt in etwa K (einer »kenitischen« Quelle), die von *J. Morgenstern* (1927) herausgestellt wurde, und *R. H. Pfeiffer* (1941) kam mit einem S-Dokument (von »Sëir«), das nach seiner Meinung sowohl im J- als auch in den E-Teilen von 1. Mose vorkam. So wurde das bekannte

JEDP-Schema noch von L, K und S ergänzt, die aber nur wenig Anerkennung fanden.
Die Tendenz der Theologen des 20. Jhdts. ging nun dahin, die Quellenscheidungstheorie ganz oder teilweise durch wesentlich radikalere Theorien zu ersetzen. Ein Teil der Diskussion betraf das D-Dokument. *R. H. Kenneth* (1920) und *G. Hölscher* (1922) betrachteten D als viel jünger als die Zeit Josias und kamen dadurch zu der Auffassung, daß das Gesetzbuch, das in dieser Zeit im Tempel gefunden wurde, nicht Deuteronomium (5. Buch Mose) sein konnte. *M. Kegel* (1919), *A. C. Welch (1924) und E. Robertson* (1936-1944) hielten jedoch an der Auffassung fest, daß D viel älter sei als Josias Zeit. Noch einschneidender war die Kritik von *M. Löhr* (1924), der das Vorhandensein einer P-Quelle bestritt und meinte, daß der Pentateuch von Esra zusammengestellt wurde anhand von allerlei geschriebenem Material, das nicht mit J-und E-Teilen und dergleichen identifiziert werden könne. Ebenso verwarfen *P. Volz* und *W. Rudolph* (1933) eine E-Quelle und kehrten zurück zu einer Art »Ergänzungstheorie«.

Alternative radikale Theorien

Die Theologen, die im Grunde ganz neue Schulen der Pentateuchkritik gründeten, gingen mit ihrer Kritik am weitesten. Neben der Quellenscheidungstheorie entstanden so vor allem die »Formgeschichte« und die »Oraltraditionalisten« (»Uppsala-Schule«). Die Gründer der *Formgeschichte* waren *H. Gunkel* (ca. 1900) und *H. Gressmann* (ca. 1920). Auch ihre Schule lehrte, daß der Pentateuch das Produkt einer Zusammenstellung (Kompilation) war, daß es aber über die ältesten Phasen nichts zu sagen gibt. Sie verwarf die JEDP-Quellen (»festgelegte« schriftliche Dokumente!) und meinte, daß man höchstens versuchen könne, im Pentateuch die mündlichen Überlieferungen zu erkennen, auf die die Schriften zurückzuführen seien. Man müsse daher bestimmte »Gattungen« unterscheiden: *literarische Genres* (Gattungen), die jede für sich einen kennzeichnenden *»Sitz im Leben«* (Lebenssituation) aufwiesen. Eines der wichtigsten Hilfsmittel dabei war die *religionsgeschichtliche Forschung,* die sich auf parallele Religionsformen und Literatur von Israels alten Nachbarvölkern richtete, vor allem auf die Ägypter und auf Mesopotamien, wo »Gattungen« und »der Sitz im Leben« deutlicher zu unterscheiden waren. So sollte nach dieser Ansicht das 1. Buch Mose in Wirklichkeit eine Sammlung von »Legenden« sein, die in einer ziemlich abgeänderten mündlichen Form überliefert und erst kurz vor oder nach der babylonischen Gefangenschaft schriftlich niedergelegt sein sollten. Eigentlich hat Gunkel uns einen großen Dienst erwiesen, weil er die Unfundiertheit und

das Gekünstelte an der Quellentheorie deutlich aufzeigte. Aber leider war seine Theorie noch schlechter; sie war nämlich eine grobe Mißachtung der alten und hohen literarischen Kultur Israels, wie wir noch sehen werden.
Unsere spätere Kenntnis der antiken Schreibkunst und Literatur hat im Grunde gezielt mit der Formgeschichte abgerechnet. Dasselbe gilt für die *Oraltraditionalisten* der Uppsala-Schule, die die Quellenscheidungstheorie ebenfalls radikal verwarfen und die *Bedeutung der mündlichen Überlieferung* noch mehr betonten als Gunkel und die Formkritiker. Manche behaupteten sogar, wenn es um die Überlieferung von historischem Material ginge, sei die mündliche Überlieferung im Orient der Antike wichtiger als das Schreiben. Ihrer Meinung nach müßten wir also nicht nach geschriebenen Quellen suchen, sondern nach Einheiten »oraler Traditionen« (mündlichen Überlieferungen), nach »Traditionskreisen« und verschiedenen »Schulen« innerhalb dieser Kreise. Diese Linie wurde zuerst von *J. Pedersen* (1931) entwickelt und von *L. Engnell* aus Uppsala (1954) ausgearbeitet. Sie versuchten ebenfalls, das Material in literarische »Gattungen« einzuteilen und die Bedeutung des »Sitzes im Leben« zu betonen. Engnell unterschied zwei fundamentale Überlieferungsquellen für den Pentateuch: Die eine erstrecke sich von 1.-4. Mose und weise auf eine »priesterliche« Schule hin (daher »P«); die andere erstrecke sich von 5. Mose bis 2. Könige - die »deuteronomische« Schule (daher »D«). Diese letztere weise einen anderen Stil auf und solle auf einen D-Kreis von »Traditionalisten« hinweisen. P stamme aus Juda, während D mehr in die Richtung des nördlichen Reiches der zehn Stämme weise. Wichtig sei hierbei, daß die verschiedenen Gruppen von Legenden kultischer Art seien, also verbunden mit verschiedenen Heiligtümern. Diese kultische Bedeutung der verschiedenen Überlieferungsschulen wurde schon von *S. Mowinckel* (1930) stark betont.
Kritik an dieser einseitigen Betonung des Kultes (des Gottesdienstes) kommt von der »Schule von Leipzig«, die sich auf das Werk von *A. Alt* (1929) gründet. Sie versuchte noch nuancierter, den »Sitz im Leben« der verschiedenen »Gattungen« ausfindig zu machen. Zu dieser Richtung gehören vor allem *M. Noth* und *G. von Rad,* von denen vor allem der Letztgenannte mehr den theologischen als den historischen Inhalt des Alten Testaments betont. Parallel mit der Entwicklung der neutestamentlichen Kritik (Kapitel 8) wird die historisch-kritische Methode (wie Quellenscheidungstheorie und Formgeschichte) etwas in den Hintergrund gerückt. Dadurch wird mehr Raum frei für eine theologische Exegese, die zum Kern durchzudringen versucht, zum Inhalt, zu der »Sache«, zu dem »Kerygma« (der Botschaft, Verkündigung, Predigt). Es gehe vor allem um

Zeugnisse und Botschaften des alten Israels, um die *»kerygmatischen Ziele«* der Überlieferung. Diese Idee wurde u. a. von *W. Pannenberg* (1961) und seiner Schule ausgearbeitet. In der (vermeintlichen) Formgeschichte eines Buches sucht man jetzt auch den »theologischen Impuls«, der ursprünglich zum Entstehen und Zusammenstellen des Buches führte. Männer wie Noth und von Rad und auch *W. Zimmerli* und *H. W. Wolff* entwarfen eine neue Art alttestamentlicher Hermeneutik (Lehre des Auslegens), mehr eine Art Philosophie und Dogmatik, die sich mit der möglichen Bedeutung des alten Wortes von Israel für unsere heutige Situation beschäftigt.

Wenn wir die heutige Situation betrachten, können wir feststellen, daß man in Deutschland gewöhnlich eine Art Verbindung zwischen der Quellenscheidungstheorie und der Formgeschichte (angefangen mit *O. Eissfeldt,* 1934) anstrebt. In den skandinavischen Ländern sind die »Formgeschichte« und die »Traditionsgeschichte« führend. Und in den angelsächsischen Ländern ist die Quellenscheidungstheorie immer noch die populärste, trotz der Tatsache, daß Generationen von Theologen die Pfeiler dieser Theorie zerstört haben - aber nur, um sich danach noch unwahrscheinlichere Theorien auszudenken, zum Beispiel die, daß die Israeliten ihre Auffassungen und Geschichten erst um 500 v. Chr. schriftlich niederlegten. Man könnte sich kaum eine Behauptung ausdenken, die mehr mit dem überwältigenden Tatsachenmaterial in Widerspruch steht als diese...

Grundlagen der Quellenscheidungstheorie

Nun ist es an der Zeit, daß wir uns näher mit den Argumenten der Bibelkritik und ihrer Widerlegung befassen. Ihre Methoden werden auf das ganze Alte Testament angewandt, vor allem aber auf den Pentateuch, so daß diesem unsere besondere Aufmerksamkeit gilt. Später wollen wir die anderen Bücher noch kurz behandeln. Zuerst wollen wir über das Fundament und die Unvollkommenheit der Quellenscheidungstheorie sprechen; dadurch kommen wir dann automatisch zu unseren Bedenken im Blick auf die »Form- und Traditionsgeschichte«. Übrigens, ehe der Leser fortfährt, raten wir ihm, nochmals Kapitel 2 zu lesen, vor allem, was dort gesagt wird über die unbestreitbare Verfasserschaft des Mose für den Pentateuch und über das hohe Alter der Schreibkunst und Literatur. Lassen Sie uns im folgenden die (nach Meinung Eissfeldts) vier wichtigsten *Fundamente der Quellenscheidungstheorie* unter die Lupe nehmen:

1. Der Wechsel zwischen den Gottesnamen (Elohim und Jahwe). Wie wir schon sahen, war dieses das erste Argument, das für die »Quellenscheidungstheorie« gebraucht wurde; man ging davon aus, daß dem 1. Buch Mose verschiedene Quellen zugrunde lagen, die jede für sich einen der beiden Gottesnamen bevorzugten. Dieses Argument ist aus folgenden Gründen abzulehnen:

a. Genau derselbe Namenswechsel kommt im Koran vor, wo niemand die Einheit der Verfasserschaft anzweifelt. Dieselbe Erscheinung entdecken wir in vielen antiken Werken, und es würde uns sehr befremden, wenn die alten hebräischen Quellen immer nur einen Gottesnamen verwendeten.

b. Die Teilung in verschiedene Quellen auf Grund von Gottesnamen ist so künstlich, daß die Kritiker öfter das Argument nicht konsequent durchführen konnten; so kommt Elohim in folgenden J-Texten vor: 1. Mose 3,1-5; 31,50; 33,5 + 11, und Jahwe in folgenden E-Texten: 1. Mose 21,33; 22,11 + 14; 28,17-22. Solche Probleme schoben die Kritiker gewöhnlich auf den »Redakteur«, der wohl nicht besonders intelligent gewesen sei.

c. Zwischen dem masoretischen Text und der Septuaginta (siehe Kapitel 3) bestehen zahllose Unterschiede im Vorkommen der Gottesnamen. Dennoch gehen die »Quellenscheider« beständig von dem Masoretentext aus, als ob nur deren Text den Namen Gottes unfehlbar überliefert hätte. Das kommt einem etwas merkwürdig vor bei Theologen, die den Text doch sonst in jeder Hinsicht als unvollkommen ansehen...

d. Wie sogar viele Kritiker später erkannt haben, kann der Gebrauch der verschiedenen Gottesnamen im Text treffend durch den Kontext erklärt werden. Elohim verweist auf Gott als den allmächtigen Schöpfer des Weltalls und als Herrn über die Natur und den Menschen im allgemeinen; Jahwe dagegen ist der Bundesname Gottes, der gebraucht wird, wenn es im Text um die vertraulichen Beziehungen zwischen Gott und dem Menschen geht.

2. Vermeintliche Duplikate und Parallelgeschichten. Dies war fast von Anfang an eines der meistgebrauchten Argumente. Man »sah« in 1. Mose 1 und 2 zwei verschiedene Schöpfungsgeschichten und zwei sich kreuzende Geschichten in 1. Mose 6-8 (Sintflutbericht). Diese unterschiedlichen Geschichten würden darum ursprünglich aus verschiedenen Quellen kommen und seien von den Zusammenstellern nebeneinander in die heutigen Bücher der Bibel aufgenommen worden. In Wirklichkeit scheint es entweder (a) um verschiedene Geschichten mit übereinstimmenden Details zu gehen, oder (b) um tatsächliche Wiederholungen, jedoch unter einem völlig neuen Gesichtspunkt, oder aber (c) um eine Wiederholung, die der Eigenart der hebräischen Kultur zuzuschreiben ist. Wir geben zu allen drei Punkten ein Beispiel:

a. Für den ersten Fall kann man die meisten Beispiele geben, wie: die doppelte Flucht Hagars (1. Mose 16 und 21); die dreimalige Begründung für den Namen Isaaks (1. Mose 17,17; 18,12; 21,6); Abrahams doppeltes Verleugnen seiner Frau (1. Mose 12 und 20); der doppelte betrügerische Aufenthalt in Gerar (1. Mose 20 und 26); die doppelte Namensgebung des Brunnens von Beerseba (1. Mose 21,31; 26,33). In allen diesen Fällen gibt es keine echten Beweise, daß es sich in der Tat immer um dieselben Geschichten handelt, die etwa durch verschiedene Quellen überliefert wurden. Im Gegenteil, in allen Fällen haben wir Grund genug, an der Überzeugung festzuhalten, daß es hier sehr wohl um verschiedene Geschehnisse geht, auch wenn sie übereinstimmende Details haben. Wir können jetzt nicht auf Details eingehen, aber in den meisten Fällen kann der nüchterne Leser das ganz einfach selber feststellen.

b. Ein Beispiel für den zweiten Fall ist »die doppelte Schöpfungsgeschichte« in 1. Mose 1 und 2, verstärkt durch den Gebrauch verschiedener Gottesnamen (Elohim, oder Jahwe Elohim). Man kann aber leicht sehen, daß es im Grunde gar keine Parallelgeschichten sind, sondern daß wir in 1. Mose 1, 1-2; 4a eine allgemeine Schilderung der Schöpfungstaten Gottes während der sechs Tage und seiner Ruhe am siebenten Tag finden, während der Verfasser ab Vers 4b näher auf den wichtigsten Teil von Gottes Schöpfung eingeht: der Erschaffung des Menschen. Dort erzählt er dann auch, wo Gott den Menschen wohnen ließ und wie er ihm seine Frau gab, und dazu paßt dann auch verständlicherweise ein anderer Name für Gott (siehe oben). Die sogenannten Widersprüche zwischen den zwei Teilen (siehe vor allem 1. Mose 2,5 und 19) verschwinden sofort, wenn man eine korrekte Übersetzung gebraucht.

c. Der dritte Fall kann am besten mit Beispielen illustriert werden, bei denen sozusagen zwei Geschichten zu einer verwoben wurden, wie z.B. bei der Geschichte der Sintflut (1. Mose 6-8), dem Bericht von Abrahams Reise nach Kanaan (1. Mose 11-13), dem Segen Isaaks (1. Mose 27) und der Gefangennahme Josephs (1. Mose 37). Auch hier erkennt man deutlich das Künstliche an der Quellenscheidungstheorie. Die scheinbaren Widersprüche sind einfach zu erklären, vor allem dann, wenn man die Eigenarten des hebräischen Stils in Betracht zieht, der (1) hauptsächlich einen Nebensatzverband kennt, (2) gern etwas in einer abgeänderten Form wiederholt, um es noch deutlicher herauszustellen, und (3) eine Vorliebe für poetische Wiederholungen (»Parallelismus«) mit Variationen in Wortgebrauch und Inhalt kennt - sogar im Gebrauch der Gottesnamen (vgl. 1. Mose 30,23 + 24!). Diese Stilart kennzeichnet auch andere antike Literatur.

3. Sogenannte Widersprüche, Anachronismen und Ungereimtheiten. Diese Art Vorkommnisse, so meint man, weisen auf verschiedene Quellen hin, die von verschiedenen Verfassern stammen, die unter ganz unterschiedlichen Umständen geschrieben haben.

a. Man meint, einen Widerspruch zu entdecken in der Namensgebung (z.B. Sinai gegenüber Horeb, Jethro gegenüber Reghuel), in der Gesetzgebung (ohne jedoch zeitliche und durch Umstände bedingte Unterschiede zu berücksichtigen), in Gewohnheiten (z.B.: in P gibt der Vater den Kindern Namen, in J und E die Mutter; aber diese Regel kennt zahlreiche Ausnahmen!) und in anderem mehr.
b. Anachronismen (Wörter im Pentateuch, die deutlich aus einer viel späteren Zeit stammen), wie »Philister« in 2. Mose 13,17, »Dan« in 1. Mose 14,14 und 5. Mose 34,1 und »das Land der Hebräer« in 1. Mose 40,15, können in der Tat verblüffen. Sie könnten aber auch die Folge von späteren Revisionen durch Schriftgelehrte sein, ohne daß damit Moses Verfasserschaft wirklich angetastet würde.
c. »Spätere Wörter« (die im Alten Testament selten, aber dafür in der späteren hebräischen Literatur oft vorkommen) sollten darauf hinweisen, daß die Schriftstellen, in denen diese Worte vorkommen, darum auch von späterem Ursprung seien. Man hat dabei gewöhnlich außer acht gelassen, daß es genauso gut möglich ist, daß (1) die »späteren Worte« in Wirklichkeit wohl alt sind, aber wenig in der Bibel vorkommen, oder daß (2) sie wirklich »spät« sind, aber im Nachhinein dem Text zugefügt wurden, um veraltete oder undeutliche Wörter zu ersetzen. Von beiden Möglichkeiten gibt es genügend Beispiele in der Literatur.
d. Aramäismen (aramäische Wörter oder Idiome im hebräischen Bibeltext) sollten ebenfalls darauf hinweisen, daß die betreffenden Stellen jung seien (d.h. aus der Zeit nach der Gefangenschaft stammen). Aber der größte Teil dieser »Aramäismen« stellt sich auf die Dauer als reines Hebräisch heraus oder könnte es wenigstens sein. Das Argument ist damit so gut wie hinfällig.
e. Ungereimtheiten sollten z.B. sein, daß Mose, wenn er der Verfasser des Pentateuchs wäre, dann über sich selber in der dritten Person geschrieben hätte und auch seinen eigenen Tod schilderte (5. Mose 34). Das erste ist aber keineswegs ein Problem, weil das in der antiken Literatur viel öfter vorkommt; eine mögliche Erklärung ist auch, daß Mose seine Schriften diktierte. Der zweite Punkt ist genauso unkompliziert: 5. Mose 34 ist in der Tat einfach ein späterer Abschluß des Buches, ein Anhang, der zudem auch sehr einfach (oberflächlich) gehalten wurde (siehe auch Kapitel 3).
4. Unterschiede in Thema, Stil und Wortwahl. Auch hier meint man, daß solche Unterschiede auf verschiedene Quellen hinweisen, die von verschiedenen Autoren aus verschiedenen Zeiten stammen sollen. Die dafür angeführten Beispiele sind aber ebenfalls weit hergeholt und können auch ganz anders erklärt werden.
a. Es ist unverständlich, weshalb wir annehmen sollten, daß ein hebräischer Verfasser nicht über verschiedenen Themen (Biographien,

sittliche Lektionen, Geschlechtsregister, Zählungen, Zeremonien) schreiben sollte, wie etwa moderne Verfasser und andere aus der übrigen antiken Literatur.
b. Genau dasselbe gilt für Unterschiede im Schreibstil. Es ist überall bekannt, daß ein Autor sehr wohl über mehrere Stile verfügen kann, vor allem wenn er über verschiedene Themen schreibt; auch das ist in der antiken Literatur nicht unbekannt.
c. Auch die Unterschiede im Wortgebrauch - die Theologen haben enorme Listen von Worten erstellt, die für die verschiedenen Quellen kennzeichnend sein sollen! - lassen sich sehr einfach erklären aus (1) den unterschiedlichen Themen (von denen jedes eigene Schlagworte kennt) und (2) der Vorliebe eines Verfassers für verschiedene Ausdrucksweisen, die seinen Stil beleben oder bestimmten Dingen Nachdruck verleihen. Außerdem (3) hat auch hier die antike Literatur genau dieselben Unterschiede bei ein und demselben Verfasser ans Licht gebracht.

Allgemeine Einwände gegen die Kritik am Alten Testament

Nachdem wir die Beweggründe der Quellenscheidungstheorie geprüft haben, wollen wir nun tiefer auf die *Hintergründe* sowohl der Quellenscheidungstheorie als auch der Formgeschichte eingehen. Erst werden wir eine Reihe allgemeiner Einwände gegen die Methoden der Quellenanalyse und der Form- und Traditionsgeschichte zum Ausdruck bringen. Danach wollen wir dann kurz sehen, wie die neueren Entdeckungen der Archäologie die traditionellen Argumente der Bibelkritik entkräftigt haben. Schließlich gehen wir dann noch auf den gefährlichen philosophischen Hintergrund der ganzen Bibelkritik des Alten Testaments ein. Wir haben folgende Einwände:
1. Westliche Interpretation. Es ist eigentlich unbegreiflich, daß moderne westliche Kritiker es wagen, sich ein Urteil über Unterschiede in Stil und Wortgebrauch anzumaßen, ohne daß sie über andere vergleichbare hebräische Literatur (aus der Zeit der Bibel) verfügen. Sie verwerfen Sätze oder formulieren sie einfach anders (überall, wo ihren westlichen Ideen über Zusammenhang oder Stil Gewalt angetan wird). Sie behaupten, den Text verbessern zu können, indem sie die seltsamen oder ungebräuchlichen Wörter des Masoretentextes (die sie nicht begreifen oder nicht im Kontext »erwarten«) durch andere ersetzen.
2. Keine objektiven Beweise. Was dem Naturwissenschaftler in dieser Theologie besonders auffällt, ist das absolute Fehlen einiger objektiver Beweise. Sogar der leidenschaftlichste Verfechter der Quellenscheidungstheorie muß zugeben, daß es nicht den geringsten Beweis dafür gibt, daß die JEDP-Dokumente, die die Kritiker sich ausge-

dacht haben, jemals vorhanden waren. Im Gegenteil, das historische Zeugnis steht ihnen, wie wir später noch sehen werden, entgegen.

3. Desintegriertes Vorgehen. Das gebräuchliche Vorgehen bei der antiken Literatur ist das Beachten der Harmonie. Hierbei werden (um die Einheit des Werkes zu wahren) scheinbare Widersprüche so gut wie möglich aus dem Kontext erklärt, solange sich nicht deutlich das Gegenteil herausstellt. Aber mit der Bibel ging man nicht so vor. Es waren vor allem jüdische Theologen (wie U. Cassuto und M. H. Segal), die sich empört gegen die desintegrierende Behandlung des Alten Testaments durch die Kritiker gewehrt haben. Sie hielten ihnen vor, daß man immer Widersprüche finden würde, wenn man gierig danach suchte. Sie verteidigten die Einheit und Harmonie der Bücher mit aller Macht.

4. Kreisdenken. Weil sie trotz fehlender objektiver Beweise unbedingt an verschiedene Quellen glauben wollen und weil sie sich desintegriert an die Bibel heranmachen, ist es für die Kritiker nicht schwer, sich vier (oder mehr) Quellen auszudenken, von denen jede ihr eigenes Kennzeichen trägt, und danach die Schriftstellen schön über die Quellen zu verteilen, um letztlich zu behaupten, das ordentliche Resultat beweist, daß es 4 (oder x) Quellen sind. Dieses Vorgehen steht wissenschaftlich auf schwachen Füßen, weil diese »Schlußfolgerung« von vornherein in die Ausgangsposition mit eingebaut war! Ohne objektiv festgelegte Ausgangspunkte kann das Resultat niemals mehr sein als Spekulation. Das Resultat könnte vielleicht noch beeindruckend sein, wenn es sich in der Tat herausstellte, daß man alle Sätze in 1. Mose über 4 Quellen (jede mit einer großen Anzahl gut zu unterscheidender Kennzeichen!) verteilen kann. Aber das ist eben nicht möglich, so daß die Kritiker noch zu einem anderen Kennzeichen Zuflucht nehmen müssen. Alle Probleme, die der Text für ihre Theorie aufwirft, werden einfach damit abgetan, daß man den Redaktor und die späteren Schriftgelehrten beschuldigt, am Text herumgepfuscht zu haben! Also dasselbe Textmaterial, auf das man vertraut, um die Quellenscheidungstheorie zu beweisen, wird, sobald es damit in Widerspruch gerät, einfach als falsch verworfen! Auf diese Inkonsequenz wollen wir deutlich hinweisen.

Archäologische Gegenbeweise

Es ist äußerst merkwürdig zu beobachten, wie sehr die Kritiker bei ihrer Quellenscheidungstheorie auf eigene subjektive Vorurteile gebaut haben und so wenig mit der objektiveren und besser kontrollierbaren Information rechneten, die die *Archäologie* lieferte. Waren ihre Theorien einmal festgelegt, kümmerten sie sich nur noch we-

Die Archäologie beschäftigt sich mit der seriösen wissenschaftlichen Erforschung der alten Kulturen und ist schon lange keine Art »Schatzgräberei« mehr. Gerade die Meinung der Archäologen unterscheidet sich darum oft von der Meinung der Bibelkritiker.

nig um neuere Forschungen und Errungenschaften aus dem Bereich dieser Wissenschaft. Es sind denn auch gerade die archäologischen Beweise, die von Mal zu Mal die Behauptungen der Kritiker Lügen straften.
Ferner war sehr merkwürdig, daß die Kritiker den Wert des Alten Testaments als archäologisches Dokument wenig achteten. Überall da, wo die Bibel von einem heidnischen Dokument abwich, wurde dieses letztere, auch wenn es jünger war, anstelle der Bibel automatisch als historisches Dokument bevorzugt! Keiner einzigen biblischen Aussage wurde vertraut, solange diese nicht durch außerbiblische Quellen bestätigt wurde. Gleichgültig, wieviel biblische Angaben, die von Kritikern des 19. Jhdts. verworfen worden waren, durch spätere archäologische Forschungen bestätigt wurden (wie die Geschichte Belsazers, der Hethiter und der Horiter) - man beharrte bezüglich der Bibel weiter in seiner skeptischen Voreingenommenheit. Wir hoffen, in Teil II dieser Reihe näher auf das archäologische Material eingehen zu können, aber in Verbindung mit unserem Thema weisen wir jetzt auf drei Punkte hin:
1. Das Alter der Schreibkunst. Nach Meinung der Kritiker war die Schreibkunst bis zur Zeit Davids in Israel praktisch unbekannt, so daß Mose den Pentateuch nicht geschrieben haben konnte!
Für diese Behauptung hat man wenig andere »Gründe« als das evo-

Ausgrabungen haben gezeigt, daß das Schreiben schon lange vor der Zeit Moses eine große Rolle gespielt hat. Die Kulturen von Ägypten, Sumer, Akkad und Ebla wären nicht denkbar ohne daß da allerlei Sachen ausführlich schriftlich festgelegt wurden, wie es aus den zehntausenden gefundenen Tontafeln ersichtlich ist. Das bedeutet, daß Mose für das 1. Buch Mose (Genesis) ganz gut Gebrauch gemacht haben kann von älteren, schriftlichen Berichten der Erzväter, die mit Ehrfurcht vom Volk erhalten wurden. Die mündliche Überlieferung, die unglaubwürdig sein kann, braucht also lange nicht solch eine gewichtige Rolle gespielt zu haben, wie einige meinen.

lutionistische Vorurteil (siehe unten). Heute wissen wir aber auf Grund neuerer archäologischer Forschungen, daß die Schreibkunst nicht nur bereits (Jahrhunderte) vor der Zeit Davids in Israel verbreitet war (sogar die Straßenjungen konnten schreiben! Richter 8,14), sondern daß sie sogar schon etwa 1500 Jahre vor der Zeit Moses im Orient angetroffen wurde. Die neuesten Funde in Tell Mardich (siehe Kapitel 2) haben dieses wiederum »überraschend« bestätigt.

2. Die Geschichten der Erzväter. Auch diese wurden von den Kritikern als unglaubwürdig und oft unhistorisch abgetan. Manche zweifelten sogar daran, ob jemals ein Mann wie Abraham gelebt habe. Auch hier haben die Forschungsergebnisse des 20. Jahrhunderts die Kritiker ins Unrecht gesetzt. Darauf deuten z.B. die Ausgrabungen von Ur in Chaldäa, die Ausgrabungen bei Sichem und Bethel und vielen anderen Orten Palästinas, die berühmten Tontafeln von Mari, Nuzi und Tell Mardich, die auf allerlei Einzelheiten in der Geschichte der Erzväter hinweisen, und ferner die Entdeckung des hethitischen

Gesetzbuches, das ein Licht auf die Unterhandlungen wirft, die in 1. Mose 23 beschrieben werden.

3. Die mosaische Gesetzgebung. Sie sollte deutliche Kennzeichen aufweisen, die auf eine Entstehung nicht früher als im 5. oder 6. Jhdt. v. Chr. hindeuten (also während oder nach der Gefangenschaft). Auch hier war es wieder das evolutionistische Vorurteil, das es den Kritikern nicht erlaubte, anzunehmen, daß solche verfeinerten, moralisch hochstehenden Gesetze älter sein könnten. Auch hier war es wieder die Archäologie, die bewies, daß auch andere Völker bereits mehr als tausend Jahre vor der Gefangenschaft ähnliche Gesetze besaßen. Wir denken an die treffenden Ähnlichkeiten zwischen dem Gesetzbuch von Hammurabi und den Entdeckungen in Ugarit (Ras Shamra). Dieses Argument läßt sich nicht einfach dadurch entkräften, daß man behauptet, Mose oder spätere Gelehrte hätten ihre Gesetze von Hammurabi oder Ras Shamra entliehen.

Wenn wir das ganze Bild überschauen, entdecken wir, daß die Archäologie nicht nur die selbstsicheren Behauptungen der Kritiker in beeindruckender Weise widerlegt hat, sondern außerdem das hohe Alter des Pentateuch (und damit die Verfasserschaft des Mose) bestätigte. Wir nennen drei Punkte als Beispiel:

(1) Was wir durch die Archäologie über das alte Ägypten wissen, zeigt uns, daß der Schreiber des Pentateuch eine große Kenntnis von Ägypten gehabt haben muß, vor allem im Blick auf geographische Gegebenheiten, Personenbenennungen und spezielle Bräuche in Ägypten. Auch finden wir in 1. und 2. Mose mehr ägyptische Wörter als im Rest des Alten Testaments. Dies alles wird um so verständlicher, wenn wir davon ausgehen, daß diese Bücher von jemand geschrieben wurden, der den Auszug aus Ägypten selber mitgemacht hat; und viel weniger verständlich, wenn wir annehmen müßten, daß diese Bücher erst viele hundert Jahre später niedergeschrieben wären.

(2) Der Blickpunkt des Verfassers von 2. bis 4. Mose ist deutlich der eines Menschen, der sich außerhalb Palästinas befindet (die Umstände, das Wetter, die Flora, die Fauna und die Geographie sind deutlich ägyptisch oder sinaitisch, nicht palästinensisch). Außerdem sind die Bücher deutlich erkennbar geschrieben für ein Volk in der Wüste und nicht für ein Volk von Landwirten in Palästina, das tausend Jahre später lebte. Dies zeigt sich u.a. an der vielfältigen und detaillierten Beschreibung der Stiftshütte sowie dem Aufbau des Lagerplatzes (4. Mose 2), der Marschordnung (4. Mose 10) und der hygienischen Anweisungen für das Wüstenleben (5. Mose 23, 11-14), wie auch am Wegschicken des Sündenbocks in die Wüste (3. Mose 16,10).

(3) Vor allem in 1. Mose kommen zahlreiche archaische Gebräuche

vor, die nach Auffassung der Archäologie wohl ins zweite Millenium v. Chr. hineinpassen, nicht aber später. Auch in der Sprache kommen allerlei Archaismen (veraltete Wörter und Buchstabierungen) vor, die ohne Zweifel auf ein hohes Alter des Pentateuch hinweisen. Alles zusammengenommen, können wir nicht anders als zu dem Schluß kommen, daß der Verfasser des Pentateuch ursprünglich ein Einwohner Ägyptens (und nicht Palästinas) gewesen sein muß, der dadurch ein hohes Maß von Erziehung, Gelehrtheit und literarischer Gewandtheit besaß, und Auszug und Wüstenreise miterlebt hat. Wie kann man da noch behaupten, wir hätten keinen Grund mehr, an der Verfasserschaft des Mose festzuhalten?

Philosophische Thesen

Wenn die Grundhaltung der Bibelkritik nicht in Ordnung ist, wenn wir so viele Einwände gegen die Methoden der Kritiker anführen können, wenn sich ihre eigenen Argumente gegenseitig widerlegen und wenn die Archäologie sie mehr und mehr Lügen straft, warum halten die Kritiker dann noch so beharrlich an ihren Theorien fest? Die Antwort ist die gleiche wie auf die Frage, warum so viele Naturwissenschaftler noch an der Evolutionstheorie festhalten: Beide Gruppen sind *Evolutionisten,* die nicht so sehr aufgrund wissenschaflicher Beweise auf ihren Theorien bestehen, sondern vielmehr aufgrund ihrer evolutionistischen Vorurteile. Hinzu kommt die Furcht vor der einzigen Alternative: den Aussagen des inspirierten, unfehlbaren Wortes Gottes.

Die Bibelkritik kam im 18. Jhdt. vor allem auf dem Hintergrund der *Aufklärung* zur Blüte, die von der Einstellung ausging, daß Gott, wenn er überhaupt existiert, nicht mehr in die natürliche Ordnung des Weltalls eingreift, und daß es darum auch nicht (Hugo de Groot) so etwas wie eine übernatürliche Offenbarung geben kann. Der *Humanismus* hatte durch den Deismus (Hobbes, Simon), vor allem aus England, den Weg geebnet für diese radikale historische Kritik in Deutschland, in der für Gottes Handeln in der Geschichte kein Platz mehr war. Die Geschichte von einem Mann wie Mose, der zweimal vierzig Tage bei Gott auf dem Berge Sinai weilt und dort den Befehl zum Schreiben bekommt (1. Mose 34,27), wird von vornherein als unmöglich abgetan! Die dunkle Brille, die die Kritiker aufsetzen, macht es ihnen unmöglich, ein Auge für die bunten Farben zu haben, mit denen die Bibel ihre göttliche Offenbarung zum Ausdruck bringt.

Als Alternative äußert man den Gedanken, Geschichte und Religion hätten sich langsam und auf natürlichem Wege entwickelt. Diesen Weg der *Entwicklung* betrachtete man zuerst nach der Denkweise der *Romantik* (J. G. Herder, J. G. Eichhorn, W. M.

L. de Wette) und später vor allem nach der Denkweise des deutschen *Idealismus* von Hegel, der das Bild der Geschichte »dialektisch« interpretierte (W. Vatke, H. Ewald). Als Darwin diesen Begriff »Dialektik« in der Naturwissenschaft als »natürliche Selektion« wiedergab und so zu einer modernen Evolutionstheorie kam, die sowohl die Entwicklung des Lebens als auch die der Kultur betraf, eroberte diese Theorie die ganze wissenschaftliche Welt und damit auch die Theologie. Die Theorie einer Entwicklung vom primitivsten Animismus bis hin zum hochentwickelten Monotheismus paßte ausgezeichnet in Hegels Dialektik und Darwins Evolutionstheorie. Hauptsächlich war es Wellhausen, der sich dessen bewußt wurde und dem es gerade auf diesem Hintergrund gelang, der Quellenscheidungstheorie zu ihrer enormen Popularität zu verhelfen. Die Schule Wellhausens ging also von der total unbegründeten Annahme aus, Israels Religionsgeschichte wäre genau wie alle anderen rein menschlichen Ursprungs und könne darum nur ausschließlich evolutionistisch erklärt werden. Daß keine einzige andere religiöse Glaubensrichtung sich jemals zu einem echten Monotheismus entwickelt hat, machte ihm dabei nichts aus: Auch Israel könne nicht anders als mit Animismus und grobem Polytheismus angefangen haben. Die überwältigenden Beweise dafür, daß seit 1. Mose Israels Religion hochstehend und von Anfang an rein monotheistischer Art war, wurden einfach weginterpretiert, indem man sie als spätere Hinzufügungen und Verdrehungen deutete. Unsere Antwort hierauf ist folgende:

(1) Die *Naturwissenschaft* hat uns nach Meinung Tausender heutiger Naturwissenschaftler gelehrt, daß es genug wissenschaftliche Gründe dafür gibt, das Evolutionsmodell zu verwerfen und ein Schöpfungsmodell zu bevorzugen (siehe Teil II dieser Buch-Serie). Damit ist die Basis für den theologischen Evolutionismus verschwunden.

(2) Die *Archäologie* hat überzeugend gezeigt, daß nicht nur im Land Israel, sondern auch in dessen Nachbarländern die Religion bereits in den Jahrhunderten vor David, obwohl vermischt mit allerlei Vielgötterei, überwiegend monotheistisch war (siehe Albright). Dem steht das Volk Israel von Anfang an mit einem reinen Monotheismus gegenüber, was auch die Vorstellung unsinnig macht, nach der Israels Monotheismus sich durch eine dialektische Wechselbeziehung zu den Nachbarländern entwickelt haben soll: Von Anfang an gibt es enorme Unterschiede zwischen Israels Religion und der seiner Nachbarn. So rechnete das Volk Israel seinem Gott kein Geschlecht zu, kennt keine Mythen der Gottheit und auch keine weibliche Gottheit. Daß Israel trotzdem oft viele Götzen verehrte und den Bilderkult einführte, ist leider nur allzu wahr - aber es waren dies nur

Götzen (und Bilder) ihrer Nachbarn; niemals bauten sie Bildnisse von Jahwe!
(3) Die *Wissenschaftsphilosophie* sollte die Kritiker gelehrt haben, daß ihre Abneigung gegen das Übernatürliche nur ein philosophisches Vorurteil ist, und daß ihr System demnach nicht von vornherein besser ist als die Auffassung, daß die Wirklichkeit nicht nur aus dem (naturwissenschaftlich) Wahrnehmbaren besteht, sondern in einer engen Wechselbeziehung mit dem Nichtwahrnehmbaren erkannt wird. Der Unterschied zwischen diesen beiden Auffassungen ist, daß die letztere das Zeugnis der ganzen Bibel hinter sich weiß, die erste aber nicht.

Rekonstruktion der Religionsgeschichte Israels in bibelkritischer Sicht

Schließlich wollen wir noch in einem kurzen Überblick aufzeigen, auf welche phantasievolle und berechnende Art und Weise die Kritiker die Religionsgeschichte Israels »revidierten«. Im Lichte der obengenannten allgemeinen Punkte wollen wir hier nur kleine Anmerkungen zu diesem oder jenem machen:
1. Die vorprophetische Periode (Abraham bis 760 v. Chr.):
a. *Animismus:* Steinanbetung (1. Mose 28,18; 31,17); Baumanbetung (1. Mose 12,6; 14,13); Aberglaube (2. Mose 20,25; 3. Mose 19,19); und so weiter. Reine Interpretationskunst!
b. *Tieranbetung:* Kälberkult in 2. Mose 32 (Die Kritiker behaupten seelenruhig, daß dieser nicht von Mose mißbilligt wurde!) und in 1. Könige 12 ff. (»nicht von Elia verworfen!« siehe aber Amos 3,14) und die Kupferschlange (4. Mose 21,8+9; 2. Könige 18,14).
c. *Kinderopfer* (sieht man an 2. Mose 22,29!).
d. Die ältesten *rituellen Gesetze* sollen in 2. Mose 34,11-26 zu finden sein: Alle Israeliten konnten zu dieser Zeit noch Priester sein.
e. *Vielgötterei;* würde sich an der Mehrzahlform des Elohim zeigen (Gott, eigentlich: Götter), aus der Anerkennung anderer Götter (Richter 11,24; 1. Sam. 26,19; falsche Exegese!) und aus der Anerkennung geweihter Pfähle und Teraphim (= Hausgötzen): Hosea 3,4 sagt dieses aber nicht!
2. Die prophetische Periode (760-587 v. Chr.):
a. Die Idee des Monotheismus sei durch Amos eingeführt worden. Amos, der erste schreibende Prophet; seine begeisterten Anhänger seien: Hosea, Jesaja und Micha.
b. Ihr Monotheismus wäre dann zur Zeit Jeremias im 5. Buch Mose festgelegt worden, das aber ehrfurchtsvoll Mose zugeschrieben worden sei. (In Wirklichkeit aber weist schon allein die literarische Struktur des Buches darauf hin, daß es aus dem zweiten Jahrtausend v. Chr. stammt.)

c. In dieser Zeit habe die Priesterschaft sich schon auf den Stamm Levi beschränkt, aber noch nicht auf die Sippschaft Aarons (siehe aber 5. Mose 27,9+12; 1. Kön. 8,4).
d. Betonung eines sozialen Evangeliums (soziale Gerechtigkeit; Heil durch gute Werke).
e. Das Gottesbild wandle sich von einem hartherzigen, eifersüchtigen Geist, der aus einem Vulkan brüllte (Sinai) in eine erhabene Person voller Liebe und Barmherzigkeit (in Wirklichkeit rufen die Propheten auf zu einer Umkehr zu dem Gott, der Israel aus Ägypten führte - vgl. Hosea 11,1; 12,10+14; Amos 2,10; 9,7; Micha 6,4; 7,15 - und kannten ihn immer noch als einen vergeltenden und richtenden Gott: vgl. Jesaja Kap. 24, Kap. 34 und Kap. 63!).
f. Abkehr von blutigen Opfern (Amos 5,21-26; Micha 6,6-8; Jesaja 1,11-17; Jeremia 7,22+23; in Wirklichkeit nur Abkehr von scheinheiligen Opfern); das »Mosaische« Gesetz noch immer gänzlich unbekannt (die Stiftshütte habe man später erdichtet).
3. Die priesterliche Periode (seit der babylonischen Gefangenschaft):
a. Nach dem Fall des Königtums und der Aufgabe politischer Bestrebungen zunehmende Wichtigkeit des Priesterstammes Levi.
b. Die Priesterschaft wird ab Hesekiel (vgl. 44,7-16) auf die Sippe Aarons beschränkt (Aaron selber soll eine erfundene Person sein!).
c. Opfer- und Gottesdienste werden nun erst allmählich in Regeln und schließlich im P-Dokument festgelegt (für diese Behauptung mußten alle Gesetzregeln früherer Bücher wegargumentiert werden!). In Wirklichkeit gibt es Beweise im Überfluß dafür, daß gerade die P-Teile sehr alt sind! Die Archäologie hat aufgezeigt, daß die spezifische Terminologie des Opferdienstes auch bei anderen Völkern schon sehr früh bekannt war, und außerdem gehören die P-Teile durch ihre Merkmale in eine viel frühere Zeit als die nach der Gefangenschaft. So finden wir in P viele Elemente, die nach der Gefangenschaft fehlen oder nicht mehr genannt werden, wie die Stiftshütte, die Bundeslade, die 10 Gebote, Urim und Thummim, den großen Versöhnungstag, die Freistädte, die Hebopfer, die Beschneidung, die Bedeutung des Blutes, den Nasiräer (Gottgeweihten), während wichtige Elemente aus der Zeit nach der Gefangenschaft in P gänzlich fehlen, wie der Name »Jahwe der Heerscharen«, Gesang und Musik bei den Gottesdiensten, Schriftgelehrte und der Name »Tempel«.

Die alttestamentliche Kritik ist von einer verwerflichen Annahme ausgegangen, wurde auf untaugliche Fundamente aufgebaut, mit manchmal unwissenschaftlichen Methoden betrieben und hat zudem ein Durcheinander widersprüchlicher Resultate und Auffassungen hervorgebracht, die die Unsinnigkeit dieser Forschungsart aufgezeigt haben. Noch immer haben wir Grund genug, an der göttlichen Offenbarung und der historischen und geistlichen Glaubwürdigkeit der Schrift festzuhalten.

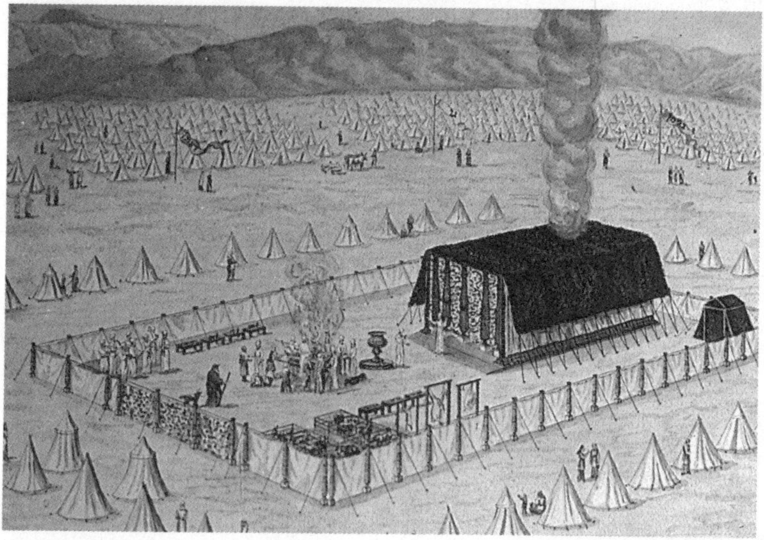

Die Stiftshütte Gottes in der Wüste. Solange sein Volk keinen festen Wohnort hatte, wollte Er ihn auch nicht haben (2. Samuel 7,1-7). In der Stiftshütte, die in ihrer Bauart, den Geräten und dem Opferdienst usw. prophetisch auf das Opfer Jesus Christus (er gab sich als vollkommenes Opfer) hinweist, stand auch die Bundeslade. Der Hohepriester sprenkelte auf ihren Deckel das Blut zur Sühnung. Es war der Ort wo Gott wohnte, der Thron Gottes im Allerheiligsten. In dieser Lade wurden u.a. die 10 Gebote aufbewahrt (2. Mose 25,16), die Worte, die Gott Mose gegeben hatte.

Bibelkritik am Neuen Testament

Dieses Kapitel hängt selbstverständlich mit dem vorhergehenden zusammen und schließt daran an. Viele Probleme, die historische Entwicklung, der philosophische Hintergrund und die Diskussion über Standpunkte der Kritiker sind sowohl in der alt- als auch in der neutestamentlichen Kritik die gleichen geblieben. Es gibt aber dennoch einige wesentliche Unterschiede. Das Neue Testament ist viel jünger als das Alte, es ist in einer ganz anderen Zeit und Umgebung entstanden und hatte zudem einen viel größeren Empfängerkreis. Wenn man beim Pentateuch noch behaupten wollte, daß dieser erst etwa achthundert Jahre nach den darin beschriebenen Geschehnissen schriftlich niedergelegt wurde (wenn das stimmt...), kann es bei den neutestamentlichen Evangelien keinen Zweifel darüber geben, daß diese innerhalb von sechs Jahrzehnten nach den darin geschilderten Ereignissen entstanden - und nach Meinung mancher Leute (auch Kritikern) sogar innerhalb von vier Jahrzehnten (vgl. Kapitel 5). Man sollte meinen, daß es für die *Formgeschichte* (»Formkritik«, siehe Kapitel 7) in solch einer kurzen Zeitspanne nur wenig zu erleben gäbe - aber wir werden sehen, daß diese theologische Richtung sowohl in der neu- wie auch in der alttestamentlichen Kritik mindestens gleich stark aufblühte.

Frühe Geschichte der Kritik am Neuen Testament

Wir können hier im großen und ganzen dieselbe Linie verfolgen wie bei der alttestamentlichen Kritik. Wir sehen neben der Reformation den *Humanismus* aufkommen, der die Autonomie des Menschen betont (der Mensch und nicht Gott im Mittelpunkt allen Geschehens). Diese Richtung verkehrt die göttliche Offenbarung und will die Bücher der Bibel als menschliche Literatur erklären, und das am liebsten im Zusammenhang mit heidnischen Kulturen und religiösen Riten. So sucht man für das Neue Testament Parallelen in der jüdischen *(J. Lightfoot,* um 1670) oder klassischen Literatur *(H. de Groot,* um 1645) oder in beidem *(J. J. Wettstein,* 1652). Dieses Vorgehen kann zu nichts anderem als zur Kritik am biblischen Kanon führen: So hatte beispielsweise Hugo de Groot Einwände gegen 2. Petrus und 2. Johannes. Dieselbe Tendenz erkennen wir anschließend vor allem beim (englischen) *Deismus.* So unterscheidet zum Beispiel *J. Locke* (1695) zwischen der wesentlichen Lehre Jesu und der nichtwesentlichen Lehre (Formgebung) der Briefe der Apostel. Andere lehrten, daß Jesus nur ein einfacher Moralprediger war, dem es nur um seine Lehre ging; während die späteren Evangelien eine Theologie aufgebaut hätten, die mehr seine Person als seine Lehre betone.

Im 18. Jahrhundert erreichte diese Theorie (Periode der *Aufklärung* oder Erleuchtung), bei der der menschliche Verstand (Vernunft) über das Wort Gottes gestellt wurde, von England ausgehend Deutschland. Von großem Einfluß waren die Ansichten *H. S. Reimarus'* (1778), der die Möglichkeit biblischer Wunder leugnete, Jesus einen idealistischen Juden ohne Zukunftschancen nannte und die Jünger als unmoralisch einstufte, weil sie Jesu Leichnam gestohlen hätten, um für ihre Sache die Auferstehung predigen zu können! Genauso radikal und einflußreich war *J. S. Semler* (1775), der wohl die essentiellen Teile der christlichen Religion gelten lassen wollte, aber zudem einen Unterschied zwischen dem göttlichen Inhalt (»Wort von Gott«) und der menschlichen Form (die Schrift) machte; so konnte auch er ganze Teile des Kanons für »unecht« erklären. Der dritte tonangebende Theologe jener Tage war *J. Ph. Gabler* (1787), der in die historische Kritik den Begriff »Mythos« einführte, eine Geschichte also, worin der Mensch mit Hilfe von Elementen und Symbolen aus der sichtbaren Wirklichkeit seinen Glauben an eine höhere Wirklichkeit wiedergibt (so sei es auch mit der »Urgeschichte«, vgl. 1. Mose 1-3, gewesen). *G. L. Bauer* (1800) erarbeitete diese Theorie für das Neue Testament. So sehen wir auch hier nicht in erster Linie die Frucht objektiv-wissenschaftlicher Arbeit, sondern eine bestimmte Art philosophischen Denkens, bei der man von vornherein davon ausgeht, daß es keine göttliche Offenbarung gibt oder geben kann.

Auch im 19. Jahrhundert sehen wir den engen Zusammenhang mit der Philosophie. So wurde beispielsweise *J. G. Eichhorn* (1812) außer von Semler und Gabler vor allem von Herders *Romantik* beeinflußt. Er erklärte die Pastoralbriefe für »unecht« (d.h. nicht von Paulus, sondern erst später geschrieben) und meinte auch in den Büchern zwischen ursprünglichen Teilen und späteren Hinzufügungen unterscheiden zu können. *W. M. L. de Wette* arbeitete unter demselben Einfluß; er bezweifelte die Echtheit von 2. Thessalonicher und Epheser. Daneben sehen wir den Einfluß von Hegels *Idealismus* und *Dialektik,* vor allem in der »Neuen Tübinger Schule« von F. C. Baur (1873). Dieser ging von Semlers Meinung über eine Antihaltung zwischen Juden- und Heidenchristen in der ersten Gemeinde aus und wandte darauf Hegels dialektische Idee der »Evolution der Geschichte« an: Durch Gegenüberstellung von These (jüdisches Christentum, z.B. das Buch der Offenbarung) und Antithese (das Heidenchristentum) sei es zur Synthese (das katholische Christentum, vgl. Apostelgeschichte) gekommen. Von dieser Skizze ausgehend meinte er dann, bestimmen zu können, welche Teile der Paulusbriefe »echt« waren und welche nicht. Diese Arbeit in der ersten Hälfte des 19. Jahrhunderts, begonnen mit den Briefen, wurde in der zweiten Hälfte mit den Evangelien fortgesetzt, denen nun die Aufmerksamkeit der Kritiker galt.

Das »synoptische Problem«

Wenn die Kritik am Alten Testament sich in erster Linie auf den Pentateuch richtete, so widmete sich die neutestamentliche Kritik vor allem den *Evangelien.* Das ist auch verständlich, denn die Briefe des Neuen Testaments lassen sich, im Gegensatz zu den historischen Büchern, sehr viel schwieriger in »Quellen« und »Überlieferungen« unterscheiden. Nun war es schon früh aufgefallen, daß die ersten der vier Evangelien, Matthäus, Markus und Lukas (die, weil sie ein übereinstimmendes Bild des Lebens Jesu abgeben, »synoptisch« genannt werden) einander so stark glichen (manchmal sogar fast wörtlich übereinstimmten; siehe z.B. Matthäus 8,1-4 im Vergleich zu Markus 1,40-45 und Lukas 5,12-16), daß sie, obwohl jedes seinen eigenen Charakter trägt, hinsichtlich ihres Ursprungs und Aufbaus schwerlich ganz voneinander unabhängig gewesen sein können. Das *»synoptische Problem«* heißt: Wie groß und von welcher Art ist die gegenseitige Abhängigkeit? In den letzten drei Jahrzehnten wurden schon viele Lösungen für dieses Problem angeboten; wir werden die wichtigsten hier flüchtig behandeln:
1. Die Urevangeliums-Theorie. *G. E. Lessing* (1778) und *J. G. Eichhorn* (1812) meinten, die vier Evangelien seien Bearbeitungen oder Zusammenfassungen eines alten aramäischen Evangeliums der *Nazoräer,* während *F. Schleiermacher* (1825) mehr an ursprüngliche Materialsammlungen von verschiedenen Arten dachte (Kollektion von Wundergeschichten oder von Aussagen Jesu oder Leidensgeschichten usw.), die die Basis für die drei ersten Evangelien bilden würden.
2. Die Oraltraditionstheorie, die vor allem von *J. K. L. Gieseler* (1818) und später von *B. F. Westcott* (1851) aufgebaut wurde, aber im Grunde auf Theorien von Kirchenvätern wie Papias und Irenäus (2. Jhdt.) zurückgriff. Der Grundgedanke ist, daß aus der Predigt der Apostel eine Art mündliches Urevangelium entstand, das durch fortwährende Wiederholung immer festere Formen annahm, bis die drei Evangelisten es, jeder auf seine Weise, schriftlich niederlegten, möglichst unter Zuhilfenahme schon bestehender Notizen. Das Markusevangelium (das kürzeste und einfachste) sollte dabei diesem Ur-

evangelium am meisten entsprechen. Doch dann kam der Einwand: Warum läßt Markus so viel von den Lehren Jesu Christi aus, die bei den zwei anderen wohl zu finden sind? Auch aus anderen Gründen meinten die Kritiker, es sei wahrscheinlich, daß die »Synoptiker« (die drei ersten Evangelisten) von geschriebenen Quellen Gebrauch machten.

3. Die Benutzungstheorie. Verschiedene Kritiker versuchten, die Lösung darin zu finden, daß sie davon ausgingen, die Evangelien seien voneinander abhängig (d.h., daß ein oder zwei der Evangelisten von den anderen Evangelien Gebrauch gemacht hätten). *J. J. Griesbach* (1789) meinte (Augustinus folgend), daß Markus von Matthäus und Lukas Gebrauch gemacht hätte (Reihenfolge: Matthäus, Lukas, Markus), aber Baur und später auch *H. G. Jameson* (1922) meinten, die Reihenfolge sei: Matthäus, Markus, Lukas. *K. Lachmann* (1835) hielt es hingegen mit Markus, Matthäus, Lukas, wogegen *W. Lockton* (1922) meinte, es sollte Lukas, Markus, Matthäus sein. Also alles andere als eine Übereinstimmung. Diese Theorie ist heute längst überholt, aber der Gedanke, daß Markus die Basis für die beiden anderen bilde, blieb hängen, und so bereitete diese Theorie den Weg zur Quellenscheidungstheorie, die wir nun betrachten.

4. Die Quellenscheidungstheorie. In der Mitte des 19. Jahrhunderts gewann die Auffassung über die »Priorität des Markus« immer mehr Einfluß und wurde beinahe zum Dogma. Nun entstand die Theorie, daß die Übereinstimmungen und Unterschiede zwischen den drei Evangelien am besten erklärt werden könnten, indem man von zwei verschiedenen Quellen ausging: (a) Markus oder eine früher geschriebene Form davon (Ur-Markus) und (b) ein Q-Dokument (Q von Quelle, auch Logoi »Wörter« genannt, weil das Dokument hauptsächlich Worte von Christus enthalten habe), aus dem Matthäus und Lukas auf verschiedene Weise zitiert haben sollten. Diese *»Zweiquellentheorie«* wurde vor allem von *H. J. Holtzmann* (1863) ausgearbeitet, nachdem *C. H. Weisse* 1838 die Logoi-Quelle angeführt hatte und so im Grunde auch die Urevangeliumstheorie in einer neuen Form wieder aufleben ließ.

Später wurde die Quellenscheidungstheorie von *B. H. Streeter* (1924) zu der *»Vierquellen-Theorie«* ausgebaut, wobei er von folgenden Quellen ausging: (a) Markus, das dem Charakter nach römische Evangelium, (b) Q (begrenzt auf das Material, das wir sowohl bei Matthäus als auch bei Lukas, nicht aber bei Markus finden), vermutlich in oder um Antiochien entstanden, (c) M, ein Wörter-Dokument aus Jerusalem, dem Matthäus das Material entnommen haben soll, das nur er nennt, (d) L, die cäsareanische Tradition (wahrscheinlich mündlich überliefert und darum von vielen auch nicht als Quelle anerkannt), aus der Lukas geschöpft haben soll.

Trotz des stark spekulativen Charakters dieser Theorie (eine Priorität von Markus kann nicht bewiesen werden, und Q, M und L sind im Grunde nur Luftblasen), ist sie in der angelsächsischen Welt sehr populär geworden, obwohl sie in späterer Zeit teilweise von der Schule der Formkritiker überholt wurde.

5. Die Formkritik (Formgeschichte). Wie wir bereits in Kapitel 7 sahen, wollte die formkritische oder formhistorische Schule vor allem herausfinden, wie die geschriebenen Quellen - von den mündlichen Überlieferungen ausgehend - schriftlich niedergelegt wurden. Dabei suchte sie nach den ursprünglichen *literarischen Formen,* in denen die Überlieferung über Jesus festgelegt war, und zwar indem sie die Evangelien in solche »Formen« klassifizierte. Die Formkritik sieht das Evangelium also als künstliche Sammlung einzelner Überlieferungs-Einheiten (»Perikopen«) an und geht außerdem davon aus, daß die literarischen »Formen« dieser Einheiten jede für sich in einer ganz bestimmten sozialen Situation entstanden seien. Sie hätten einen eigenen »Sitz im Leben« und mehr den Glauben und die Bedürfnisse der ersten Christen (der »formgebenden« Gemeinschaft) wiedergegeben als den historischen Jesus. Bei dem Ausdruck »historischer Jesus« stoßen wir auf ein weiteres zentrales Problem, das wir nun auch erst wieder einigermaßen in der Geschichte nachprüfen wollen, bevor wir näher auf diese Theorie eingehen können.

Das Problem des »historischen Jesus«

Neben dem Problem der Entstehungsgeschichte der Bücher des Neuen Testaments unterscheiden wir in der neutestamentlichen Kritik das Problem der Rekonstruktion der ältesten christlichen Geschichte, nämlich der von Christus und der ersten Christengemeinde. Schon bald kamen die Kritiker zu der Auffassung, daß die Evangelien uns ein verdrehtes Bild des *historischen Jesus* vermitteln. Unter dem starken Einfluß von Reimarus' Rationalismus und Gablers Mythos-Begriff war es hauptsächlich *D. F. Strauß* (1836), der in seinem aufsehenerregenden Buch »Das Leben Jesu« behauptete, daß man das Neue Testament auf *mythische* Weise lesen müsse. Die Evangelien (die erst nach Christi Tod entstanden) seien nur eine Wiedergabe des mythischen Glaubens, mit dem die Jünger Jesus »umwoben« hätten, vor allem, als sie anfingen, ihn als die »Erfüllung der Prophetien des Alten Testaments« zu betrachten. Strauß erklärte, daß die »Idee«, die in diesem Mythos verborgen sei, ihren Wert nur darin finde, daß die Menschheit sich bewußt werden dürfe, ein »fleischgewordener Gott« zu sein.

Strauß gab damit den Anstoß zu einer ganz neuen Gedankenentwicklung, wogegen Baur verkündete, daß das Johannesevangelium

völlig unhistorisch sei und nur die »Idee« des Christus beschreibe. Die Kritiker konnten also nur *hoffen,* in den Evangelien etwas von dem historischen Jesus wiederzufinden. Die aufkommende (oben beschriebene) literarische Kritik erbrachte einen weiteren Anstoß für die historische Kritik, und nun konnte *W. Wrede* (1901), anders als Strauß, sogar mit der Auffassung aufwarten, Jesus habe sich selbst gar nicht als Messias angesehen. Die Messias-Idee sei eine Erfindung der frühen christlichen Gemeinde gewesen, und darum hätte Markus ein Evangelium schreiben müssen, in welchem »erklärt« wurde, wie Jesus im Nachhinein Messias sein konnte, ohne daß er selbst das jemals gepredigt hatte. Dies sollte dann »erklärt« werden, indem man sagte, Jesus habe sich selber wohl als Messias gesehen, aber anderen verboten, das weiterzusagen (vgl. Markus 1,34 + 44; 3,12; 5,43; 7,36; 8,26 + 30; 9,9). Ebenso behauptete auch Wellhausen (1905), daß Jesus einfach ein jüdischer Lehrer war, der sich wohl selbst mit »Menschensohn« bezeichnete, aber in der einfachen Bedeutung: »Ich, der Mensch.«
In der Zeit um die Jahrhundertwende kam, wie wir schon sahen, auch das religiös-historische Studium in Gang, das Parallelen in der Kultur und der Religion der Griechen und Römer *(P. Wendland,* 1907), der Perser und Ägypter *(R. Reitzenstein,* 1921) suchte. *W. Bousset* (1906) fing an, das Buch der Offenbarung religiös-historisch zu erklären, und andere versuchten, Taufe und Abendmahl und die Struktur der frühchristlichen Gemeinde im Lichte heidnischer Riten auszulegen (siehe *C. Clemen,* 1924). Aufgrund solcher Studien versuchte man nun, das Leben Jesu und der ersten Gemeinde zu rekonstruieren. So wollte die »konsequent-eschatologische Schule« *(J. Weiss,* 1892; *A. Schweizer,* 1906) die »Figur des Jesus« ganz aus der jüdischen Apokalypse (visionäre Zukunftserwartung) »erklären«. Die Vorhersagen Jesu sollten sich nicht erfüllt haben, und das hätte für ihn das Kreuz und für die junge Gemeinde die Frustration des Nichtwiederkommens Jesu zur Folge gehabt. Auf ähnliche Art und Weise »rekonstruiert« Bousset (1913) das allmähliche Wachstum der Lehre um Jesus in den ersten Christengemeinden. Demnach soll die palästinensische Urgemeinde damit angefangen haben, Jesus als »Sohn des Menschen« zu bezeugen, ein Begriff aus der jüdischen Apokalypse. Anschließend sollte dann die griechisch-heidnische Gemeinde damit angefangen haben, Jesus zum ersten Mal als Herrn (Kyrios), der ihr vorangegangen war, zu verehren, so wie man es vormals bei den heidnischen Kultgötzen gewöhnt war. Paulus sollte beides zu einer übernatürlichen Erlösungslehre verarbeitet haben, deren Mittelpunkt Jesus ist, während Johannes unter griechischem Einfluß das Christentum zu einer intensiv-mystischen Lehre erhoben hätte. In dieser jüdisch-heidnischen Vermischung

sollte der Urkern nichts anderes gewesen sein als eine einfache Predigt Jesu über den gnädigen Gott, der Sünden vergibt.
So ist von dem eigentlichen Leben und Wort Christi fast nichts mehr übriggeblieben. Der »historische Jesus« ist nicht oder kaum mehr zu rekonstruieren, so daß Kritiker sich im Prinzip eigentlich nur noch mit der Frage zu beschäftigen hatten, wie die Urgemeinde Christus verkündigte (diese Verkündigung sei das Kerygma). Im 20. Jahrhundert versuchte man dabei vor allem, auch eine Verbindung zu Qumran und den Essenern (nannten wir in Kapitel 3) herzustellen (unter anderem *A. Dupont-Sommer,* 1961) und noch mehr mit einem angenommenen frühen jüdischen Gnostizismus (einer mystischen Religionsphilosophie), u.a. von *E. Käsemann* und *R. Bultmann.* Ihre Aufmerksamkeit richtete sich vor allem auf Johannes, der ihrer Meinung nach von dem Mythos des niedersteigenden »Offenbarers« Gebrauch machte, der durch sein Herniederkommen und Aufsteigen die erlösende Kenntnis *(Gnosis)* zu den Menschen gebracht habe. Andere *(C. H. Dodd,* 1946) sehen mehr Einflüsse von Platos Ideenlehre, aber alle stimmen darin überein, daß das Evangelium von Johannes kein historischer Bericht über das Leben Jesu sei oder sein will.
Die Schlußfolgerung aus diesem kurzen Überblick bringt uns zu denselben Erwiderungen wie im vorigen Abschnitt, sind es doch dieselben Theologen (vor allem Bultmann), die von dem historischen Jesus nichts übrigließen und auch die formhistorische Methode propagierten. Nun verstehen wir die Verbindung: Die Evangelien geben uns, nach der Auffassung dieser Theologen, nicht den historischen Jesus wieder, sondern den mythologischen, wie ihn die Urgemeinde verkündigt hat!
Darum wären die Evangelien von neuem interessant, weil man daraus nicht etwa einiges über die Geschichte von Jesus erfahren könnte (das ginge nicht mehr), sondern über die Geschichte der Urgemeinde. Die verschiedenen literarischen »Formen« hätten jede für sich ihren eigenen *»Sitz im Leben«* (Lebenssituation), in Umständen und Bedürfnissen der Urgemeinde. Die »Formgeschichte« sieht es als ihre Aufgabe an, diese literarischen Formen herauszufinden und ihren »Sitz im Leben« zu bestimmen. Es ist jetzt unsere Aufgabe, diese Methode und die damit verbundene historische Kritik kritisch unter die Lupe zu nehmen (wenn wir es hier auch nur kurz anreißen können).

Die Entstehung der formgeschichtlichen Schule

Unter Berücksichtigung des oben Geschriebenen fällt es auf, daß es vier wichtige *Ursachen* gab, die (kurz nach dem ersten Weltkrieg) zur Entstehung der formhistorischen Methode führten:

1. Hauptsächlich aufgrund der Arbeit, die J. Wellhausen und H. Gunkel über das Alte Testament geschrieben haben, entstand der Wunsch, auch in den Evangelien (und später auch in der Apostelgeschichte) verschiedene literarische Formen zu unterscheiden und diese in ihrer ursprünglichen Situation (nach ihrem *»Sitz im Leben«)* zu analysieren, wobei die *religiös-historische Methode* den Hintergrund für das Gemeindeleben verschaffen mußte. Diese spekulative Arbeit ging also von Anfang an von der unbewiesenen Tatsache aus, daß die Glaubensüberzeugung der ersten Gemeinden sich nicht so sehr auf die historischen Tatsachen des Lebens und Wirkens Jesu Christi gründeten als auf ihre eigenen Bedürfnisse und selbstgemachten Vorstellungen.
2. Eng damit verbunden war eine Unzufriedenheit über Ergebnisse der Quellenscheidungstheorie. Man kann unterschiedlicher Meinung darüber sein, wie plausibel die Auffassung ist, daß sich die synoptischen Evangelien hauptsächlich auf zwei Quellen stützen (Markus oder Urmarkus und Q), doch damit war für die Formkritiker die Frage, wie diese Quellen selber entstanden waren, noch lange nicht beantwortet! Sie wollten bis hinter diese Quellen vorstoßen und versuchten, die Frage zu beantworten, wie sich die Überlieferung in den Jahrzehnten zwischen Jesu Sterben und der Entstehung der ersten Quellen entwickelt haben könnte. Obwohl diese Forschung als »wissenschaftlich« präsentiert wurde, konnte sie aber wegen des Fehlens objektiver Kriterien und objektiv-historischer Informationen über diese Jahrzehnte praktisch nur aus ihrer Phantasie schöpfen (siehe unten).
3. Der dritte Beweggrund war die historische Kritik an den Quellen, vor allem an Markus. Der Weg dazu wurde von W. Wrede geebnet mit seiner Theorie des »Messiasgeheimnisses« in Markus (siehe oben). Wellhausen (1903) schloß sich dieser Theorie an und meinte, daß die ursprüngliche Überlieferung in Markus durch redaktionelle Hinzufügungen, die den eigenen Auffassungen der Urgemeinde entsprungen wären, nur verdeckt erkennbar sei. Diese Ansichten hatten einen enormen Einfluß auf formhistorische Pioniere, wie K. L. Schmidt und R. Bultmann, ohne daß diese den antichristlichen Charakter des rationalistischen Vorurteils, dem ihre Ansichten entsprachen, anerkennen wollten.
4. Im Gegenteil, das »moderne wissenschaftliche Weltbild« (was immer das sein mag), das auch von vielen modernen Wissenschaftlern verworfen wird, hielt die ersten Formkritiker dazu an, die Evangelien zu *»entmythologisieren«*, das heißt, die mythologischen Elemente des 1. Jahrhunderts zu entfernen, die der Prüfung der »modernen Wissenschaft« nicht standhalten können, um damit den wesentlichen Kern des Evangeliums, der in den literarischen »For-

men« (z.B. Wundergeschichten) verborgen sein soll, herauszuschälen. Die Formkritiker sahen ihre Aufgabe also folgendermaßen: (a) das Unterscheiden der verschiedenen literarischen »Formen« (Gleichnisse, Wundergeschichten, Reden, Legenden, Mythen, Leidensgeschichten), (b) das Herausfinden ihres »Sitzes im Leben« - also von der dazugehörenden »formgebenden Gemeinschaft«, (c) das Bestimmen ihres historischen Wertes.

Formgeschichtliche Theorien

Von den genannten Vorstellungen und Überlegungen vorbelastet, gingen die Formkritiker nun an die Arbeit und bauten ihre verschiedenen theoretischen Standpunkte auf, von denen wir die wichtigen kurz streifen wollen:
1. *K. L. Schmidt* (1919) baute auf Wrede und Wellhausen auf, studierte den Aufbau von Markus sorgfältiger und unterschied zwischen der »Tradition« (einzelnen Überlieferungseinheiten oder »Perikopen«) und den »Redaktionen« (Verbindungen zwischen den Einheiten, also den Anhängen und Einflechtungen des Evangelisten). Er kam zu dem Schluß, daß die Chronologie und Geographie des Evangeliums unglaubwürdig seien und daß die »Redaktionen« Hinweise auf Markus' persönliche theologische Meinung erkennen ließen. Damit stimulierte Schmidt die weitere formhistorische Arbeit.
2. *M. Dibelius* (1919) ging davon aus, daß die Tradition in den Urgemeinden durch deren missionarische Bedürfnisse entstanden sei: Sie hätten Material aufgebaut, das bei den Predigten immer wieder gebraucht worden sei und so eine feste Form bekommen hätte. Daneben hätten sich durch andere Bedürfnisse neue Formen entwickelt: (a) *Paradigmen* (kurze Erzählungen, die in Beispielen eine moralische Lehre erläutern), (b) *Novellen* (Wundergeschichten, von Geschichtenerzählern geformt), (c) Sammlungen von *»Wörtern«* (Aussprachen, zusammengefaßt für den Religionsunterricht), (d) *Legenden* (Heiligenerzählungen, z.B. über die Kindheit Jesu), (e) *Mythen* (z.B. die Versuchung Jesu in der Wüste; Jesu Verklärung) und (f) *Leidensgeschichten.* Ohne dafür historische Beweise zu haben, erfand Dibelius einfach folgende christlichen Arbeiter, die alle ihre eigenen Überlieferungen entwickelt haben sollen: Prediger, Erzähler und Lehrer.
3. *R. Bultmann* (1919) leugnete im Gegensatz zu Dibelius die wesentliche Historizität der Überlieferung (bis auf einzelne »Worte«) und schrieb sie ganz den Erfindungen der Urgemeinde zu. Bultmanns tiefwurzelnde Vorurteile stammen von der historischen Kritik (A. Harnack), dem Existentialismus (M. Heidegger) und der vergleichenden Religionswissenschaft (R. Reitzenstein, W. Bousset) und machten es ihm vollkommen unmöglich, die Evangelien histo-

risch auch nur einigermaßen ernst zu nehmen; er konnte sie nur als Ergebnisse einer phantasiereichen Gemeindetheologie betrachten. Bultmann unterschied folgende Formen: (a) *Apophthegmen* (etwa identisch mit Dibelius' Paradigmen), (b) *Wundergeschichten,* (c) *Legenden* (zu denen er auch die Mythen rechnete) und (d) *»Wörter«;* diese teilte er wie folgt auf: Weisheitswörter (Sprüche), »Ich«-Wörter (von der Gemeinde erfundene Aussagen von Jesus über sich selbst), prophetische und apokalyptische Aussagen, Gesetze und Vorschriften und schließlich Gleichnisse, von ihm ebenfalls alle als »unecht« angesehen.

Das einzige, was Bultmann noch als authentisch anerkannte, waren etwa vierzig »Wörter« und die Tatsache, daß Jesus gelebt hat und am Kreuz gestorben ist. Alles übrige sei von der Gemeinde bearbeitet oder erfunden. Das mag uns erschütternd scheinen, aber für Bultmann ist es das nicht, weil er auf Grund philosophischer Vorurteile schon längst eine mögliche Verbindung zwischen Historie und Glauben verworfen hatte. Er glaubte auf der einen Seite, daß der historische Jesus (wer immer das auch gewesen sein mag) schon seit mehr als 1900 Jahren tot ist und predigte auf der anderen Seite, daß die Essenz des Christentums die »existentielle Begegnung mit Christus« ist. Was er aber nicht erklärt, ist, wie denn nun die Urgemeinde ihre Phantasie hat walten lassen können: (a) in solch einer kurzen Zeit (bis zu den ersten geschriebenen Quellen), (b) angesichts so vieler kritischer Augenzeugen von Jesu Leben und Sterben, die zu der Zeit noch lebten, (c) trotz der Aufmerksamkeit der Urchristen für die Tatsachen, der großen Gelehrtheit vieler unter ihnen (siehe Paulus!), ihrer hohen Integrität und ihres moralischen Lebensstandards (siehe unten).

4. *E. Käsemann* (1954) rief zusammen mit *G. Bornkamm* (1956), *E. Fuchs* (1957) und *J. M. Robinson* (1959) als Reaktion auf Bultmanns tiefen historischen Skeptizismus eine neue Bewegung hervor. Sie forschten weiter nach historischen Aussagen und Taten Jesu in den Evangelien, schafften es aber nicht mehr, eine Verbindung zwischen dem historischen Jesus und dem Kerygma (der Christusverkündigung) der Urgemeinde zu finden.

5. Die englischen Formkritiker *B. S. Easton* (1928), *V. Taylor* (1935) und *E. B. Redlich* (1939) studierten ebenfalls literarische Formen in den Evangelien, aber sie verwarfen den historischen Skeptizismus Bultmanns und beschränkten sich auf eine reine Literarkritik. Sie erkannten richtig, daß das reine Studium der Formen keine einzige Aussage über eine historische Glaubwürdigkeit machen kann. Taylor und Redlich verwarfen dann auch Klassifizierungen wie »Legenden« und »Mythen«, weil sich diese Definitionen nicht auf literarische Formen gründeten, sondern auf den Inhalt.

Spätere Entwicklungen

1. Es ist selbstverständlich, daß das, was mit den Evangelien begonnen hatte, sich allmählich auch auf das ganze Neue Testament ausbreitete. *M. Dibelius* (1956) und *E. Haenchen* (1961) wandten die Formkritik auf die Apostelgeschichte an, andere suchten nach literarischen Formen (Bruchstücken alter Kirchenriten und Liturgien) in den Briefen und der Offenbarung und versuchten, auch dafür den *»Sitz im Leben«* zu bestimmen. *E. Lohmeyer* (1956) stimulierte diese Forschung, weil er meinte, in Philipper 2 eine »Christushymne« entdeckt zu haben.

2. Nachdem die Formkritiker die *Gemeindetheologie* so sehr betont hatten, fing man an, sich für die theologischen Ansichten der Evangelisten selber zu interessieren. Nach der formhistorischen entstand so die redaktions-historische Schule *(Redaktionsgeschichte),* und zwar mit den Werken *H. Conzelmanns* über Lukas und *W. Marxsens* (1959) über Markus. Neben dem *»Sitz im Leben«* im Leben Jesu selber und dem »Sitz im Leben« der Urgemeinde unterschied man nun auch den »Sitz im Leben« bei den eigentlichen Evangelisten, von denen jeder (anders als bei der Gemeindetheologie) mit eigenem Ziel und Bedürfnis das Material redigiert und zusammengestellt habe. Übrigens könne man diesen letzten »Sitz im Leben« nur über die »Entdeckungen« kennenlernen, die man über den »Sitz im Leben« der Urgemeinden und der weitgehenden Heilsgeschichte gemacht habe. Demnach (so behauptet Marxsen) sei Markus derjenige, der Jesu Wiederkunft sofort erwartete und darum sein Evangelium (in galiläischer Umgebung, bei Ausbruch des jüdischen Krieges) als eine Art Predigt schrieb, um so der Gemeinde in Judäa zu raten, nach Galiläa zu flüchten und dort die Wiederkunft Christi zu erwarten. Dagegen habe nach Conzelmann Lukas (der u.a. das Material von Markus auf seine Weise verarbeitete) sein Evangelium in einer Zeit geschrieben, als die Erwartung der baldigen Wiederkunft Jesu vorüber war und die Gemeinde anfangen mußte, sich der Aufgabe und Berufung hier auf Erden zu stellen. Auf die gleiche Weise behandelten *G. Bornkamm, G. Barth* und *H. J. Held* (1960) wie auch *P. Bonnard* (1963) das Matthäusevangelium und *E. Haenchen* (1961) die Apostelgeschichte. Diesen Theorien einer »Gemeinde-Theologie« und einer »individuellen Theologie der neutestamentlichen Verfasser« begegnen wir mit denselben Einwänden wie gegen die Formkritik. Das Ganze würde uns sonst noch mehr von den ursprünglichen historischen Tatsachen entfernen...

3. Im 20. Jhdt. ist die Theologie des Neuen Testaments dermaßen mit den *historisch-kritischen »Ergebnissen«* verwoben, daß sie das ganze Neue Testament nur noch durch eine historische Brille betrachtet. Neben der Frage der Redaktionshistorik (wie jedes einzel-

ne Buch seine Form bekommen haben könnte) kommt jetzt auch noch die Frage auf, welche Faktoren in der fortlaufenden Heilsgeschichte die Zusammenstellung des ganzen Neuen Testaments bestimmt haben könnten. Welche verbindenden Prinzipien, welche Tendenzen kann man in diesem Zusammenstellungsprozeß (eigentlich einer Art »Makro-Redaktionsgeschichte«) entdecken? *R. Bultmann* (1953 und *O. Cullmann* (1946,1965) haben auf diesem Gebiet maßgebliche Arbeit geleistet; hauptsächlich Bultmann, indem er Heideggers Existentialismus anwandte. Außerdem entwickelte er analog mit der Kritik am Alten Testament (Kapitel 7) eine neue Art neutestamentlicher Hermeneutik (Lehre der Auslegung), die stark gefärbt war von den neuen philosophischen »Erkenntnissen«; in den sechziger Jahren haben vor allem *E. Fuchs* und *G. Epeling* diese Arbeit fortgesetzt.

Allgemeine Einwände gegen die Kritik am Neuen Testament

Man kann gegen die neutestamentliche Kritik teilweise dieselben fundamentalen Einwände anführen wie gegen die alttestamentliche (vgl. Kapitel 7), z.B.:

1. *Westliche Prätention* (Anspruch, Anmaßung): die Vermessenheit, mit der man sich ein Urteil über vermeintliche »literarische Formen« in Schriften erlaubte, die aus einer anderen Zeit und Kultur stammen.

2. *Keine objektiven Beweise.* Es gibt nicht den geringsten Beweis für einen Ur-Markus oder Quellen wie Q, M und L (siehe oben); noch weniger Beweise gibt es für »Perikopen«, die das Produkt der Gemeindetheologie sein sollen, aber kaum etwas mit dem historischen Jesus zu tun haben; im Gegenteil: Da, wo etwas aus der Überlieferung über die Entstehung der Evangelien bekannt ist, werden solche Angaben von den Kritikern einfach zur Seite geschoben.

3. *Desintegrierende Behandlung.* Man hat kein Auge für die wunderbare spezifische Einheit eines jeden Evangeliums; man will behaupten, daß der uniforme Sprachgebrauch von Johannes den Gebrauch von Quellen ausschließt, aber man wendet diese Regel nicht auf die »Synoptiker« an.

4. *Kreisdenken.* Dieses findet man (a) in der Behandlung des gesamten Neuen Testaments: Aufgrund von einigen herausgegriffenen Büchern der Bibel macht man sich nach subjektiven Kriterien ein Bild von der ältesten Kirchengeschichte, um anschließend wegen dieser Bilder die übrigen neutestamentlichen Bücher als nichthistorisch zu verwerfen. (b) Auch in der Behandlung einzelner Bücher findet man dieses Kreisdenken: Anhand von Kriterien, die ebenfalls subjektiv sind, erklärt man bestimmte Fragmente (nach den

angewandten Vorurteilen »traditionelle Elemente« genannt) als älter, wonach man die übrigen Stellen aufgrund dieses Bildes als Repräsentanten »späterer theologische Auffassungen« abstempelt! Wie angebracht unser Einwand ist, zeigt sich in der Willkür, mit der man bei solch einem Kreisdenken vorging, nämlich nach eigenem Geschmack und eigener Vorliebe. So werden die Evangelien abwechselnd dazu benutzt, sich gegenseitig unglaubwürdig zu machen, oder aber man gebrauchte beispielsweise den Brief an die Galater, um die historische Unglaubwürdigkeit der Apostelgeschichte aufzuzeigen und umgekehrt. Daß dieses geschehen kann, liegt einfach daran, daß objektive (also von dem Forscher unabhängige) Kriterien fehlen. Darum ist die kritische Methode als unwissenschaftlich anzusehen. Wäre sie wissenschaftlich, würden verschiedene Forscher, die anhand objektiver Kriterien dasselbe Material studierten, zu Resultaten kommen müssen, die im wesentlichen gleich sind; aber in der »Bibelkritik« gibt es beinahe ebensoviele und widersprüchliche Ergebnisse, wie es Forscher gibt.

5. *Archäologie.* Gegen das Argument der Formkritiker, daß die ersten Christen (und auch die neutestamentlichen Verfasser) im wesentlichen nicht an der Historizität der christlichen Glaubensfundamente interessiert waren, gibt es viele archäologische Einwände. So hat die Archäologie die außergewöhnliche Sorgfalt von Lukas als Historiker (in seinem Evangelium und in der Apostelgeschichte) aufgezeigt und damit bewiesen, wie sehr Lukas wirklich an einer historischen Glaubwürdigkeit seiner Schriften interessiert war. Ferner haben die Qumranrollen (Kapitel 3) und die Cheneboskion-Papyri deutlich bewiesen, daß das Christentum unmöglich ein Produkt gnostizistischen Denkens (siehe oben) gewesen sein kann - etwas, das sich im Grunde schon durch die Schriften der Kirchenväter herausgestellt hatte; aber damit wollten die Kritiker sich ja nicht befassen.

6. *Philosophischer Hintergrund.* Auch hier ist es sehr wichtig zu erkennen, daß die Bibelkritik im Wesen nicht in objektiven Methoden und wissenschaftlichen Ergebnissen wurzelt, sondern in bestimmten philosophischen Vorurteilen, die für viele vielleicht glaubwürdig erscheinen mögen, aber darum noch lange nicht der Wahrheit entsprechen müssen. So schließt das rationalistische Vorurteil von vornherein die Möglichkeit übernatürlicher Wunder, göttlicher Offenbarung und Inspiration aus. So macht das »moderne wissenschaftliche Weltbild« (im Grunde eine wissenschaftlich anfechtbare, naturphilosophische Weltanschauung) von vornherein den Glauben an eine Jungfrauengeburt und eine leibliche Auferstehung Christi unmöglich. Nur so kann Bultmann auf Grund des Existentialismus, in dem er erzogen war, schon von vornherein ei-

ne Verbindung zwischen Historik und Glauben als nicht bestehend und nicht zur Sache gehörend verwerfen!

Spezielle Einwände gegen die Formkritik

Die formhistorische Methode ist *darum* Dreh- und Angelpunkt der neutestamentlichen Kritik, weil sie einerseits die frühe Quellenscheidungstheorie vertieft hat und andererseits die Basis der späteren redaktionell-historischen Methode bildet. Darum wollen wir nun auch vornehmlich die Formkritik näher untersuchen. *E. B. Redlich* (1939) hat die *Ausgangspunkte radikaler Formkritiker* folgendermaßen zusammengefaßt:

1. Bevor die Evangelien geschrieben wurden, gab es eine Zeit der *mündlichen Überlieferung.*
2. Während dieser Periode zirkulierten die Geschichten und »Wörter« (außer der Leidensgeschichte) als einzelne, komplette Bücher, *»Perikopen«* genannt.
3. Das Material in den Evangelien kann nach *literarischen Formen* klassifiziert werden.
4. Die lebendigen Faktoren, die diese Formen produzierten und bewahrten, müssen in den praktischen *Belangen der christlichen Gemeinschaft* gefunden werden.
5. Die Gemeinschaft hatte kein biographisches Interesse, so daß die Evangelien *keinen biographischen, chronologischen oder geographischen Wert* haben.
6. Die ursprüngliche Form der Überlieferungen kann durch das Studium der *Gesetzmäßigkeiten der Überlieferung* rekonstruiert werden.

Wir wollen nun in derselben Reihenfolge an jedem Ausgangspunkt kurz zeigen, daß er unwahr ist, oder aber nur begrenzt den Tatsachen entspricht.

1. a. Ohne Zweifel gab es zwischen dem Anfang der Gemeinde und dem Niederschreiben der Evangelien eine Periode »mündlicher Überlieferung«, aber die dauerte wahrscheinlich nicht länger als 15-20 Jahre, also weniger als eine Generation! Es ist absurd, aufgrund dessen, was über verschiedene Jahrhunderte mit anderen »Volksgeschichten« passiert, anzunehmen, daß die »Überlieferung«, die Jesus betrifft, in dieser kurzen Zeit genauso zweifelhaft wurde.
b. In diesen ca. zwanzig Jahren lebten noch Tausende von Augenzeugen des Lebens und des Sterbens Jesu. Von den Kritikern werden diese Augenzeugen nicht im geringsten beachtet! Aber gerade diese, besonders wenn sie Christen waren, garantierten die Genauigkeit der Überlieferung, und wenn es Feinde des Christentums waren, wären sie ja die Ersten gewesen, die über jede Abweichung von wirklichen Tatsachen ihren Spott getrieben hätten.

c. Die Apostelgeschichte zeigt uns, wie die ersten Christen und vor allem die Apostel mit größter Sorgfalt die Worte und Taten Christi bewahrten und sich sogar oft darauf beriefen, Augenzeugen gewesen zu sein. Sie waren Juden, die als solche in sorgfältiger Überlieferung geübt waren, wie auch im wortwörtlichen Behalten des Unterrichts ihrer Rabbiner; sie werden die Worte Christi auch bei ihren Zusammenkünften immer wiederholt haben.
d. Die Kritiker vergessen nicht nur die kurze Dauer der mündlichen Phase und die Rolle der vielen Augenzeugen, einschließlich der mit Autorität versehenen Apostel, sondern vor allem die »Rolle« des Heiligen Geistes, durch den die Gemeinden entstanden waren.
2. Die Evangelien würden niemals anerkannt oder auch nur entstanden sein, wenn die »Perikopen« nicht von Anfang an als Elemente einer zusammenhängenden Geschichte anerkannt gewesen wären. Es gibt keinen Grund dafür, anzunehmen, daß wohl die »Perikopen« nicht aber die Reihenfolge und der Zusammenhang der Geschehnisse (wie namentlich in Markus) getreu überliefert sein sollten. Die Evangelien machen auch bestimmt nicht den Eindruck, als ob sie lose Sammlungen von Fragmenten seien. Im Gegenteil, ihre bemerkenswerte Einheit und ihr Zusammenhang, ohne interne Widersprüche, vermitteln uns genau das umgekehrte Bild.
3. a. Natürlich ist eine Klassifizierung in »literarische Formen« in solch vielseitigen Werken, wie es die Evangelien sind, im Prinzip immer möglich; aber diese Möglichkeit ist kein *Beweis*, daß demnach ursprünglich verschiedene Kategorien der Überlieferung vorhanden waren. Die vielen Probleme, die bei der Klassifizierung auftreten, weisen eher darauf hin, daß dies gerade nicht der Fall ist.
b. Jeder Kritiker benutzt sein eigenes Einteilungssystem und seine eigenen »Formarten«; außerdem kritisieren sie die Resultate eines anderen sehr. Hier wird erkennbar, daß sie nicht von objektiven Kriterien ausgehen.
c. Noch schlimmer ist, daß sich die Kritiker anmaßen, aus der »Form« einer »Perikope« Schlußfolgerungen über ihren historischen Wert zu ziehen! Sie haben weder Grund noch Recht dazu - außerdem ist ihre Methode ein Kreisdenken, weil sie selber jeder »Perikope« ihre »Form« auferlegt haben, oft mit subjektiven Bezeichnungen wie »Legenden« oder »Mythen«.
4. a. Es ist besonders wegen des hohen moralischen Maßstabs der Urgemeinde und des Vorhandenseins zahlloser Augenzeugen und bevollmächtigter Apostel vollkommen absurd, anzunehmen, daß innerhalb von ca. 20 Jahren die wirklichen Tatsachen um Jesu Leben und Werk durch Erfindungen der sogenannten »formgebenden« Gemeinde ersetzt wurden. Durch das Vorhandensein der genannten Elemente hat die Urgemeinde niemals Raum gehabt für

eigene »Hirngespinste« und war in jeder Phase dem Wort Gottes unterstellt!
b. Kreativität finden wir nicht bei einer Masse, sondern nur bei individuellen Personen, die über die Masse hinausragen; darum tragen Form und Inhalt der Überlieferung den Stempel Christi (des Lehrers), nicht den der Gemeinde (Schüler). Kein Apostel würde jemals imstande gewesen sein, die »Worte Jesu« selber auszudenken oder dessen Leben und Charakter, wie in den Evangelien beschrieben, zusammenzuphantasieren (vgl. Kapitel 1). Die Einheit der Evangelien gründet sich also auf die Einzigartigkeit der Person Jesu Christi und nicht auf die der Gemeinde. Die Urchristen würden auch nicht bereit gewesen sein, für das Produkt ihrer eigenen Einbildung zu sterben; sie waren aber wohl bereit, für ihre Botschaft zu sterben, weil sie wußten, daß sie authentisch war. Es ist eigentlich verwunderlich, daß die Formkritiker der »Einbildungskraft« der Gemeinden soviel mehr beimessen als dem, der schließlich die Gemeinde gründete...
c. Erstens tragen die einfachen, unromantischen Geschichten in den Evangelien den Stempel authentischer Geschichtsschreibung und nicht die Merkmale literarischer Kunstprodukte oder eines späteren Hineininterpretierens, und zweitens geben die Evangelien uns überhaupt keine Hinweise auf die Probleme der Urgemeinden (wie die Formkritiker behaupten). Wenn jemand über interne Probleme gesprochen hat, war es Paulus, der seine Briefe schon geschrieben hatte, bevor das erste Evangelium erschien; doch wird keine seiner Aussagen in den Evangelien Jesus in den Mund gelegt; im Gegenteil, bestimmte Elemente aus den Evangelien (z.B. Gleichnisse) kommen nie in den Briefen vor.
d. Die Urgemeinde war nicht eine Gesellschaft einfacher, ungeschulter Leute, die treuherzig und unkritisch eine Art Folklore aufbauten (wie es die Formkritiker darzustellen versuchen), sondern sie kannten im Gegenteil solch begabte Leute wie Philippus, Stephanus, Barnabas, Jakobus, Markus, Lukas und Paulus.
e. Die ersten Christen waren nicht so erfüllt von der bevorstehenden Wiederkunft Jesu, daß sie nicht rational und historisch denken konnten (wie es die Formkritiker darstellen); wir ersehen aus der Apostelgeschichte und den Briefen, daß sie ein normales, arbeitsames Leben führten und dazu auch angehalten wurden.
f. *Zusammenfassend:* Wenn der christliche Glaube die »historischen Tatsachen um Jesus« schuf, was schuf dann wohl den christlichen Glauben?
5. a. Wenn schon die erste Generation der Christen nicht an bio- und geographischen und chronologischen Einzelheiten interessiert war, warum fragte die zweite Generation dann wohl nach einer fort-

laufenden Geschichte von Christus (also auch nach dieser Art Einzelheiten), wie wir sie in den Evangelien finden?
b. Die Tatsache, daß die Evangelisten keine strikten Biographien schrieben (weil sie ein anderes Ziel anstrebten), bedeutet noch lange nicht, daß sie damit nicht an biographischen Einzelheiten interessiert oder historisch unglaubwürdig waren. Sie verfügten über eine enorme Menge dieser Art Informationen (siehe Johannes 21,25) und bauschten auch nicht einzelne kleine Tatsachen zu einem phantasiereichen Kunstprodukt auf, sondern suchten (umgekehrt!) gerade aus der Menge der Erinnerungen, ein bestimmtes (historisch glaubwürdiges) Bild von Christus wiederzugeben.
c. Warum sollten die ersten Christen fortwährend betont haben, daß sie Augenzeugen von Jesu Leben und Werk waren, wenn sie kein biographisches und chronologisches Interesse an seiner Person hatten? Lukas (1,1-4) beruft sich ja ausdrücklich auf Augenzeugen und sein Verlangen, gerade diese spezielle Art Information getreu weiterzugeben. Die Archäologie (siehe oben) hat in vielfacher Hinsicht gezeigt, wie vortrefflich ihm das gelungen ist.
d. Markus berichtet in seinem Evangelium über viele geographische, biographische und chronologische Einzelheiten, die innerhalb seiner Geschichte nicht zu erklären wären, wenn sie nicht in der Tat auf glaubwürdige Überlieferungen zurückzuführen wären.
e. Daß Matthäus und Lukas manches Mal absichtlich das Material von Markus in einer anderen Reihenfolge wiedergeben, geschieht nicht deshalb, weil sie eine andere historische Meinung als Markus vertraten, sondern einfach deshalb, weil eine bestimmte Rangordnung nach Themen dem Ziel, das jeder ganz speziell für sich hatte, besser diente.
6. Im Gegensatz zu dem, was die Formkritiker behaupten, zeigen Forschungen über Erinnerungsprozesse und Gerüchteverbreitung, daß die allgemeine Form einer Geschichte intakt bleibt, daß aber die Geschichte immer kürzer wird und immer mehr Details verliert. Die vielen kleinen Details in den Evangelien weisen darauf hin, daß sie mit Augenzeugenberichten vergleichbar sind, also mit »Informationen aus erster Hand«.

Schlußfolgerung

Es gibt in der ganzen Weltgeschichte keine historische Person, die so (auf »Historizität«) angegriffen wird wie Jesus von Nazareth. Man kann schwerlich behaupten, das sei aber trotzdem völlig unparteiisch und objektiv geschehen: Nur allzu oft haben die Formkritiker ihre Methoden mit ihrer persönlichen Meinung über den historischen Wert einer Geschichte oder Aussage in den Evangelien vermischt. Die moderne Bibelkritik hat bewiesen, daß sie nicht das Produkt gläubiger Forscher ist, die ein besseres Verständnis von der Bibel als dem autoritativen, inspirierten Wort Gottes in seinem historischen Rahmen anstrebten, sondern das von *Rationalisten,* die schon von vornherein den eigenen ausdrücklichen Anspruch der Bibel verwarfen. Aufgrund ihrer Vorurteile konnten sie daher schon nichts anderes mehr sehen als ein unvollkommenes Menschenwerk. Dabei erkennen wir die Tatsache, daß ihre methodischen Ausgangspunkte schon rein rational gesehen ungültig oder inakzeptabel sind (wie wir gerade ausführten), und daß ferner die Kritiker nicht die einzige Konsequenz daraus ziehen, dem Christentum ganz einfach »Lebewohl« zu sagen, sondern die Bibel gleichzeitig als ein Buch ansehen wollen, in dem auf die eine oder andere Weise auch Gott zu Wort kommt. Deshalb sind ihre Behauptungen nicht nur wissenschaftlich verwerflich (das ist noch nicht einmal das Wichtigste), sondern haben auch innerhalb der Christenheit durch ihren irreführenden »Glauben des doppelten Bodens« enorm viel Unheil angerichtet. Von daher leitet sich die äußerst dringende Notwendigkeit ab, den Christen aufs neue vor Augen zu halten, daß auch heute kein Grund vorhanden ist, die Glaubwürdigkeit der Bibel anzuzweifeln. Im Gegenteil! Wir haben heute mehr Grund denn je, daran festzuhalten, daß die Bibel nicht nur mit Autorität über unser Heil spricht, sondern in engem Zusammenhang damit auch mit göttlicher Autorität über Natur und Geschichte spricht. Es gibt keine wirksamere Methode, um das Erste (Reden über das Heil) unbedeutend zu machen, als das Letzte zu verleugnen...

Der Inhalt des Alten Testaments

Nachdem wir begründet haben, warum wir die Bibelkritik ablehnen und ihre Rekonstruktion der Heilsgeschichte verwerfen, können wir jetzt - ohne weiter auf ihre Argumente und Hypothesen einzugehen - unsere Sicht der Heilsgeschichte wiedergeben, nämlich wie die Heilige Schrift sie uns lehrt. Wir behandeln dabei zuerst die Bücher des Alten Testaments in ihrer chronologischen Reihenfolge (abgesehen von den poetischen Büchern, die wir zum Schluß betrachten) und geben vorab in einer *Tabelle* eine Übersicht über deren wichtigste Daten.

Buch	*Bedeutung des Namens*	*Autor*	*geschätztes Datum der Vollendung d.B. (u. zeitgen. König) v.Chr.:*	*Ort, wo das Buch vermutlich vollendet wurde*
Genesis (1. Mose)	»Buch der Schöpfung«	(Erste Teile: Erzväter?) Mose	1448	Sinai-Wüste
Exodus (2. Mose)	»Auszug«	Mose	1448	Sinai-Wüste
Leviticus (3. Mose)	»Buch der Leviten«	Mose	1448	Sinai-Wüste
Numeri (4. Mose)	»Zählungen«	Mose	1409	»Felder von Moab«
Deuteronomium (5. Mose)	»Zweites Gesetz«	hauptsächl. Mose	1409	»Felder von Moab«
Josua	Hauptperson	hauptsächl. Josua	Mitte 14. Jh.	Ephraim
Richter	Hauptpersonen	Samuel?	Mitte 11. Jh.	Rama?
Ruth	Hauptperson	Samuel?	Mitte 11. Jh.	Rama?
Samuel (1+2)	Hauptperson	(Prophet?)	9. Jh.	Jerusalem?
Könige (1+2)	Hauptpersonen	hauptsächl. Jeremia?	Ende 7. Jh.	Jerusalem?
Obadja	Prophet	Obadja	845 (Joram)	Juda
Joel	Prophet	Joel	830 (Joas)	Juda
Jona	Prophet	Jona	760 (Usia)	Juda
Amos	Prophet	Amos	755 (Usia)	Tekoa
Hosea	Prophet	Hosea	725 (Hiskia)	Juda
Micha	Prophet	Micha	725 (Hiskia)	Juda
Jesaja	Prophet	Jesaja	675 (Manasse)	Juda
Nahum	Prophet	Nahum	654 (Manasse)	Elkosch
Zephanja	Prophet	Zephanja	621 (Josia)	Juda
Habakuk	Prophet	Habakuk	606 (Jojakim)	Juda
Jeremia	Prophet	Jeremia	580 (Nebukadnezar)	Ägypten
Klagelieder	Trauergesänge	Jeremia	586 (Nebukadnezar)	Jerusalem
Hesekiel	Prophet	Hesekiel	570 (Nebukadnezar)	Babel
Daniel	Prophet	Daniel	530 (Cyrus)	Persien
Chronik (1+2)	Annalen der Davidischen Monarchie	Esra?	Mitte 5. Jh. (Arthaxerxes I.)	Jerusalem
Esra	Hauptperson	Esra	Mitte 5 Jh. (Arthaxerxes I.)	Jerusalem
Nehemia	Hauptperson	Nehemia	2. Hälfte 5. Jh. (Arthaxerxes I.)	Jerusalem
Esther	Hauptperson	Mardochai?	2. Hälfte 5. Jh. (Arthaxerxes I.)	Persien

Haggai	Prophet	Haggai	520 (Darius)	Juda
Sacharja	Prophet	Sacharja	475 (Xerxes)	Juda
Maleachi	Prophet	Maleachi	435 (Arthaxerxes I.)	Juda
Hiob	Hauptperson	Mose?	2. Hälfte 15. Jh.	Sinai-Wüste?
Psalmen	Lobgesänge	die meisten v. David; einige v. anderen	Ende 6. Jh. (Cyrus?)	Jerusalem
Sprüche	Weise Aussagen	hauptsächl. Salomo	um 700 (Hiskia)	Jerusalem
Prediger	Weisheit von jemandem, der in einer Versammlung spricht	Salomo	Mitte 10. Jh. (Salomo)	Jerusalem
Hoheslied	Liebeslieder	Salomo	Mitte 10. Jh. (Salomo)	Jerusalem

Der Pentateuch

Das *1. BUCH MOSE* ist außerordentlich wichtig, weil es uns als erstes Buch der Bibel den großen Plan von Gottes Wahrheit zeigt; im Grunde enthält es die ganze Wahrheit, sei es direkt oder aber bildlich gesprochen. Es stellt uns *Gott als Schöpfer* aller Dinge vor und als denjenigen, der in eine ganz spezielle Beziehung zum Menschen tritt, der ja die Krönung seiner Schöpfung ist. Das 1. Buch Mose beschreibt auch, wie der Mensch in seiner Verantwortung versagt, sich gegen Gott erhebt und seitdem von *Gottes Barmherzigkeit* abhängig ist (Kap. 3). Der Mensch hat seine Verurteilung verdient, aber Gott zeigt ihm einen Weg zur Vergebung und Rechtfertigung durch Glauben, durch ein stellvertretendes Opfer, und weist damit von Anfang an auf den Erlöser hin, der einmal geboren werden soll und sich selbst als Opfer geben wird. Inzwischen zeigte die Menschheit immer mehr, daß das Herz des Menschen eigentlich nur noch Böses hervorbringen konnte, und darum vertilgte Gott die Menschheit (und im Grunde auch die Erde) durch eine gigantische weltweite *Sintflut* (Kap. 6-8). Nach der Flut machte Gott einen Neubeginn mit *Noah* (Kap. 9), aber außer bei Gottes Auserwählten sehen wir immer nur Böses bei den Menschen.
Nach dem frevelhaften Turmbau zu Babel zerstreut Gott die Menschen in Völker über den ganzen Erdboden (Kap. 10 und 11) und hat, abgesehen von seiner allgemeinen Vorhersehung, in Zukunft keine besondere Verbindung mehr zu diesen Völkern. Dagegen, in seiner erwählenden Gnade, ruft er nun einen *einzelnen* Mann, *Abraham,* und führt ihn ins Land Kanaan. Er verspricht, ihn zu einem großen Volk zu machen und seinen Nachkommen das Land für immer zu geben (Kap. 12-25). Während die übrigen Völker immer tiefer dem Götzendienst verfallen, wird Abraham zum Haupt des »erwählten Volkes«, das von Gott sorgfältig von den umliegenden Völkern abgesondert wird. Es folgt die Geschichte der Erzväter: die Geschichte Abrahams, seines Sohnes *Isaaks* (Kap. 21-27), dessen Sohn *Jakob* (Kap. 25-50) und dessen 12 Söhne (die Vorväter der zwölf Stämme Israels), vor allem von Jakobs Lieblingssohn *Joseph* (Kap.

37-50). Die Erzväter sind Pilger und Fremdlinge in dem verheißenen Land (»Zelt«), aber sie kennen das Vorrecht, dem wahren Gott zu dienen (»Altar«), auch wenn sie oft versagen. Schließlich lesen wir, wie Joseph von seinen eigenen Brüdern als Sklave verkauft und nach Ägypten verschleppt wird. Unter Gottes Segen kann er sich dort hocharbeiten und wird Vizekönig von Ägypten und so das Werkzeug zur Errettung seiner Familie während einer großen Hungersnot (Kap. 37-47). Zum Schluß segnet Jakob in Ägypten seine Söhne mit einem prophetischen Segen (Kap. 49), der auf die zukünftige Geschichte Israels und das Kommen des Messias (Gottes gesalbten Erlöser) hindeutet.

Das *2. BUCH MOSE* beschreibt dann, wie Jakobs Nachkommenschaft (die zwölf Stämme Israels) in Ägypten ständig wächst und vom Pharao zu Sklaven gemacht wird. Obwohl es auch Götzendienst mit den ägyptischen Göttern betreibt, lernt das Volk, zu Gott zu rufen. Zum ersten Mal beschäftigt Gott sich nicht mehr nur mit einzelnen Gläubigen, sondern wir lernen, was ein »erlöstes Volk Gottes« ist! Für diese Erlösung aus der Knechtschaft Ägyptens gebrauchte Gott den Leviten *Mose,* der durch Gottes Vorhersehung 40 Jahre am Hofe des Pharaos erzogen worden war und der danach weitere 40 Jahre in der Wüste bei den Schafen zubrachte (Kap. 1-3). Der Pharao wollte das Volk nicht ziehen lassen, aber Gott bezwang ihn, indem er zehn schreckliche Plagen über das Land schickte (Kap. 7-12). Doch Gott hat auch Israel einige Lehren zu erteilen, und Schutz suchend hinter dem Blut des Passahlammes lernt es, daß es im Grunde nicht besser ist als die Ägypter, sondern auf Vergebung und Erlösung durch Blutvergießen angewiesen ist (Kap. 12)! Dann folgt der wunderbare *Auszug aus Ägypten,* durch das Schilfmeer, und unter Gottes gnädiger Fürsorge und Schutz erreicht das Volk den Berg Sinai (Kap. 13-19). Dort empfängt es aus Gottes Hand durch Mose das *Gesetz,* das in seiner Funktion als »Zuchtmeister« dem Volk zeigen wird, daß es von Natur aus Gottes vollkommenen Maßstäben nicht entsprechen kann und immer von Gnade und Vergebung abhängig ist. Gott gibt auch seine ersten Gesetze für das soziale und religiöse Leben des Volkes und schließt einen Bund mit ihm, der mit Blut besiegelt wird (Kap. 20-24). Anschließend gibt Gott seinem Knecht Mose die Beschreibung eines Zelt-Heiligtums (der *»Stiftshütte«),* das dieser bauen soll, (a) damit Gott mitten unter seinem Volk wohnen könne, (b) damit er seine Herrlichkeit in Christus entfalten könne und (c) damit das Volk sich mittels der Priester mit Opfern und Anbetung Gott nahen könne (Kap. 25-31). Wie notwendig ein derartiger Gang zu Gott mittels eines Opfers ist, beweist das Volk, indem es schon während der Beschreibung der Stiftshütte schrecklichen Götzendienst treibt! Durch Moses

Fürsprache erweist Gott dem größten Teil des Volkes seine Gnade (Kap. 32 und 33) und gibt ihm neue Gesetze. Schließlich wird die Stiftshütte gebaut und feierlich eingeweiht. Gott erfüllt das Zelt sichtbar durch seine Herrlichkeit (Kap. 40).
Das *3. BUCH MOSE* zeigt, wie Gott dem Mose vom Eingang dieses »Zeltes der Zusammenkunft« aus eine Beschreibung der fünf wichtigsten Opfer des israelischen Opferdienstes gibt *(Opfergesetze):* des Brandopfers, des Speisopfers, des Dankopfers, des Sündopfers und des Schuldopfers (Kap. 1-7). Darauf folgt die Priesterweihe an denen, die diese Opfer darbringen müssen (Moses Bruder Aaron und dessen Söhne) (Kap. 8-10). Ferner gibt Gott verschiedene Reinigungsgesetze mit wichtigen hygienischen, gottesdienstlichen und vor allem sinnbildlichen Bedeutungen (Kap. 11-15). Das »Herz« des Buches ist die Beschreibung des jährlichen »großen Versöhnungstages« (Kap. 16) mit seinen speziellen Opfern und Aufgaben für den Hohenpriester; im Hebräerbrief ausführlich auf Christus und sein Opfer angewandt. Wieder folgt eine Reihe bürgerlicher und religiöser Gesetze von großer praktischer, aber auch tiefgeistlicher Bedeutung (Kap. 17-22). Ein weiteres zentrales Kapitel (Kap. 23) beschreibt uns das liturgische Jahr Israels: die sieben Festzeiten und Feiern, in enger Verbindung zu dem, was Israel bald in dem verheißenen Land sein würde - ein Landarbeitervolk - auch wieder mit prophetischer Bedeutung. Anschließend finden wir Vorschriften über die Stiftshütte, ein praktisches Beispiel für die Handhabung der Strafgesetze (Kap. 24) und die Gesetze über das (siebente) »Sabbatjahr« und das (fünfzigste) »Jubeljahr« - auch hier wieder mit einer sozialen und prophetischen Bedeutung, worauf wir aber jetzt nicht eingehen können (Kap. 25 und 26). Ein Anhang gibt dann noch Vorschriften über Gelübde (Kap. 27).
Das *4. BUCH MOSE* zeigt uns die praktischen Umstände des Volkes Israel in der Wüste nach seinem Aufenthalt am Berg Sinai. Nachdem es dort das Gesetz empfangen hatte, war das Volk bereit, die *Wüstenwanderung* zum verheißenen Land anzutreten. Danach wird uns die Zählung und Aufstellung der einzelnen Stämme beschrieben; vor allem die der Leviten, die im Dienst an der Stiftshütte eine wichtige Rolle erfüllten (Kap. 1-4). Dann folgen Heiligungsgesetze, u.a. das Gesetz für die Gottgeweihten (Kap. 5 und 6), wie auch über Weihegaben der Stammesfürsten zur Einweihung der Stiftshütte (Kap. 7) und der Weihe der Leviten (Kap. 8). Zum ersten Mal wurde nun das Passahfest in der Wüste gefeiert (Kap. 9). Besondere Mittel, mit denen Gott das Volk durch die Wüste führt, sind die »Wolken- und Feuersäule« (Kap. 9) und die zwei silbernen Trompeten (Kap. 10). Dann ist das Volk startbereit und zieht los, aber nicht, ohne sich immer wieder gegen Gott aufzulehnen (Kap. 10-12).

Bei der Grenze des verheißenen Landes angekommen, werden 12 Kundschafter ausgesandt, die das Land erkunden sollen. Nach ihrem negativen Bericht (außer Josua und Kaleb bezweifeln alle, daß das verheißene Land einnehmbar sei) kommt das ganze Volk in Aufruhr. Zur Strafe muß es umkehren; niemand ab zwanzig Jahre und älter wird das Land jemals betreten dürfen! Vierzig Jahre muß das Volk noch durch die Wüste ziehen (Kap. 13 und 14), aber jedem steht das Opfer zur Verfügung als Weg zurück zu Gott (Kap. 15). Nach dem Aufstand von Korah, Dathan und Abiram folgt ein neues Urteil und die Rehabilitation Aarons (Kap. 16 und 17). Neue Gesetze, speziell für die Wüste, folgen (Kap. 18 und 19). Leider fallen auch Mose und Aaron in Zweifel und erfahren von Gott, daß auch sie das Land niemals betreten werden. Abermals fällt das Volk in Sünde, und Gott rettet es durch die »Kupferschlange« (von Christus in Johannes 3 auf sich selbst bezogen, als Sinnbild für sein stellvertretendes Sterben) (Kap. 20 und 21). Nun kommt Israel mit den Einwohnern Kanaans in Berührung, vor allem mit den Moabitern, die der Zauberer Bileam gegen Israel heraufziehen läßt; doch durch Gottes Führung kann dieser das Volk nur segnen, obwohl es ihm doch auch gelingt, es zu verführen (Kap. 20-25). Jetzt folgt eine erneute Volkszählung, und neue Gesetze treten in Kraft (Kap. 26-30). Die Midianiter werden besiegt, und das Ostjordanland wird unter zweieinhalb Stämmen verteilt, die dieses Gebiet vor dem gelobten Land bevorzugen (Kap. 31 und 32). Nach einem Rückblick auf die Wüstenreise folgen noch einige Vorkehrungsmaßnahmen im Hinblick auf die Eroberung und Verteilung des Landes (Kap. 33-36).
Das *5. BUCH MOSE* hat im Pentateuch einen ganz besonderen Platz. Es zeigt die *Reden Moses* in den Feldern von Moab, angefangen mit einer Beschreibung der Wüstenreise und einem warnenden Rückblick (Kap. 1-4). Danach folgt Moses große Rede, in der er die zehn Gebote wiederholt und ausarbeitet und sie dem Volk ans Herz legt, damit es in den Besitz der Segnungen des Landes kommen kann (Kap. 4-11). Das ist hier im 5. Buch Mose der wichtigste Punkt: die Vorbereitung auf die Landnahme, und nicht so sehr die Begegnung mit Gott in seinem Heiligtum wie im zweiten und dritten Mosebuch. Darum finden wir auch Anweisungen über den Ort, an dem das Volk Gott im Lande dienen würde (Kap. 12). Und auch die nachfolgenden Gesetze wie: Götzendienst (Kap. 13), Fleisch essen (Kap. 14), das Sabbatjahr (Kap. 15), die Feier (Kap. 16), die Rechtsprechung (Kap. 16-18) stehen mehr in Verbindung mit der Landnahme. Im Hinblick auf Christus kündigt Mose einen ganz besonderen Propheten an (Kap. 18). Kriminal-, Kriegs- und Zivilgesetze folgen (Kap. 19-25). Mit der Vorschrift in Verbindung zur Erstlingsgabe der Ernte an Gott endet diese große Rede Moses (Kap.

26). Nun folgt die Vorschrift, wie das Gesetz Gottes bekräftigt werden muß, wenn das Volk im Land angekommen sein wird (Kap. 27), und Mose kündigt Segen oder Fluch an als Folge dessen, wie das Volk mit dem Gesetz umgehen wird (Kap. 28 und 29). Im Grunde ist diese Rede eine einzige beeindruckende Prophetie über den zukünftigen Abfall des Volkes, aber auch darüber, was Gott in seiner Gnade tun wird, nachdem Israel unter die Völker zerstreut wurde: Ein Überrest würde durch Gott zur Umkehr getrieben werden und Buße tun und ins gelobte Land zurückgeführt werden (Kap. 30). Anschließend stellt Mose Josua als seinen Nachfolger vor, singt sein mächtiges, prophetisches Lied und segnet das Volk, jeden Stamm für sich (Kap. 31-33). Ein Anhang beschreibt schließlich seinen Tod (Kap. 34).

Die weitere Geschichte bis zur Gefangenschaft

Das Buch *JOSUA* beschreibt uns den *Einzug Israels ins gelobte Land Kanaan* unter Moses Nachfolger Josua. Nach Moses Tod ermutigt Gott diesen neuen Leiter, und Josua beschließt, den Jordan zu überqueren (Kap. 1). Er läßt das Land am gegenüberliegenden Ufer (bei der Stadt Jericho) auskundschaften (Kap. 2), und dann geht das Volk auf wunderbare Weise durch den wilden Jordan, die Bundeslade (das Teil aus dem Allerheiligsten der Stiftshütte, in dem Gott unter seinem Volk wohnte) ganz vornean (Kap. 3). Es ist ein feierlicher Augenblick, als das Volk auf dem anderen Ufer steht! Zwei Denkmäler werden aufgerichtet (eines im und eines neben dem Jordan), der männliche Teil des Volkes wird beschnitten (das wurde in der Wüste versäumt), und das erste Passahfest im Land wird gefeiert (Kap. 4 und 5). Nun wird auf eine wunderbare Weise, ohne Kampf, die Stadt Jericho erobert, aber dieser Sieg wird beeinträchtigt durch den Diebstahl Achans, unter dem das ganze Volk zu leiden hat. Achan wird gesteinigt, und nun kann auch die Stadt Ai eingenommen werden (Kap. 6-8). Dann wird auf der von Mose vorgeschriebenen Weise das Gesetz bekräftigt. Die Volksstämme im Süden und Norden des Landes werden geschlagen: Nur die Einwohner von Gibeon entkommen durch eine List (Kap. 8-12). Nun beginnt die wichtige *Verteilung des Landes* auf die restlichen neuneinhalb Stämme, wobei der treue Kaleb ein besonderes Erbteil empfängt (Kap. 13-19). Ferner werden im Land und jenseits des Jordans sechs »Freistädte« bestimmt (Zufluchtsorte für Totschläger, die unabsichtlich getötet hatten) und 48 Städte für die Leviten, die, weil sie den Dienst im Heiligtum tun, weiter kein Land bekommen (Kap. 20 und 21). Nach dem unerquicklichen Zwischenfall, daß zweieinhalb Stämme jenseits des Jordans einen Altar errichtet hatten, hält Josua eine große Ansprache, um das Volk beim Gesetz

Gottes zu halten, und erneuert den Bund. Ein Anhang beschreibt Josuas Tod.
Das Buch der *RICHTER* umschreibt die Zeit nach Josuas Tod und vor der Einsetzung eines Königs in Israel. In dieser Zeit wird *Israel von »Richtern« regiert,* die nicht nur Recht sprechen, sondern vor allem Retter sind. Dies wird uns nach der Einleitung (Kap. 1), die weitere Eroberungen beschreibt, deutlich gemacht. Dann kommt der Engel des Herrn von Gilgal (dem Ort, von dem aus die Eroberungen begonnen hatten) nach Bochim (= »Geweine«) und bestraft das Volk, weil es so oberflächlich mit den Befehlen Gottes umgeht und Feinde und Götzendienst nur unvollständig aus dem Land vertrieben hat. Dies ist bezeichnend für das ganze Buch. Immer wieder wird das Volk seinem Gott ungehorsam, immer wieder bringt Gott es dann unter die Knechtschaft seiner Feinde, immer wieder ruft das Volk danach zu Gott um Erlösung, und immer wieder sendet ihm Gott einen »Richter« (Erretter) (Kap. 2 und 3). Die ersten Feinde, die das Volk Israel unterwerfen, kommen noch hauptsächlich von außerhalb (Mesopotamien, Ammon, Amalek, Midian), aber immer mehr wird ein Volk, das Israel gegen Gottes Gebot innerhalb der Grenzen des Landes am Leben gelassen hat, zum großen Feind: die Philister. Die Geschichte der folgenden Richter finden wir ausführlich beschrieben: Barak und Debora (eine Richterin, die ein bemerkenswertes Lied komponierte (Kap. 4 und 5), Gideon (leider war sein Nachfolger sein verdorbener Sohn Abimelech - Kap. 6-9), Jephthah (mit seinem waghalsigen Versprechen - Kap. 10-12) und schließlich vor allem Simson (Kap. 13-16), der ganz allein mit den Philistern kämpft, zum Schluß selber stirbt, aber Tausende von Philistern mit in den Tod reißt. In einem traurigen Anhang (Kap. 17-21) wird über die offizielle Einführung des Götzendienstes im Stamm Dan gesprochen und über die Verwirrung, die einer Greueltat im Lande Benjamin folgte - alles eine Folge des Nichtanerkennens der Autorität Gottes und mangelnder straffer, regelmäßiger Leitung: Es fehlte ein Königtum.
Das Buch *RUTH* beschreibt eine liebliche Episode aus der Zeit der Richter und ist ein Übergang zum Buch Samuel, in dem wir die Einführung des Königtums finden. Das Buch Ruth erzählt uns die Geschichte von Ruth, der Moabiterin, einer jungen heidnischen Frau, die Gott kennen und dienen lernt und durch Gottes Gnade in sein Volk aufgenommen werden darf. Durch ihre Ehe mit Boas, dem »Löser« des Erbteils ihres verstorbenen Mannes, wird sie in Bethlehem zur Ahnmutter des Messias: Jesus von Nazareth!
Das Buch *SAMUEL* (in unserer Bibel teilt man es in zwei Bücher auf: 1. und 2. Samuel), schließt an das Buch Ruth an, indem es uns die letzten Richter, den Priester Eli und den Propheten *Samuel* be-

schreibt. Der große Abfall Israels hat diese Berufung des ersten großen Propheten notwendig gemacht. Wir lesen über die Geburt und Weihe des jungen Samuel, über die Gottlosigkeit der Söhne des Priesters Eli und über die Eroberung (durch ihre Schuld) der heiligen Bundeslade durch die Philister (Kap. 1-6). Nun tritt Samuel auf, und nachdem Jahwe die Lade zurückgebracht hat, schlägt Israel die Philister (Kap. 7). Samuel richtet (regiert) das Land viele Jahre. Dann kommt das Volk aus falschen Motiven mit der *Bitte um einen König;* darum gibt Gott ihnen erst einen König nach ihren eigenen Wünschen, *Saul,* ehe er ein Königtum nach seinem Herzen einsetzt (Kap. 8-12). Wohl besiegt Saul seine Feinde, aber er rebelliert oft gegen Gott (Kap. 13-15). Darum läßt Gott nun durch Samuel den »Mann nach seinem Herzen« zum König salben: *David,* einen tapferen, jungen Mann, der schnell die Herzen der Königsfamilie gewinnt (Kap. 16-18). Saul begreift schon bald, daß Gott David als seinen Nachfolger bestimmt hat und versucht wiederholt, David zu töten; David wird ein Flüchtling, solange Saul lebt (Kap. 19-27). Schließlich geht Saul geistlich und körperlich ganz zugrunde; im Kampf gegen die Philister verübt er Selbstmord.
Das Buch *2. SAMUEL* enthält die Geschichte von *Davids Regentschaft* als König. Nach dem Tode Sauls wird er zunächst in Hebron als König über seinen eigenen Stamm, Juda, ausgerufen (Kap. 1 und 2). Ein Sohn Sauls ist durch dessen General auf den Thron Israels gesetzt worden, und David versucht eine friedliche Regelung zu treffen, was aber durch Intrigen und Mordtaten anderer mißlingt (Kap. 2-4). Er selbst kann jedoch mit reinen Händen den Thron Israels besteigen, macht Jerusalem zur Residenzstadt und bringt auch die Bundeslade dorthin; den Tempelbau muß er jedoch seinem Nachfolger überlassen (Kap. 5-7). David besiegt nun die umliegenden Feinde und festigt so ein mächtiges Königreich (Kap. 8-10). Aber dann fällt er in Sünde, indem er Ehebruch begeht und einen Mord veranlaßt (Kap. 11 und 12). Unbewußt ruft er seine eigene Strafe über sich aus und muß »vierfältig vergüten«: Ab jetzt wird seine Familie durch Zwistigkeiten und Aufstände zerrissen. Erst stirbt das Kind von seiner Frau Bathseba, danach wird sein ältester Sohn Ammon von dessen Halbbruder Absalom aus Rache ermordet (Kap. 12 und 13). Nach Absaloms Exil und Rückkehr beginnt dieser einen Aufstand und ruft sich selbst zum König aus; David muß flüchten, aber später besiegen seine Männer das Heer Absaloms und dieser kommt um - zum großen Jammer Davids (Kap. 13 und 19). Auch der zweite Aufstand, unter Seba, wird niedergeschlagen und David begleicht eine alte Blutrache am Hause Sauls (Kap. 20 und 21). Nun folgen Davids Lobgesang, seine letzten Worte und die Nennung seiner Helden und ihrer Taten (Kap. 21-23). Das Buch endet mit einem

weiteren Versagen Davids: eine hochmütige Zählung des Kriegsvolks bringt eine große Plage über Israel (Kap. 24).

Das Buch der *KÖNIGE* (wiederum in 2 Bücher aufgeteilt: 1. und 2. Könige) schließt direkt an 2. Samuel an und beschreibt die nächsten Jahrhunderte der Monarchie bis zu ihrem Untergang. Das erste Buch beginnt mit den letzten Tagen Davids und der Salbung seines Sohnes *Salomo* zum König. Erst als ein Zwischenfall mit Davids ehrgeizigem Sohn Adonia beendet ist, kann Salomo auch zum König ausgerufen werden, der dann nach Davids Tod auf dessen Geheiß mit verschiedenen Feinden abrechnet (Kap. 1 und 2). Auf Salomos Gebet hin schenkt Gott ihm sehr viel Weisheit und Reichtum (Kap. 3 und 4), so daß neben einem Königspalast auch ein herrlicher *Tempel* gebaut werden kann, der von Salomo selber eingeweiht wird (Kap. 5-8). Sein Reichtum und seine Macht nehmen immer mehr zu, so daß sogar die Königin von Saba ihn besuchen kommt, um seinen Prunk und seine Weisheit zu bewundern (Kap. 9 und 10). Leider kommt Salomo wegen seiner vielen heidnischen Frauen zu Fall: Er beugt sich vor ihren Götzen, und Gott nimmt ihm das Königreich weg (Kap. 11). Unter Salomos Sohn Rehabeam spaltet sich das Reich in zwei Teile: Rehabeam behält nur zwei Stämme (das *Südreich »Juda«*), aber zehn Stämme unterstellen sich dem Ephraimiten Jerobeam (das *Nordreich »Israel«*). Die Bücher der Könige beschäftigen sich nun hauptsächlich mit der Geschichte des Zehnstämmereiches, während die Bücher der Chronik uns mehr über das Zweistämmereich informieren. In I. Könige finden wir weiter vor allem die Geschichte der Dynastie Jerobeams (Kap. 11-14) und die der gottlosen Könige Omri und Ahab (Kap. 16-22). Das Volk sinkt immer weiter in Götzendienst und Sittenverfall, so daß Gott ihm den Propheten *Elia* sendet, der den wunderbaren Beweis dafür liefert, daß Jahwe größer ist als alle Götzen (Kap. 18). Neben Elias persönlichen, wunderbaren Erfahrungen (Kap. 19) hören wir von seinen wiederholten Treffen mit König Ahab, der schließlich im Kampf gegen die Aramäer umkommt (Kap. 22).

Das Buch *2. KÖNIGE* erzählt die weitere Geschichte von Ahabs berüchtigter Dynastie, sowie von Elias Himmelfahrt. Elias Nachfolger wird der Prophet *Elisa* (Kap. 1-8). Beide sind keine schreibenden Propheten, wie wir sie in Juda finden werden, aber wir erkennen, daß Elia und Elisa in dieser äußerst dunklen Epoche Macht von Gott empfangen, mitten unter den zehn Stämmen Wunder zu tun, um das Volk zu Gott zurückzubringen. Die ganze *Geschichte des Zehnstämmereiches (Israel)* enthält neun Dynastien (oft mit nur einem König), die jede an die Macht kommen, weil ein aufständischer Knecht den vorigen König ermordet. So wird Ahabs

Haus durch Jehu ausgerottet, der auch mit dem Götzendienst Schluß macht, aber selber den Zorn Jahwes erweckt (Kap. 9-15). Zwischendurch lesen wir ab und zu immer wieder etwas über die Könige des Südreiches (Kap. 1,3,8,11,12,14-16,18-25). Das Nordreich geht nach einer Reihe sich schnell abwechselnder Könige im Kampf gegen die Assyrer, die viele Israeliten in die Gefangenschaft nach Assur wegführen, ruhmlos unter. Um das Land zu regieren, kamen auch Assyrer nach Israel, die sich dort mit dem Überrest zu den Samaritern vermischten (Kap. 17). Der Rest des Buches beschäftigt sich mit dem Kampf des Königreiches Juda, erst gegen die Assyrer (Kap. 18 und 19) und dann - nach der großen Erweckung unter König Josia - dem Kampf gegen den babylonischen König Nebukadnezar (Kap. 22-24). Dieser erobert schließlich Jerusalem und macht es mitsamt seinem prächtigen Tempel zur Wüste. Der größte Teil der Judäer (= Juden) wird nach Babel in die Gefangenschaft geführt. Das Buch endet mit dem Mord an dem zurückgebliebenen Statthalter Gedalja und der Begnadigung des jüdischen Königs Jojachin in Babel.

Die Propheten bis König Josia

In der *Geschichte des Südreiches (Juda)* kommt leider ebenfalls Abfall und Götzendienst vor, so daß Gott auch hier Propheten ruft, um das Volk vor Strafe zu warnen, es zurückzuführen zu den mosaischen Gesetzen und auf den kommenden Messias (Jesus Christus) und sein Friedensreich hinzuweisen. Bemerkenswert ist, daß die Propheten ihre Botschaft unter göttlicher Inspiration niederschrieben, so daß wir sie heute als Bücher der Bibel besitzen. Wir unterscheiden die Propheten nach dem Umfang ihrer Schriften und deren Bedeutung in 4 große und 12 kleine Propheten und behandeln sie hier in der vermutlichen chronologischen Reihenfolge der Fertigstellung ihrer Bücher (siehe Tabelle).

Das Buch *OBADJA* ist eine Prophetie gegen das Brudervolk Edom, dessen Neid und grenzenloser Haß gegenüber Jerusalem berüchtigt waren. Die Prophetie breitet sich aus zu allen Völkern und kündigt den »Tag Jahwes« (Gerichtstag des Messias) an, wie auch die Erlösung für Zion (der heilige Berg in Jerusalem).

Der Prophet *JOEL* sagt in seinem Buch während einer Hungersnot die Vernichtung des Heeres der Assyrer voraus und bringt dies auch wieder mit dem Tag Jahwes in Verbindung, an dem die Feinde gerichtet werden. Ein Überrest des Volkes Gottes wird sich bekehren, und Gottes Geist wird auf die Seinen ausgegossen werden. Schließlich folgt die Gerichtsprophetie über alle Völker und der Segen für das Volk Gottes.

Das Buch *JONA* ist ein Zeugnis davon, daß Jahwe, obwohl er Israel als sein Volk auserwählt hat, sich dennoch das Recht vorbe-

hält, als Schöpfer und Erhalter aller Menschen, auch den Heidenvölkern seine Barmherzigkeit zu erweisen. Der Prophet Jona, der als Israelit das Vorrecht hatte, Gott zu kennen, muß lernen, sich dessen Macht und Gnade zu beugen, auch dann, wenn diese Gnade die assyrische Hauptstadt Ninive betrifft, den größten Feind Israels. Gott ist auch der Gott der Nationen - eine Tatsache, die im Neuen Testament eine große Bedeutung bekommt!
Das Buch *AMOS* kündigt das Urteil über verschiedene Nachbarvölker an wegen ihrer Sünden, erklärt aber gleichzeitig, daß Gottes Langmut die Ungerechtigkeit Israels auch nicht länger ertragen wird. Das Urteil wird kommen, sowohl über die zwei als auch über die zehn Stämme, aber ein gerechter Überrest wird bewahrt und gesegnet werden unter dem Sohn Davids (Christus).
Das Buch *HOSEA* berichtet die Verwerfung sowohl des Königreichs Israel als auch des Königreiches Juda, wodurch es nicht länger nur ein auserwähltes Volk Gottes auf Erden geben wird, sondern die Tür für die Heiden geöffnet wird. Israel würde lange Zeit allein bleiben, ohne König und Gottesdienst, sogar ohne Götzendienst; aber am Ende der Zeiten würden sie Jahwe und »David« (»Christus«) wieder anerkennen. Ab Kapitel 4 finden wir einen ernsten Appell an das Gewissen Israels, eine neue Ankündigung der Vergeltung, aber schließlich auch eine Zusage der Gnade und die Verheißung von Israels Bekehrung und Wiederherstellung und Segnung durch Jahwe. Der Schlußvers erinnert uns daran, daß das ganze Buch eine prächtige Darstellung der »Wege« Jahwes ist.
Das Buch *MICHA* beschreibt ebenfalls das allgemeine Urteil über die Reiche Juda und Israel wegen ihrer Sünden, durch die das Land verunreinigt ist und kein Ruheplatz mehr sein kann für Gottes Volk. Warnungen richten sich an die Führer des Volkes, an die falschen Propheten und die Stadt Jerusalem; der Prophet kündigt aber auch an, daß die Stadt am Ende der Tage in Gnade wiederhergestellt werden wird. Als Folge der Verwerfung des Messias soll die Stadt von den Heiden belagert und das Volk zerstreut werden bis zum Ende der Zeiten. Aber dann wird derselbe Messias, den sie verwarfen, sie befreien, sie segnen und über sie herrschen, während alle Ungerechtigkeit aus dem Volk ausgerottet werden wird. Nach diesen Verheißungen warnt der Prophet das Volk von neuem vor falschem Gottesdienst und beklagt sich über die Verderbtheit des Volkes, hält aber gleichzeitig Ausschau nach der Erfüllung der Verheißung Gottes.
Das Buch *JESAJA* hat ein sehr weites Blickfeld. Die Einleitung berichtet den Fall Judas und Jerusalems und die kommenden *Gerichte,* aber auch die Wiederherstellung unter dem Messias (Kap. 1-4). Dann folgen die sieben »Weherufe» über das Volk, das als »versa-

gende Weingärtner Gottes« beschrieben wird, aber auch über den Propheten selber, der vor Gott genauso sündig ist wie jeder andere Mensch (Kap. 5 und 6). Dann folgt die gewaltige *Prophetie über Immanuel* (den *Messias*), den Sohn der Magd, der - auch wenn ein Gericht über das Volk kommt - die frohe Hoffnung für die Treuen im Volk ist und einmal sein Königreich gründen wird (Kap. 7-9). Dann nimmt der Prophet den Faden der Geschichte des Volkes wieder auf, die Warnungen, die es schon bekommen hat und die Ankündigungen der größten Bedrohung: die Assyrer; aber der Messias wird die Feinde besiegen und sein herrliches Friedensreich aufrichten (Kap. 9-12). Nun folgt der zweite Hauptteil des Buches (Kap. 13-27), in dem das Urteil über die umliegenden Völker (vor allem über den neuesten Feind Babel) und die Gefangenschaft Israels angekündigt werden, aber auch die zukünftige Wiederherstellung des Volkes Gottes. Da werden dann die bösen Mächte in der Höhe und die Könige auf Erden verurteilt und der Schleier, der über den Völkern lag, wird weggenommen. Es gibt Segen für Zion, die Auferstehung von den Toten kommt ins Blickfeld, und Israel wird wieder angenommen (Kap. 24-27). Im dritten Hauptteil (Kap. 28-35) werden in verschiedenen Prophetien die Angriffe der Völker auf Gottes Volk beschrieben und die geistlichen Lektionen, die Israel daraus lernen soll, aber jede Prophetie endet durch Gottes Güte mit dem messianischen Heilsstaat und dem vollen Segen für Israel.

Der nächste Teil (Kap. 36-39) ist rein historisch, aber wichtig, um die Ursache der verschiedenen Prophetien zu verstehen: Der Angriff der Assyrer und die Krankheit und Genesung des Königs Hiskia sind wie ein sinnbildlicher Hinweis auf die letzten Tage. Der letzte Hauptteil des Buches beschreibt Gottes großes Streitgespräch mit seinem Volk, erstens wegen ihres abscheulichen Götzendienstes - wobei gleichzeitig das Urteil über Babel (Hochburg des Götzendienstes), vollstreckt durch Cyrus von Persien, vorausgesagt wird (Kap. 40-48) - und zweitens wegen ihrer (damals noch zukünftigen) Verwerfung des Messias, dem leidenden Knecht Jahwes (Kap. 49-57). Die vier tiefgründigen *Prophetien über Jesus Christus* als Knecht Jahwes (auch schon in Kap. 42, weiter in Kap. 49, 50, 52 und 53), vor allem die letzte, bilden die Höhepunkte in diesem Buch! In einem Nachwort (Kap. 58-66) finden wir neue Ermahnungen für Israel und aufs neue die Herrlichkeit des wahren Volkes Gottes in der Endzeit.

Das Buch *NAHUM* bringt die Empörung Gottes gegenüber den Mächten dieser Welt zum Ausdruck: Sie werden niedergeschmettert werden, und hierbei wird vor allem an Ninive (Hauptstadt der Assyrer) gedacht. Ninive wird nie mehr aufgebaut werden, aber Juda wird erlöst.

Die Propheten kurz vor und während der Gefangenschaft

Das Buch *ZEPHANJA* kündigt die bevorstehenden Gerichte über das Land an wegen all der Ungerechtigkeit, Heuchelei und Götzendienerei; der große und schreckliche »Tag des Herrn« wird auch die Nachbarvölker treffen. Dann beschreibt der Prophet einen armen und verzweifelten Volksrest in Jerusalem, der seine Hoffnung auf Jahwe gesetzt hat, und ruft diesen Überrest auf, auf Jahwe zu warten und verkündet dann - wie wir immer wieder bei den Propheten sehen - ihr Schicksal in der Endzeit: die Gläubigen aus allen Völkern und die geistliche und nationale Wiederherstellung Israels werden vorhergesehen, und Gott wird seine Liebe für Jerusalem erzeigen und ihm einen Namen machen unter allen Völkern.

Das Buch *HABAKUK* schildert uns persönliche Erfahrungen des Propheten, der unter der Ungerechtigkeit des Volkes Gottes leidet. Gott zeigt ihm, wie er die Sünden bestrafen wird: durch die Chaldäer (Babel). Doch nun leidet der Prophet durch Liebe und Mitleid noch mehr für das Volk und klagt seinerseits die Chaldäer an wegen ihrer Sündhaftigkeit. Die Antwort Gottes ist, daß er auch sie verurteilen wird und daß der Gerechte aus Glauben leben muß; der Tag Jahwes wird kommen, und die Erde wird erfüllt werden mit der Erkenntnis seiner Herrlichkeit. Der Prophet versteht die Lektion: Gottes Worte machen ihn enthusiastisch, er erinnert sich Gottes früherer Erlösung und freut sich in dem Herrn, auch wenn jetzt noch nichts von einer Erlösung zu sehen ist.

Das Buch *JEREMIA* beschreibt die interessante, lange *Geschichte des Propheten* selber und seine mutigen Prophetien, unter verschiedenen aufeinanderfolgenden Regenten Judas ausgesprochen, bis er den schmerzlichen Fall Jerusalems miterlebt und mit einem Teil des ausgeplünderten Volkes nach Ägypten zieht. Sein ganzes Leben ist im Blick auf das kommende Gericht wegen der Sünden des Volkes eine einzige Warnung an Juda. Dieses Gericht ist nicht mehr aufzuhalten und wird durch die Babylonier ausgeführt werden. Diejenigen im Volk, die wirklich bereuen und sich dem unabwendbaren Gericht Gottes beugen wollen, können nur eines tun: überlaufen nach Babel, während der letzte König, Zedekia, immer wieder ermahnt wird, die Stadt in die Hände der Belagerer zu übergeben. Das Buch wird immer wieder durch erschütternde Episoden aus dem Leben Jeremias unterbrochen (u.a. Kap. 7,11,13,18-22,26-29,32, 34-44), aber auch durch herrliche *messianische Prophetien* über die Wiederherstellung des Volkes (Kap. 3), über den »Sproß« aus dem Geschlecht Davids (Kap. 23) und über die unwandelbare Liebe Gottes gegenüber den 12 Stämmen. Ihre sichere Wiederherstellung unter dem Sohn Davids, der neue Bund mit ihnen in der Endzeit und ihre segensreiche Zukunft in einem wiederhergestellten Land und

der wiederhergestellten Stadt werden prophezeit (Kap. 30-33). Nach der Geschichte von Zedekia, dem Fall der Stadt und der Flucht nach Ägypten (wo das Volk immer noch Götzendienst treibt) folgt zum Schluß eine Reihe Gerichtsankündigungen über die Völker und über Babel (Kap. 46-51); Kap. 52 ist ein geschichtlicher Anhang.
Das Buch *KLAGELIEDER* enthält die Klagelieder Jeremias über den Untergang Israels (als auserwähltes Volk Gottes) und Jerusalems (als Stadt, in der Gott seinen Namen wohnen ließ). Der größte Schmerz für den wahren Gläubigen ist, daß es Gottes eigenes Volk, sein Altar und sein Haus sind, die zerschlagen werden mußten; aber er erkennt, daß Gottes Gerechtigkeit angesichts des Zustands des Volkes nicht anders handeln konnte. Es ist also ein sehr tragisches Buch - dennoch, das Vertrauen zu Gott und die Hoffnung auf Wiederherstellung fehlen nicht.
Das Buch *HESEKIEL* wurde von einem Propheten geschrieben, der Priester in Jerusalem war, aber später mit den ersten Gefangenen (unter König Jojachin) nach Babel geführt wurde und sich dort am Fluß Chebar niederließ, wo er wenigstens 22 Jahre unter den Gefangenen prophezeite, sowohl vor als auch nach dem Fall Jerusalems unter Zedekia. Was Jeremia in Juda tat, tat Hesekiel in Babel: Er wies das Volk darauf hin, daß dessen eigenen Sünden in einer Katastrophe enden würden. Der erste Teil des Buches (Kap. 1-24) enthält die Prophetien über den *Fall Jerusalems.* Sie beginnen mit Visionen des Propheten über die Herrlichkeit des Herrn, die bevorstehende Verwüstung von Stadt und Land, über den Götzendienst sogar im Tempel und über das Zurückziehen der Herrlichkeit Jahwes aus dem Tempel und der Stadt (Kap. 1-11). Ernste Warnungen für Führer und falsche Propheten, für die Stadt und für die Könige Judas folgen (Kap. 12-19). Wichtig ist, daß der Prophet betont, daß Juda sich genau dasselbe hat zuschulden kommen lassen wie das Nordreich und deshalb vom selben Schicksal ereilt werden wird (Kap. 20-24). Aber auch die umliegenden, gottlosen Völker werden dem Gericht Jahwes durch die Hand Nebukadnezars nicht entrinnen (Kap. 25-32). Dann folgen mächtige *messianische Verheißungen* (Kap. 33-39): die Bewahrung Einzelner durch persönlichen Glauben; die Ankündigung des wahren Hirten: des Messias, des Sohnes Davids; Ankündigung der Verwüstung des Erzfeindes Israels, Edom, und die Wiederherstellung und Wiedergeburt Israels, ihr nationales und geistliches Erwachen und die Wiedervereinigung der 12 Stämme, sowie die Vernichtung der letzten Feinde: Gog und Magog. Das Buch endet mit einer Beschreibung des neuen Tempels und der wiederhergestellten Ordnung im Lande (Kap. 40-48).
Das Buch *DANIEL* hat einen ganz eigenen Charakter: erstens, weil

es sich in einen historischen (Kap. 1-6) und einen prophetischen (Kap. 7-12) Teil unterteilen läßt, und zweitens, weil es sich nicht so sehr mit dem Schicksal und der Zukunft Israels beschäftigt als mit den *vier Weltreichen,* die in der Zeit, in der Israel nicht mehr sichtbar das Volk Gottes sein würde, nacheinander auftreten werden. Daniel erlebt selber zum Teil zwei der Reiche: das Babylonische und das Reich der Meder und Perser, und er weissagt auch über das noch bevorstehende Griechisch-Mazedonische und das Römische Reich. Wegen seiner großen Weisheit verkehrt er stets als Ratgeber und Regierender am Hofe der aufeinanderfolgenden Machthaber, aber befleckt sich nicht mit den unreinen Dingen der Heiden (Kap. 1). Zunächst werden in Form eines großen Standbildes, von dem Nebukadnezar geträumt hatte und das durch das Reich Christi vernichtet wird, vier Weltreiche vorgestellt (Kap. 2). Zweitens sieht Daniel die vier Reiche selber in einem Traum, nun aber in ihrer wahren Bedeutung: als vier Tiere, die von dem Reich des »Sohnes des Menschen« vertilgt werden (Kap. 7). Verwoben mit der Geschichte dieser Reiche sehen wir die des verworfenen Israel mit Hoffnung auf Wiederherstellung; der Engel Gabriel bestätigt diese Hoffnung durch die Prophetie über die »70 (Jahr-)Wochen« über Israel und Jerusalem (Kap. 9). Das Buch endet mit dem Hinweis auf Wiederherstellung (Kap. 12).

Die Bücher nach der Gefangenschaft

Das Buch der *CHRONIK* (wieder aufgeteilt in zwei Teile) behandeln wir hier, weil es nach der Gefangenschaft geschrieben wurde und zusammen mit den Büchern Esra und Nehemia ein Ganzes bildet. Das erste Buch (1. Chronik) greift jedoch ganz zurück bis auf Adam; es beginnt mit dem wichtigsten Geschlechtsregister Israels (Kap. 1-9) und beschreibt ferner die Geschichte des Königs David und seiner Nachkommen auf dem Thron in Jerusalem. Das ganze Werk wurde anscheinend geschrieben, um den Juden, die aus der babylonischen Gefangenschaft nach Jerusalem zurückgekehrt waren, die *positiven Seiten ihrer früheren Geschichte* vorzustellen, die Seiten, an die auch Gott gerne zurückdachte. Darum hören wir hier nur so viel über das Nordreich und über die Fehler Davids, über Salomo und die folgenden Könige, wie unbedingt notwendig ist, um diese Phase von Gottes Gnade in der früheren Geschichte zu begreifen. So hören wir im ersten Buch nichts über Davids Ehebruch und Mord und über seine Flucht vor Absalom, wohl aber einen ausführlichen Bericht über das Heimholen der Bundeslade nach Jerusalem (Kap. 13-16), über Davids Helden und Heldentaten (Kap. 11,12, 18-20) und über seine Vorbereitungen für den Tempelbau (Kap. 17,21-29). Die Gottesherrschaft, repräsentiert im Königtum

Davids und dem Priesterdienst (Lade und Tempel), bilden den Kern des Buches.
Das Buch *2. CHRONIK* verfolgt die gleiche Linie. Es beschreibt die *Geschichte der Könige* aus dem Haus Davids, von Salomo bis zur Gefangenschaft. Hier wird größere Betonung auf den Tempelbau durch Salomo (Kap. 2-8) gelegt als auf die persönlichen und oft weniger schönen Geschehnisse im Leben dieses Königs, wie wir sie in 1. Könige finden. Dann werden vor allem die Könige, die Gott treu gedient haben, geschildert, die Könige, die den Gottesdienst im Lande gefördert haben, wie Asa (Kap. 14-16) und Josaphat (Kap. 17-21). Wir lesen ferner von der Reformation durch den Priester Jojada, während König Joas regierte (Kap. 22-24), über Amazja (Kap. 25) und die Erweckung unter Hiskia (Kap. 29-32) wie auch unter Josia (Kap. 34-35). Der Abfall Judas und schließlich der Fall Jerusalems werden nur kurz beschrieben, und das Buch endet mit der Ankündigung Cyrus' über das Ende der Gefangenschaft und die Rückkehr nach Juda (Kap. 36).
Das Buch *ESRA* beginnt mit denselben Worten, mit denen 2. Chronik endet. Es gibt uns Einzelheiten über die (religiöse und politische) *Wiederherstellung der jüdischen Nation* nach der babylonischen Gefangenschaft. Die ersten Gefangenen kehren unter der Leitung von Serubabel und Josua zurück (Kap. 3) und haben den Mut, den Altar in Jerusalem wieder zu errichten: das Herz des Gottesdienstes des Herrn. Der Opferdienst wird wieder aufgenommen und das Laubhüttenfest gefeiert. Dann beginnt der *Wiederaufbau des Tempels,* wenn auch unter Widerstand der Feinde, so daß die Arbeit mehrmals für längere Zeit unterbrochen wird (Kap. 3-5). Die Propheten Haggai und Sacharja ermutigen das Volk deshalb, die Arbeit wiederaufzunehmen, und der König der Perser unterstützt dieses Vorhaben, so daß die Arbeit fertiggestellt, der neue Tempel eingeweiht und das Passahfest wieder gefeiert wird (Kap. 5 und 6). Viele Jahre später kommt unter der Leitung des Priester-Schriftgelehrten Esra eine weitere Gruppe Gefangener heim (Kap. 7 und 8). Esra bringt das unordentliche Volk tatkräftig zum alten mosaischen Gesetz zurück (Kap. 9 und 10).
Das Buch *NEHEMIA* schließt an Esra an. Nehemia steht im Dienst des Königs von Persien (Arthaxerxes I.), sehnt sich aber danach, daß neben Altar und Tempel auch die eigentliche Stadt *Jerusalem* mit ihren Mauern *wiederaufgebaut* wird. Er bekommt dazu die Bewilligung des Königs und führt diese schwere Arbeit unter viel Widerstand seitens der Samariter bis zum Ende durch (Kap. 1-7). Die Treue Nehemias und sein Gottvertrauen sind dabei besonders auffällig. Anschließend wird die Reformation unter Esra und Nehemia beschrieben; Esra liest dem Volk das ganze Gesetz vor, und

der Bund wird erneuert (Kap. 8-10). Es folgen Listen der Einwohner Jerusalems und der Priester und Leviten und ein Bericht über die Einweihung der Stadtmauer (Kap. 11 und 12). Nach zwölf Jahren besucht Nehemia, von Persien kommend, das Land zum zweiten Male und muß erneut mit Macht auftreten, um das mosaische Gesetz zu festigen (Kap. 13).

Das Buch *ESTHER* gibt uns ein treffendes Bild von Gottes vorhersehender Sorge um sein Volk, während dies im fremden Land wohnt und augenscheinlich nicht mehr sein Volk ist: eine Sorge, die Gott hegt, während er selbst im Verborgenen bleibt. Der Name Gottes wird in diesem Buch nicht einmal genannt, und das ist kennzeichnend dafür. Gottes Vorsehung bringt die junge jüdische Frau Esther an den persischen Hof. Es gelingt ihr, der drohend bevorstehenden Ausmerzung ihres Volkes vorzubeugen. Der Bedränger ihres Volkes, Haman, wird gehängt; ihr Vetter, Hamans Feind Mardochai, erhält eine hohe Stellung, und die Juden rächen sich an ihren Feinden.

Das Buch *HAGGAI* ist das erste der drei prophetischen Bücher nach der Gefangenschaft. Wir begegneten dem Propheten schon einmal als einem, der das Volk zum Wiederaufbau des Tempels ermutigte; hier finden wir seine Worte. Nach der Fertigstellung des Tempels erklärt Haggai, daß Gott mit seinem Wort und seinem Geist mit dem Volk sein würde, und daß er einmal Himmel und Erde erbeben lassen würde: dann würden die Heiden sich zu dem Messias wenden und der Tempel mit wahrhaftiger Herrlichkeit erfüllt werden. Serubabel war nach den Worten Haggais eine Vorschattung des Messias.

Das Buch *SACHARJA* besteht aus zwei Teilen: Der erste Teil (Kap. 1-6) enthält acht verschiedene Visionen, in denen *Jerusalems Schicksal* Hauptthema ist. Die Stadt ist ein Spielball in den Händen der vier einander folgenden und sich gegenseitig vertreibenden Weltreiche (vorgestellt als »Hörner« und als »Wagen«: Kap. 1,2 und 6). Der Prophet sieht aber auch das Gericht über diese Völker voraus und die Wiederherstellung der Stadt in ihrem alten Glanz unter dem Messias, dem »Sproß« (Kap. 3 und 6). Jerusalem wird in der Person des Hohenpriesters Josua gerechtfertigt (Kap. 3), das wiederhergestellte König- und Priestertum wird vorgestellt als Abbild des *Messias,* des König-Priesters (Kap. 4 und 6), und die Gottlosigkeit und der Götzendienst werden verurteilt (Kap. 5). Der zweite Teil (Kap. 7-14) enthält drei Reden Gottes; auch hier sind Jerusalem und der Messias Mittelpunkt. Der erste Teil (Kap. 7 und 8) gibt eine prächtige Beschreibung von der zukünftigen Wiederherstellung Jerusalems unter dem Messias, wogegen der zweite Teil (Kap. 9-11) diesen Messias in seinem niedrigen Stand vorstellt, den er bei seinem ersten Kommen haben wird; nach seiner Verwerfung wird Israel den Händen eines »nichtsnutzigen Hirten« übergeben. Die letzte Rede Gottes (Kap. 12-14) beschreibt Jerusalems Erlösung beim (zweiten) Kommen Christi in Herrlichkeit, die Bekehrung und Versöhnung der Getreuen und den erhabenen, zukünftigen Zustand der Stadt und ihrer Einwohner.

Das Buch *MALEACHI* zeigt uns den großen, moralischen *Verfall des Volkes* nach seiner Rückkehr aus Babylon, trotz Gottes erwählender Liebe. Alle, die treulose Opfer darbringen, die unwürdigen Priester und das unheilige Volk, werden scharf zurechtgewiesen. Dann wird (in diesem letzten Buch des Alten Testaments!) das Kommen Johannes des Täufers (der direkte Vorbote Christi...) vorhergesagt und danach das *Kommen des Messias* selber, der das Volk läutern wird durch das Gericht; die Gottesfürchtigen wird er bewahren und über ihnen aufgehen als Sonne der Gerechtigkeit zur Heilung. Das Alte Testament endet mit dem Hinweis auf seine zwei wichtigsten Personen: einem Aufruf, zum Gesetz des Mose zurückzukehren, und die Ankündigung des Propheten Elia mit der Aufforderung, sich zu bekehren, damit das Volk nicht vom Gericht heimgesucht wird.

Poetische Bücher und Bücher der Weisheit

Im Herzen des Alten Testaments finden wir fünf Bücher, die angesichts ihrer Tiefe, Weisheit und Schönheit die Elite der ganzen Weltliteratur bilden. Wir wollen sie hier gesondert behandeln.

Das Buch *HIOB* erzählt die Geschichte eines reichen, aber gottesfürchtigen Mannes mit Namen Hiob. Gott ließ es zu, daß Satan ihm alles nahm, was er hatte, sogar seine Familie und seine Gesundheit. Zusammen mit seinen Freunden ringt Hiob mit dem großen Problem, warum ein gerechter Gott einen gerechten und unschuldigen Menschen so sehr leiden lassen kann in dieser Welt. Das Buch Hiob zeigt uns Satans Macht, aber auch Gottes Vorsehung, die *Leiden* zuläßt und *zur Erziehung der Gerechten* gebraucht, nicht allein zur Bestrafung der Schuldigen, wie die Freunde Hiobs meinen. Nur der vierte Freund, Elihu (Kap. 32-37), begreift etwas davon; aber schließlich ist es Jahwe selbst, der Hiob die Antwort gibt (Kap. 38-41). Nun erst lernt Hiob Gott wirklich kennen und tut Buße über seine Vermessenheit, Gott zur Verantwortung gezogen zu haben. Obwohl Hiob schon zur Zeit der Erzväter gelebt haben muß, behandelt das Buch ein universelles Problem, das zu jeder Zeit aktuell ist.

Der *PSALTER* ist eine Sammlung von 150 *Liedern, Gebeten* und *Unterweisungen,* die die schmerzvollen, frohen, angstvollen, hoffnungsvollen, verzweifelten, vertrauenden und begeisterten Gefühle der alttestamentlichen Gläubigen ausdrücken; er ist damit in mancher Hinsicht ein Buch der Gefühle der Gläubigen aus allen Zeiten. Das ganze Werk ist in fünf Bücher aufgeteilt. Im ersten Buch (Psalm 1-41) finden wir mitten in einem gottlosen Volk einen getreuen und gerechten Überrest, der seine Hoffnung auf den Messias richtet, dem wir hier als Sohn Gottes (Psalm 2), Menschensohn (Psalm 8), demütigem Menschen (Psalm 16), leidendem und verherrlichtem Knecht (Psalm 22) und als wahrem Opfer (Psalm 40) begegnen. Im zweiten Buch (Psalm 42-72) finden wir das Leiden der Gerechten, Christi Leiden (vor allem in Psalm 69) und seine endliche Verherrlichung und Regentschaft (Psalm 72). Das dritte Buch (Psalm 73-89) nennt nicht nur Juda und Zion, sondern betrachtet ganz Israel (die 12 Stämme) und dessen Geschichte seit dem Anfang (siehe Psalm 78). Das vierte Buch (Psalm 90-106) beschreibt vor allem die unwandelbare Herrschaft Jahwes, wie sie nach seinem Leiden, Sterben und Auferstehen im Messias begründet wird (Kern: 102); dies bedeutet die schließliche Errettung des Volkes Gottes auf Grund Jahwes Verheißung an die Väter (Psalm 105 und 106). Das fünfte Buch (Psalm 107-150) geht tiefer auf dieses Thema ein, zeigt Christus zur Rechten Gottes (Psalm 110) und die Wiederherstellung des Volkes: seinen Gang nach Jerusalem, vorgestellt in den Wallfahrtsliedern (Psalm 120-134) und schließlich das große »Hallel«, eine Reihe gewaltiger Lobpreisungen (Psalm 146-150).

Die *SPRÜCHE* Salomos zeigen uns die *Weisheit* göttlicher Autorität gegenüber dem Ego (der Ichbezogenheit), der Verderbtheit und Gewalttätigkeit der menschlichen Natur. Der erste Teil zeigt allgemeine Grundregeln und stellt uns Christus als die wahre Weisheit Gottes vor, die bereits vor Entstehung der Welt ihr Wohlgefallen an den Menschenkindern findet (Kap. 1-8). Der Rest des Buches erarbeitet dieses Thema für allerlei Lebensumstände (Kap. 9-29), während wir nach den Sprüchen Salomos noch die Sprüche Agurs und des Königs Lemuel finden (Kap. 30 und 31). Das ganze Buch zeigt uns, wie der Gläubige die Verführungen dieser Welt meiden kann, ohne daß es nötig wäre, zuvor alle Ungerechtigkeit selber kennenzulernen.

Der *PREDIGER* Salomo beschreibt den Versuch eines Mannes, den Sinn des Lebens zu begreifen und wahres Glück zu finden, indem er sich auf alles, was »unter der Sonne« ist, beschränkt (d.h. auf die sichtbaren Dinge). Das Resultat dieser Forschung ist, daß sich alles als »eitel« erweist (sinnlos und hoffnungslos), solange man Gott draußen läßt. Die Bedeutung des Lebens wird erst dann deutlich, wenn man erkennt, daß Gott am Ende dieses Lebens beurteilen wird, inwieweit es mit seinem Gesetz in Einklang war. Das Buch des Predigers zeigt uns, daß die Weisheit des Menschen ohne Gott Torheit ist, und daß Gott dem Leben einen Sinn gibt.

Das *HOHELIED* Salomos schließlich ist eine Sammlung wunderschöner *Liebeslieder* des Königs Salomo und seiner sulamitischen Braut, in der die Gläubigen von jeher ein Sinnbild auf das Verhältnis zwischen Christus und seiner Gemeinde oder Gott und seinem Volk gesehen haben. Es gibt eine geistliche Steigerung in diesem Buch, in der der individuelle Gläubige viel von seiner geistlichen Erfahrung mit seinem Herrn wiederfinden kann, in seinem Versagen, aber auch im Wachstum seiner Abhängigkeit.

Der Inhalt des Neuen Testaments

Ein alter Spruch lehrt uns: *Das Neue Testament ist im Alten verhüllt - das Alte Testament ist im Neuen erfüllt.* Wir haben im Alten Testament die Verheißung und das Gesetz; im Neuen sehen wir den, der die Erfüllung sowohl der Verheißung als auch des Gesetzes ist. Im Alten Testament gibt es von Anfang an für die in Sünde gefallene Menschheit den Hinweis auf den Messias, den Gottes- und Menschensohn, der sich in Niedrigkeit als Opfer für die Sünden geben und nach seiner Verherrlichung der Herr über alle Dinge sein würde. - Im Neuen Testament sehen wir *Jesus von Nazareth,* in dessen Person sich *alle Prophetie vollkommen erfüllte;* der litt und starb, von den Toten auferweckt wurde und verherrlicht ist zur Rechten Gottes im Himmel, von wo er den Heiligen Geist gesandt hat, der Gottes Gemeinde auf Erden baut und leitet, und von wo er wiederkommen wird, um die Lebenden und die Toten zu richten.
Wie im 9. Kapitel geben wir auch hier einen kurzen Überblick über die verschiedenen Bücher in etwaiger chronologischer Reihenfolge; eine vorangestellte *Tabelle* nennt die wichtigsten Daten.

Buch	*Art*	*Autor*	*Empfänger*	*Datum n. Chr.*	*Ort der Abfassung*
Matthäus	Evangelium	Matthäus	Judenchristen?	50-70	Palästina? (Antiochien?)
Markus	Evangelium (als Dolmetscher	Markus von Petrus?)	Heidenchristen (in Rom?)	50-70 50-70	Rom? Rom?
Lukas	Evangelium	Lukas	Theophilus (+ Heidenchristen)	ca. 60	Cäsarea?
Johannes	Evangelium	Johannes	hauptsächlich an Christen (Kleinasien?)	60-95	Ephesus?
Apostelgeschichte	Geschichte der Apostel	Lukas	Theophilus (+ Heidenchristen)	ca. 63	Cäsarea?
Galater	Brief	Paulus	Gemeinde in Galatien	48/49	Antiochien
1. Thessalonicher	Brief	Paulus	Gemeinde in Thessalonich	50/51	Korinth
2. Thessalonicher	Brief	Paulus	Gemeinde in Thessalonich	50/51	Korinth
1. Korinther	Brief	Paulus	Gemeinde in Korinth	55-57 (53-55)	Ephesus
2. Korinther	Brief	Paulus	Gemeinde in Korinth	56/57 (54/55)	Mazedonien
Römer	Brief	Paulus	Gemeinde in Rom	57/58 (55/56)	Korinth
Philemon	Brief	Paulus	Philemon (+ Gemeinde im Hause) (Kolossä)	62/63 (60/61)	Rom
Epheser	Brief	Paulus	Gemeinde in Ephesus (oder Rundschreiben?)	62/63 (60/61)	Rom
Kolosser	Brief	Paulus	Gemeinde in Kolossä	62/63 (60/61)	Rom
Philipper	Brief	Paulus	Gemeinde in Philippi	62/63 (60/61)	Rom
1. Timotheus	Brief	Paulus	Timotheus (Ephesus)	63-66? (61-63?)	
Titus	Brief	Paulus	Titus (Kreta)	63-66? (61-63?)	
2. Timotheus	Brief	Paulus	Timotheus (Kleinasien)	66/67 (63-64)	Rom

Hebräer	Brief	Paulus?	Judenchristen (Palästina)	um 70	(wenn Paulus:) Rom
Jakobus	Brief	Jakobus	Judenchristen (Palästina)	45-62	Jerusalem?
1. Petrus	Brief	Petrus	Judenchristen (Kleinasien)	62-64	Babylon oder Rom
2. Petrus	Brief	Petrus	hauptsächl. Judenchristen	64-67	Rom?
1. Johannes	Brief	Johannes	Christen in Kleinasien	60-95	Ephesus?
2. Johannes	Brief	Johannes	die »auserwählte Herrin«	60-95	Ephesus?
3. Johannes	Brief	Johannes	Gajus	60-95	Ephesus?
Judas	Brief	Judas	hauptsächl. Christen	65-80	Jerusalem?
Offenbarung	Prophetie	Johannes	die sieben Gemeinden in Kleinasien	60-95	Patmos

Die synoptischen Evangelien und die Apostelgeschichte

Das Evangelium von *MATTHÄUS* zeigt schon in seiner Einleitung, daß es dem Evangelisten darum geht, *Jesus als den Messias* vorzustellen, den Sohn Abrahams und den Sohn Davids, denjenigen, in dem alle Verheißungen der Prophetie erfüllt sind. Wir sehen Christus hier als den Immanuel (»Gott mit uns«), von Gott her mitten in sein Volk gekommen, wo er Zeichen tut, die ihn als Messias ausweisen und die das Himmelreich auf Erden ankündigen. Israel jedoch verwirft sein Zeugnis und seine Person; und nun sehen wir, wie Christus anfängt, den Samen auszustreuen (im »Acker der Welt«), und offenbart, daß er seine Gemeinde bauen wird; diese Gemeinde wird nicht nur aus Juden bestehen, sondern aus jüdischen und heidnischen Nachfolgern. Dieses Evangelium bildet also einen geeigneten Übergang vom Alten zum Neuen Testament. Wir finden nacheinander Jesu Abstammung, seine Geburt, die Vorbereitung für seinen Dienst - immer mit der Betonung auf der Erfüllung der Prophetie (Kap. 1-4). Danach lesen wir über sein erstes Wirken im nordöstlichen Galiläa und seine große »Bergpredigt«, wo er die Statuten des Himmelreiches proklamiert (Kap. 4-7). Anschließend wird uns die Macht des Messias in der Schilderung einer Reihe von Wundern vorgestellt und in der Aussendung seiner Jünger, die die gleichen Zeichen tun (Kap. 8-10). Aber die folgenden Geschichten zeigen die Abweisung seines Vorläufers Johannes des Täufers und die Verwerfung und Lästerung von Christus selber durch das Volk (Kap. 11 und 12). Darum zeigen die folgenden sieben Gleichnisse den neuen Charakter des Himmelreiches, wo Christus sich mit seinem *Heilsangebot an die ganze Menschheit* richtet (Kap. 13). Wohl geht sein Dienst in Israel bis zum Ende am Kreuz weiter, aber Christus entfaltet nun seine Pläne hinsichtlich seiner Gemeinde und kündigt sein Leiden, Sterben und Auferstehen an (Kap. 14-18). Nun folgt sein (letzter) Dienst in Judäa: seine weiteren Unterweisungen, der Einzug in Jerusalem und die Diskussion im Tempel (Kap. 19-22). Nach seiner großen »Rede über die letzten Dinge« folgen seine Leidens- und Auferstehungsgeschichte und sein letzter Auftrag an die Jünger in Galiläa (Kap. 23-28).

Das Evangelium nach *MARKUS* zeigt uns *Christus als Diener* auf dieser Erde und macht gleichzeitig deutlich, daß dieser niedrige Knecht und Prophet gleichzeitig der Sohn Gottes ist (siehe Einleitung). Wie es sich für einen Knecht gebührt, finden wir hier weder Abstammungs- noch Geburtsnachweis und auch viel weniger Worte und Reden als bei Matthäus, wohl aber mehr sein Werk, das er als Gesandter Gottes an Gottes Volk verrichtet. Gleichzeitig finden wir hier auch wichtige Unterweisungen des Dienstknechts an alle, die seine Dienstknechte werden und in seine Fußstapfen treten wollen, um seine Verwerfung und seine Belohnung zu teilen. Nach einer kurzen Einleitung finden wir die Beschreibung von Jesu Dienst in Galiläa und am See Genezareth, wo wir ihn sieben Wunder tun sehen (danach hören wir nicht mehr von allgemeinen Heilungen in Israel). Außerdem gibt er Unterweisungen über die verborgenen Grundregeln des Reiches Gottes, und wir sehen die Zeichen seiner Macht und Autorität (Kap. 1-5). Im weiteren Verlauf lesen wir über weitere Reisen Jesu in Galiläa, den verderbten Zustand des Volkes und die Ablehnung des Dienstes Jesu durch das Volk und darum die Ankündigung seines Leidens, ehe von der Herrlichkeit die Rede sein kann. Die Jünger zeigen mehrmals, wie schwer diese Lektion zu lernen ist (Kap. 6-9). Nun folgt Jesu Dienst auf dem Weg nach Judäa, in Jericho und schließlich in Jerusalem (Kap. 10-13). Dort sehen wir sein Leiden, seinen Kreuzestod und die Auferstehung am dritten Tag, und in Galiläa gibt Jesus seinen Jüngern neue Aufträge und Verheißungen (Kap. 14-16).

Das Evangelium nach *LUKAS* hat einen universellen Charakter, d.h. es richtet sich im Grunde an die ganze Menschheit, und stellt *Jesus* darum auch als den Menschensohn vor, den Menschen von Gott *für alle Menschen.* Gott hat ein Wohlgefallen am Menschen, darum hält er in Christus das Heil bereit, das zu allen Völkern kommt (Kap. 2). Für eine sündige Menschheit bedeutet das, in Christus Gottes Gnade kennenzulernen, und das steht hier ebenfalls im Vordergrund (siehe auch die Gleichnisse). Durch seine ergreifende Schilderung des niedrigen Menschseins Jesu und der Barmherzigkeit Gottes (vor allem an sozial Verworfenen) zeigt Lukas treffend, daß er selber der »geliebte Arzt« ist (Kol. 4,14). Nach dem Prolog folgen die Geschichten der Ankündigungen und Geburten von Johannes dem Täufer und Jesus Christus und dessen Kindheit (Kap. 1 und 2), sowie die Vorbereitung auf seinen Dienst (Taufe und Versuchung in der Wüste) (Kap. 3,1-4,13). Nun folgt sein großes Wirken in Galiläa (Kap. 4,14-9,50): die erste Offenbarung seiner rettenden Kraft, die Berufung der Jünger, seine große Rede, in der er seine Aufgabe und sein Ziel erklärt, sein Gnadenerweis an Israel und die ersten Ankündigungen seines Leidens. Es folgt eine ausführliche Beschreibung der Geschehnisse während seiner Reise nach Jerusalem (Kap. 9,51-19,28): in der Gegend von Samarien (incl. Gleichnis vom barmherzigen Samariter), ferner über die Bedeutung des Hörens auf das Wort, des Gebets und des Heiligen Geistes. Jesu Gespräche mit den Pharisäern und den Jüngern, der wachsende Widerstand, aber auch gleichzeitig die Fortsetzung seines barmherzigen Werkes durch Wunder und Unterweisung werden beschrieben. Im Schlußteil (Kap. 19,29-24,53) hören wir von Jesu Einzug in Jerusalem, den dortigen Konflikten, seiner letzten Rede, dem Passahmahl und der Einsetzung des Abendmahls. Wir lesen von dem Verrat, der Gefangennahme, dem Prozeß, der Kreuzigung, dem Begräbnis, der Auferstehung, dem Erscheinen des auferstandenen Jesus, von seinen Aufträgen für die Jünger und schließlich von seiner Himmelfahrt.

Die *APOSTELGESCHICHTE* von Lukas folgt direkt auf sein Evangelium und zeigt uns die *Geschichte der Urgemeinden Palästinas, Kleinasiens und Europas.* Das Buch beschränkt sich praktisch auf den Dienst der Apostel Petrus und Paulus und behandelt beispielsweise nicht die Entstehung der Gemeinden Syriens und Ägyptens. Durch seine Betonung der Reisen des Paulus vermittelt uns das Buch einen wichtigen Hintergrund für das Verständnis der späteren Paulusbriefe (siehe unten). Nach einem Vorwort, in dem Lukas die Verbindung zu seinem Evangelium knüpft, wiederholt er die Geschichte von Jesu Himmelfahrt; danach sehen wir die Jünger (jetzt Apostel) auf die Ausgießung des Heiligen Geistes warten und einen Ersatz für den Verräter Judas wählen (Kap. 1). Pfingsten findet die Ausgießung des Heiligen Geistes statt und damit die Gründung der Urgemeinde (oder Kirche), die von Anfang an, trotz Widerstand, schnell wächst dank dem großen Eifer der Apostel durch die Kraft des Geistes Gottes (Kap. 2-5). Nun beginnen auch die Verfolgungen, und wir lesen vom Märtyrertod des Stephanus (Kap. 6 und 7), aber gleichzeitig auch von der Ausbreitung der Gemeinde in Samarien und vom Kämmerer aus Äthiopien (Kap. 8). Nach der Bekehrung des Saulus (später Paulus genannt) hören wir von einem weiteren Dienst des Apostels Petrus, der die Arbeit nun auch auf die Heiden ausweitet (Bekehrung des römischen Hauptmanns Kornelius mit seinem Haus), und von der Zerstreuung der verfolgten Gemeinde bis in die Heidenländer. Dieser Teil schließt mit dem Märtyrertod des Jakobus, dem Bruder des Johannes, und der Befreiung des Petrus aus dem Gefängnis (Kap. 9-12). Nun folgen die drei *Missionsreisen des Apostels Paulus,* die wir hier aufzählen. Wir nennen dabei auch die Briefe, die er unterwegs schrieb:
1) *Erste Reise* (Kap. 13,1-15,39): Arbeit auf Cypern, in Pisidien

(Kleinasien), in den galatischen Städten Ikonien, Lystra und Derbe und Rückkehr nach Antiochien [Galaterbrief]; danach das Apostelkonzil zu Jerusalem mit dem Ziel, die Einheit der Gemeinden angesichts der jüdischen Gesetze und der neuen Lehre aufrecht zu erhalten; Rückkehr nach Antiochien.
2) *Zweite Reise* (Kap. 15,40-18,22): erneute Besuche in Derbe und Lystra; Berufung des Timotheus; Durchreise durch Kleinasien bis nach Troas; die Überfahrt nach Europa; das Werk in Philippi, Thessalonich, Beröa, Athen und Korinth [1. und 2. Thessalonicherbrief]; kurzer Besuch in Palästina und Antiochien.
3) *Dritte Reise* (Kap. 18,23-21,16): Durchreise durch Galatien und Phrygien, langer Aufenthalt in Ephesus [1. Korinther] mit viel Frucht, aber auch viel Widerstand; Überfahrt nach Mazedonien [2. Korinther] und Durchreise nach Griechenland; Aufenthalt in Korinth [Römerbrief]; Rückkehr durch Mazedonien, Überfahrt nach Troas (Auferweckung des Eutychus), Abschied von den Ältesten von Ephesus auf dem Strand von Milet, Überfahrt nach Tyrus, weiter über Cäsarea nach Jerusalem [manche meinen, daß der Galaterbrief während der dritten Missionsreise geschrieben wurde].
In Jerusalem wird Paulus gefangengenommen, erscheint vor dem Hohen Rat, vor den Landpflegern Felix und Festus und vor König Agrippa und wird dann gefangen nach Rom geführt [Brief an Philemon, die Epheser, Kolosser, Philipper; Hebräer?, nach Meinung einiger Ausleger teilweise schon im Gefängnis von Cäsarea geschrieben]. Das Buch endet mit Paulus' Aufenthalt und Predigt in Rom. Wahrscheinlich wurde Paulus dort freigelassen [1. Timotheus, Titus], einige Jahre später erneut festgenommen [2. Timotheus] und unter Kaiser Nero enthauptet.

Die frühen Briefe des Paulus

Der Brief an die *GALATER* ist ein heftiger Protest des Paulus gegen den untergrabenden Einfluß der Judaisten, die die Gemeinden ihrer christlichen Freiheit berauben wollten, indem sie ihnen das mosaische Gesetz und die Pflicht der Beschneidung auferlegten. Außerdem versuchten sie, das Apostelamt des Paulus in Mißkredit zu bringen. Der Brief enthält drei Teile: einen historischen (Kap. 1 und 2), einen dogmatischen (Kap. 3 und 4) und einen praktischen Teil (Kap. 5 und 6). Paulus beginnt mit der Betonung seines göttlichen Apostelamts und einer Verurteilung derer, die das Evangelium zu entkräften versuchen. Er weist darauf hin, daß er selber früher auch für die Überlieferung der Väter (für das Gesetz) geeifert hat, aber daß Gott ihn nun berufen hat, unter den Heiden zu predigen, und daß die anderen Apostel damit einverstanden seien. Schlimmer noch, Paulus hatte sogar einen der Apostel ermahnen müssen, weil dieser

nicht konsequent genug war, als es um die Entscheidung ging: entweder Christus oder das Gesetz.
Im *dogmatischen Teil* erklärt der Apostel dann ausführlicher, weshalb ein gesetzliches Christentum falsch ist. Die Galater waren doch nicht durch das *Gesetz* Christen geworden, sondern durch den Heiligen Geist und durch Glauben. Auch Abraham hatte ja seinen Segen nicht durch das Gesetz empfangen (es war ja noch gar nicht vorhanden), sondern aufgrund seines Glaubens. Das Gesetz konnte für den Sünder nur Fluch bringen, *Christus* aber hat es erfüllt, indem er unsere Sünden auf sich nahm. Das Gesetz hat auch die Verheißung (die eher da war) nicht aufgehoben, sondern es wurde hinzugetan als »Zuchtmeister«, um den Menschen seiner Sünde zu überführen, bis Christus kommen würde. Nachdem dieser dann gekommen war, mußte die Unmündigkeit unter dem Gesetz der Freiheit einer verantwortungsvollen Sohnschaft Platz machen. Paulus illustriert das anhand einer allegorischen Anwendung der Geschichte von Sara und Hagar und ihrer Söhne. Im praktischen Schlußteil zeigt der Apostel, daß die christliche Freiheit Beschneidung und damit den Judaismus ausschließt, zeigt aber auch gleichzeitig, daß das nicht unverbindlichen Lebenswandel bedeuten darf. Die Freiheit des Geistes steht im Gegensatz zur »Freiheit« des Fleisches (der sündigen Natur) und führt zu Mitleid und Hilfestellung dem Nächsten gegenüber. Im Nachwort betont Paulus die Wichtigkeit des Briefes, den er dieses Mal von eigener Hand geschrieben hat, und vergleicht die falschen Motive der Irrlehrer mit seinem eigenen Rühmen des Kreuzes Christi allein; er schließt mit einem allgemeinen Gruß.
Der *erste* Brief an die *THESSALONICHER* ist die Antwort des Paulus auf die Neuigkeiten, die Timotheus (sein Mitreisender und Mitarbeiter) aus Thessalonich mitbrachte. Paulus lobt die Thessalonicher einerseits für ihr Durchhaltevermögen, und ermahnt sie andererseits wegen bestimmter Irrlehren und Mißverständnisse, vor allem im Blick auf die Wiederkunft des Herrn. Er beginnt mit einer Danksagung für ihr Zeugnis und ihre Geduld in der Hoffnung auf den Herrn Jesus Christus. Er erinnert sie daran, wie er unter ihnen gearbeitet hat und wie sie trotz Verfolgung bereitwillig sein Wort als Gottes Wort angenommen haben. Er schreibt, wie sehr er sich nach ihnen sehnt und wie froh er ist über die guten Berichte über sie, und betet für ihr weiteres Wachstum (Kap. 1-3). In der zweiten Hälfte des Briefes gibt Paulus praktische Ermahnungen bezüglich Reinheit der Ehe, Bruderliebe und ehrlicher Arbeit. Dann geht er auf die Frage ein, ob diejenigen, die vor dem Kommen Christi gestorben sind, sein zweites Kommen miterleben werden oder nicht und versichert ihnen, daß sowohl die verstorbenen wie auch die lebenden Gläubigen dabei sein werden, wenn der Herr kommen wird,

um seine Gemeinde zu sich zu holen. Paulus macht deutlich, daß der Zeitpunkt der Wiederkunft Christi verborgen ist. Sein Erscheinen wird ein unerwartetes Urteil für die Ungläubigen bedeuten; die Gläubigen aber werden nicht in das Gericht kommen und sollen wachen und nüchtern sein. Der 1. Thessalonicherbrief endet mit verschiedenen praktischen Ermahnungen und Grüßen.

Der *zweite* Brief an die *THESSALONICHER*, den Paulus kurz nach dem ersten schreibt, ist seine Antwort auf das Mißverständnis der Gemeinde in Thessalonich, die meinte, daß der »Tag des Herrn« (der Gerichtstag Christi) schon gekommen sei. Darum beginnt der Apostel seine Erklärung mit dem Hinweis, daß die Thessalonicher jetzt zwar unter Christenverfolgung leiden, das sei aber kein Zeichen dafür, daß der Gerichtstag schon gekommen sei, denn dann (am Tag der Wiederkunft Christi) würde es genau umgekehrt sein, dann würden die Gläubigen belohnt und die Unterdrücker würden leiden (Kap. 1). Der »Tag des Herrn« könne auch deshalb noch nicht gekommen sein, weil zuerst der »Abfall« kommen müsse und der Führer in der Zeit der großen Trübsal: der »Mensch der Sünde« (oder »Sohn des Verderbens«, der »Gesetzlose«, d.i. der Antichrist, der viele verführen werde, aber von Christus bei seinem Kommen vernichtet würde: Kap. 2). Der Brief schließt mit weiteren Danksagungen und Ermahnungen in bezug auf Fürbitte, unregelmäßigen Lebenswandel und Gehorsam und endet mit einem eigenhändig geschriebenen Gruß (als eine Art »Siegel«) von Paulus.

Der *erste* Brief des Paulus an die *KORINTHER* ist in Wirklichkeit der zweite, denn Paulus hatte früher schon einen (anscheinend verlorengegangenen) Brief geschrieben, in dem er die Korinther davor warnte, Umgang mit Unzüchtigen zu haben (siehe Kap. 5,9); das wurde aber offensichtlich falsch verstanden. Seitdem hatte Paulus auch Besuch bekommen von drei Brüdern aus Korinth (Kap. 16,17), die einen Brief von ihrer Gemeinde mitbrachten, in dem eine Reihe Probleme aufgeschrieben waren (Kap. 7,1). Der Apostel beantwortet in seinem Brief alle diese Fragen. Nach einer Einleitung mit Danksagung geht er zunächst auf die ihm berichteten *Mißstände in Korinth* ein: den Geist der Zwistigkeit und Parteisucht (dem stellt Paulus die Torheit des Kreuzes gegenüber und die wahre Art des christlichen Dienens, wobei Paulus sich selbst ein Vorbild nennt: Kap. 1-4), ferner die nicht verurteilte Unzucht in der Gemeinde (Kap. 5 und 6) und das Schlichten innergemeindlicher Zwistigkeiten durch heidnische Richter (Kap. 6).

Im zweiten Teil des Briefes behandelt Paulus die Probleme, die ihm die Korinther vorgelegt haben: die Frage der Ehe und Ehelosigkeit (Kap. 7), die Frage des Essens von Götzenopferfleisch, mit der der Apostel eine wichtige Auseinandersetzung über den »Tisch des

Herrn« (die Abendmahlsfeier) verbindet (Kap. 8-10), ferner die Frage nach der Haltung und Kleidung der Frauen und dem Verhalten im Gottesdienst (Kap. 11). Weiter behandelt Paulus die Frage nach den »Gnadengaben« und deren ordentliche - vor allem durch die Liebe bestimmte! - Anwendung in den Zusammenkünften (Kap. 12-14) und schließlich die wichtige dogmatische Frage nach der Auferstehung, von der der ganze christliche Glaube abhängt (Kap. 15). Der Apostel schließt mit praktischen Ratschlägen, Mitteilungen und Grüßen (Kap. 16).
Der *zweite* Brief an die *KORINTHER* ist eigentlich der dritte (siehe oben), oder vielleicht sogar der vierte, wenn Kap. 2,4 (vgl. Kap. 7,8) bedeutet, daß Paulus inzwischen noch einen anderen (den »Tränenbrief«) geschrieben hatte; der Vers kann aber auch den 1. Korintherbrief meinen. Paulus erwartete gespannt seinen Mitarbeiter Titus, der ihm Neuigkeiten aus Korinth bringen sollte; in Mazedonien traf er ihn und war so begeistert über die guten Berichte, daß er sofort den »2. Korintherbrief« schrieb (siehe Kap. 2,12f.; 7,5-16). Der Brief beginnt mit dem üblichen Gruß und einer Danksagung für Trost in gegenwärtiger Trübsal. Dann folgt der Hauptteil des Briefes (Kap. 1,12-7,16), in dem Paulus sein Apostelamt ausführlich verteidigt; ferner schreibt er vom Zweck seiner wechselnden Pläne und dem Charakter seines Dienstes (Kap. 3-7). Es ist der Dienst des Neuen Bundes, der viel herrlicher ist als der alte Bund unter Mose (Kap. 3): ein Dienst, bei dem der Diener einen gewaltigen Schatz weitergeben darf, obwohl er selbst nur ein »irdenes Gefäß« ist, das zerbrechlich ist (Kap. 4); ein Dienst, der im Licht des Richterstuhls Christi ausgeübt wird und Gottes Angebot zur Versöhnung in Christus enthält (Kap. 5); ein Dienst, den Paulus selber unter viel Trübsal getan hat. Und darum hofft er, daß die Korinther auf rechten Wegen wandeln, abseits vom Bösen (Kap. 6). Dann folgt der schon genannte Bericht über die Begegnung mit Titus (Kap. 7). Im nächsten Teil (Kap. 8 und 9) spricht Paulus über eine notwendige Geldsammlung für die Armen in Judäa. Im dritten Hauptteil (Kap. 10-13) verteidigt Paulus wieder sein Apostelamt und wehrt sich gegen Leute, die seine Autorität antasten (Kap. 10). Er widerlegt ihre Argumente und zeigt, welches Gewicht Christus auf sein Apostelamt gelegt hat, daß er so viel für ihn hat leiden dürfen (Kap. 11), und daß er einzigartige Offenbarungen empfangen hat (Kap. 12). Paulus schließt mit der Nachricht seines baldigen Kommens und dem bekannten Segen (Kap. 12 und 13).
Der dann folgende Brief an die *RÖMER* richtet sich an eine Gemeinde, die nicht durch Paulus gegründet wurde (wahrscheinlich wurde diese Gemeinde überhaupt nicht von einem Apostel gegründet) und die Paulus auch nie besucht hat, obwohl er das gern woll-

te (siehe Kap. 1,13; 15,22 + 23). Er schreibt den Brief, weil es ihm ein Anliegen ist, auch den römischen Gläubigen mit dem Evangelium zu dienen (Kap. 1,15), und um seinen geplanten Besuch während einer Reise nach Spanien anzukündigen (Kap. 15,24-29). Wahrscheinlich hatte der Apostel auch über Probleme in Rom gehört, insbesondere zwischen Juden- und Heidenchristen. Das ist für ihn Grund genug zu einer sehr fundamentalen Auseinandersetzung über den Menschen in seiner persönlichen Verantwortung gegenüber Gott: »Wie kann ein Mensch recht behalten gegen Gott?« (Hiob 9,2).

Dieser Einleitung folgt der große *dogmatische Hauptteil* (Kap. 1,16-8,39), in dem Paulus behauptet, daß der Mensch (sowohl Jude als Heide) von Natur aus Gott gegenüber versagt hat. Er besitzt keine »Gerechtigkeit« aus sich selbst (Kap. 1,16-3,20). Gerecht (= gerechtfertigt vor Gott) kann man nur sein durch Glauben an das Erlösungswerk Christi, aufgrund dessen Gott dem Sünder Rechtfertigung zuteil werden läßt. Das erläutert Paulus am Beispiel Abrahams, der ohne Zutun des Gesetzes und der Beschneidung allein durch den Glauben gerecht wurde - Glaube, der auf Gott vertraut, der ewiges Leben schenken kann, wie es uns Jesus Christus durch die Auferstehung bewiesen hat (Kap. 3,21-4,25). Mit dieser *Rechtfertigung durch den Glauben* sind große Segnungen verbunden, und sie wird noch reicher, wenn wir sehen, daß nicht allein die Sünden vergeben sind, sondern daß wir auch von der Macht der Sünde in uns erlöst sind. Daher gehören die, die an Christus glauben, zur »Familie« Christi, nicht mehr zu der Adams (Kap. 5). Das wird nun auf das praktische Glaubensleben angewandt: Weil wir, die wir Christus gehören, im übertragenen Sinne mit Christus am Kreuz gestorben sind, kann die Sünde nicht mehr über uns herrschen (ihre Macht wurde am Kreuz gebrochen), und wir sind Sklaven Gottes geworden (Kap. 6). Aus demselben Grund sind wir auch nicht mehr unter der Knechtschaft des Gesetzes (Kap. 7), sondern leben nun für Christus durch die Kraft des Heiligen Geistes. Dadurch sind wir Söhne und Erben Gottes, haben eine herrliche Hoffnung vor uns und erfahren jetzt schon die Kraft und die Liebe des Heiligen Geistes, Gottes und Christi (Kap. 8).

Im zweiten Hauptteil (Kap. 9-11) behandelt Paulus die Frage, wie die besondere Position Israels nun in die Situation einzuordnen ist. Er behandelt die Tatsache, die Notwendigkeit und die eigentliche Ursache der Verwerfung Israels, durch die der Weg zu Gottes Segnungen frei wurde für die Heiden, aber auch die Tatsache, daß Israels Verwerfung nur ein »Beiseitestellen« ist, und daß Gott die vollkommene Wiederherstellung des Volkes plant. Der dritte Hauptteil (Kap. 12-16) enthält praktische Ermahnungen angesichts der

Haltung der Gläubigen gegenüber Gott, gegenüber anderen Gläubigen und allen Menschen (Kap. 12), gegenüber der Obrigkeit und dem Nächsten (Kap. 13) und gegenüber den »Schwachen«, die die christliche Freiheit noch nicht vollends begreifen (Kap. 14 und 15). Der Brief endet mit ausführlichen Plänen und umfangreichen Grüßen, einigen letzten Ermahnungen und einem herrlichen Lobpreis (Kap. 15 und 16).

Die späteren Briefe des Paulus

Der Brief an *PHILEMON* wurde geschrieben, nachdem Paulus während seiner Gefangenschaft mit Onesimus in Berührung gekommen war, einem geflüchteten Sklaven Philemons. Paulus schickt Onesimus, nachdem er gläubig geworden war, mit diesem Brief zurück zu seinem Herrn und bittet Philemon, seinen Sklaven wieder aufzunehmen und ihm zu verzeihen. Paulus verspricht Philemon, den finanziellen Verlust, der ihm entstanden ist, zu vergüten. Onesimus wird von Tychikus begleitet, einem Mitarbeiter des Paulus, der die folgenden zwei Bücher mit sich trägt: den Epheser- und den Kolosserbrief.

Der Brief an die *EPHESER* spricht nicht über bestimmte Probleme dieser Gemeinde. (Weil in einigen alten Handschriften die Worte »in Ephesus« in Kap. 1,1 fehlen, hat man schon angenommen, daß es sich hier um ein Rundschreiben an verschiedene Gemeinden in Kleinasien handelt, möglicherweise für Laodicea: siehe Kolosser 4,16.) Dieser Brief beinhaltet vielmehr eine sehr erhabene und dogmatisch tiefgreifende Abhandlung über die besondere Position und die Vorrechte der christlichen Gemeinde in Verbindung mit ihrem verherrlichten Haupt, Jesus Christus, im Himmel. Das Schreiben beginnt mit einem Lobpreis Gottes, der uns in Christus »mit allerlei geistlichem Segen in himmlischen Gütern« gesegnet hat (es handelt sich hier also um typisch himmlischen Segen der Christen). Diese Güter besitzen wir als auserwählte Söhne, erlöst durch Christi Blut, die wir mit ihm Erben geworden sind und den Geist als Unterpfand empfangen haben. Paulus drückt in einem Gebet sein Verlangen danach aus, daß seine Leser die Weisheit besitzen mögen, den Reichtum dieser Offenbarung zu verstehen; vor allem die Kraft, mit der Gott Christus auferweckt und verherrlicht hat und mit der er auch uns in ihm auferweckt und gesetzt hat in die »himmlischen Güter«. Das ist unsere höchste christliche Position (Kap. 1,1-2,10).

Nach den individuellen Segnungen geht der Apostel auf die kollektiven Segnungen ein. Die Heiden, vormals fern von Gott und Fremdlinge, und die Juden, früher durch das Gesetz von den übrigen Völkern getrennt, sind nun, sofern sie gläubig sind, zu einer Gemeinde (einem »Leib«) zusammengefügt. Die Offenbarung dieser neuen Gegebenheit, die in den vorigen Zeiten ein Geheimnis war,

war Paulus vorbehalten. Sie zeigt, wie reichhaltig Gottes Pläne mit dieser Gemeinde sind. Das führt zu einem zweiten Gebet, in dem Paulus bittet, daß Christus, der den Kern der Gemeinde bildet, auch in den Herzen der Gläubigen wohnen möge (Kap. 2,11-3,21). Der zweite Teil des Briefes ist mehr eine praktische Anwendung dieser Lehren (Kap. 4-6) und behandelt die Handhabung der Einheit, die verschiedenen Gaben in der Gemeinde, das alte und das neue Leben und dessen Auswirkung auf die Glaubensgenossen in Ehe, Familie und Arbeitsverhältnis. Für die Verwirklichung muß der Gläubige die ganze »Waffenrüstung Gottes« anziehen. Mit einigen praktischen Bemerkungen und einem Segen schließt der Brief.
Der Brief an die *KOLOSSER* wurde zur gleichen Zeit geschrieben, an eine Gemeinde, die Paulus wahrscheinlich nie besucht hat (vgl. Kap. 2,1) und die durch die Arbeit von Epaphras entstanden war (Kap. 1,7; 4,12 + 13). Epaphras hatte Paulus anscheinend über gefährliche Irrlehren informiert, die in Kolossä Eingang gefunden hatten. Sie enthielten griechisch-philosophische (u.a. Askese) und jüdisch-rituelle Elemente (Beschneidung, Gesetz, Überlieferung, Engelverehrung) und zogen die Gläubigen von Christus weg. Der Antwortbrief des Paulus ähnelt sehr dem Epheserbrief, geht jedoch, was die christliche Position betrifft, nicht so weit (sieht die Gläubigen auf der Erde, nicht in himmlischen Gefilden), beschreibt dann aber die Herrlichkeit Christi, des Hauptes der Gemeinde. Nach der üblichen Danksagung betet der Apostel, daß die Kolosser des Herrn würdig wandeln und dem Vater danken mögen, der sie in Christus so reich gesegnet hat. Dann folgt ein herrlicher Lobpreis Christi, als Sohn von Gottes Liebe, Schöpfer aller Dinge, als Mensch der Erstgeborene der ganzen Schöpfung und der Erstgeborene von den Toten, Haupt aller Dinge und Haupt des Leibes, der Gemeinde; der den Grund gelegt hat für eine umfassende Versöhnung mit Gott, die die Gemeinde schon jetzt erfährt. Hiermit stimmt der Dienst des Paulus überein, einerseits um das Evangelium »der ganzen Schöpfung« zu predigen, andererseits um den besonderen Charakter der Gemeinde zu offenbaren. Der Apostel stellt dem die Torheit bestimmter Irrlehren gegenüber, die den Glauben niemals bereichern können, weil alle wahre Weisheit und Erkenntnis in Christus verborgen ist, in dem die ganze Fülle der Gottheit wohnt und in dem auch die Gläubigen diese Fülle finden (Kap. 1 und 2). Der zweite Hauptteil (Kap. 3 und 4) wendet dies alles wieder praktisch an: Das wahre Leben der Gläubigen ist mit Christus in Gott verborgen und äußert sich innerhalb der Gläubigen, der Ehe, der Familie und der Gesellschaft. Der Brief endet mit praktischen Ratschlägen, ausführlichen Grüßen, Nachrichten an andere und Paulus' Gruß.

Der Brief an die *PHILIPPER* ist die rührende Antwort von Paulus auf die Liebesbeweise der treuen Gemeinde, die ihm während seiner Gefangenschaft durch Epaphroditus Gaben geschickt hatte (Kap. 4,10-18). Epaphroditus war schwer krank geworden, nun aber wieder genesen und von Paulus mit dem Brief nach Philippi zurückgeschickt worden (Kap. 2,25-30). Paulus weist in dem Schreiben auf die Gefahr des Judaismus (Kap. 3) und der Uneinigkeit (Kap. 4) hin und schreibt eine wunderbare Abhandlung über den christlichen Lebenswandel. Nach dem einleitenden Grußwort, der Danksagung für die Anteilnahme der Philipper und seinem Gebet für sie beschreibt der Apostel seine persönliche Lage und seine Freudigkeit trotz ungünstiger Nachrichten und unsicherer Zukunftschancen und ermutigt die Empfänger, genauso zu handeln (Kap. 1). Er ermahnt die Philipper, eines Sinnes zu sein und in aller Demut Christi Gesinnung zu zeigen: sich zu erniedrigen, wie Jesus es tat, und darum mit ihm erhöht zu werden. Daß dies möglich ist, zeigt der Apostel am Beispiel seines eigenen Lebens und dem von Timotheus und Epaphroditus (Kap. 2). Anschließend warnt Paulus vor den Judaisten und zeigt, wie er selber den Judaismus aufgab (trotz der damit verbundenen Vorrechte), um etwas viel Besseres zu empfangen: nämlich Christus, und um ihn immer besser kennenzulernen. Den Himmelsbürgern, die auf Christus warten, stehen Scheinchristen gegenüber, die im Grunde Feinde des Kreuzes sind (Kap. 3). Zum Schluß folgen allgemeine Ermahnung zur Einigkeit, zur Freude und zum Frieden im Herrn und zu einem reinen Gewissen sowie Paulus' Dank für die Gaben und abschließende Grüße (Kap. 4).
Der *erste* Brief an *TIMOTHEUS* ist der erste der drei »Hirtenbriefe« (dieser Ausdruck ist nicht ganz richtig), die Paulus wahrscheinlich nach seiner Gefangenschaft in Rom geschrieben hat. In diesem Brief gibt Paulus dem Timotheus Anweisungen für seine Aufgaben in Ephesus und ermutigt ihn, mit Kraft aufzutreten und sich des Evangeliums nicht zu schämen. Nach dem Gruß und der Warnung vor der Situation in Ephesus berichtet Paulus über seine eigenen Erfahrungen mit dem Evangelium und bekräftigt seinen Auftrag an Timotheus (Kap. 1). Der große Mittelteil des Briefes (Kap. 2-4) enthält Vorschriften über die Gebete und über die Position und die Haltung der Frauen (Kap. 2) sowie über die Qualifikation der Ältesten und Diakone, was zu einer prächtigen Beschreibung der Gemeinde und des Geheimnisses von Christi Fleischwerdung und Verherrlichung führt (Kap. 3). Dann warnt Paulus vor verschiedenen Gefahren für die Gemeinde (Kap. 5) und schließt mit Anweisungen bezüglich Sklaven, Irrlehrern, Gefahren des Reichtums sowie Verhaltensanweisungen an Timotheus.
Der Brief des *TITUS* richtet sich an einen anderen Mitarbeiter und

geistlichen Sohn des Apostels, den er unterwegs auf Kreta zurückgelassen hatte, um in den Gemeinden Älteste einzusetzen und einige Mißstände (verursacht durch die Nachlässigkeit der Kreter und den Einfluß judaistischer Irrlehrer) aufzuklären. Paulus zählt nach einer bemerkenswerten Erklärung seines Apostelamtes die Qualifikationen auf, die ein Ältester besitzen sollte und geht anschließend mit den Irrlehrern ins Gericht (Kap. 1). Dann spricht er über den wahren christlichen Lebenswandel, besonders für Alte und Junge, Männer und Frauen, und für Sklaven (das führt zu einer kurzen Ausführung über die christliche Lehre) (Kap. 2). Schließlich weist der Apostel auf die richtige Haltung gegenüber den Mitmenschen hin und meint, daß wir bedenken sollen, daß wir früher genau wie die anderen waren und nur durch Gottes Gnade gerettet wurden. Paulus schließt mit praktischen Ermahnungen, Plänen und Grüßen.
Der *zweite* Brief an *TIMOTHEUS* wurde geschrieben, nachdem Paulus erneut in Gefangenschaft geraten war, kurz vor seinem Märtyrertod in Rom. Er blickt zurück auf seine erfüllte Aufgabe und schaut nach der Belohnung. Es ist darum ein ernster und rührender Brief, um so mehr deshalb, weil der beginnende Abfall der Gemeinden Kleinasiens den Apostel traurig stimmt. Paulus leitet den Brief ein mit Grüßen und Danksagungen und ermutigt Timotheus zum furchtlosen Bekennen, erinnert ihn an seine Gnadengaben und meint, daß Timotheus ihn als Vorbild nehmen sollte (Kap. 1). Timotheus soll mutig durchhalten wie ein guter Streiter, Kriegsmann und Ackermann, der die Belohnung und das Endziel im Auge hat. Er soll kräftig auftreten gegen Irrlehrer, sich von allen absondern, die sich weigern, mit der Ungerechtigkeit zu brechen und soll sich mit denen zusammentun, die den Herrn aus reinem Herzen anrufen. Timotheus soll unnützes Wortgezänk meiden, damit die Gegner sich vielleicht bekehren (Kap. 2). Paulus weist hin auf die »letzten Tage«, in denen die christliche Moral sehr verfallen wird und in denen es auf treue »Menschen Gottes« ankommen wird, die dem Beispiel des Paulus folgen (Kap. 3). Dann folgt der Abschied des großen Apostels: ein letzter Auftrag, ein letztes Zeugnis, einige persönliche Bitten und ein Bericht über seine erste, einsame Verteidigung beim ersten Verhör. Der Brief endet mit Grüßen und Segenswünschen (Kap. 4).
Den Brief an die *HEBRÄER* wollen wir an dieser Stelle abhandeln, obwohl es nicht sicher ist, daß Paulus der Verfasser ist. Der Brief richtet sich an Juden und jüdische Christen, die sehr vertraut waren mit dem Alten Testament und dem Evangelium, aber noch am jüdischen Gesetz und Gottesdienst festhielten und am nationalen Charakter der jüdischen Religion, konzentriert auf Jerusalem, dessen Fall aber nahe bevorstand! Sie mußten deshalb lernen, diese äu-

ßerliche, nationale Religiosität aufzugeben und einzusehen, daß sie nicht an etwas festhalten sollten, was nur ein Schattenbild war, sondern an dem, der die vollkommene Erfüllung des alttestamentlichen Opferdienstes war. Darum haben wir hier den Brief der »besseren Dinge«, der mit der Beschreibung der Herrlichkeit Jesu Christi beginnt, der als Sohn Gottes höher ist als die Engel (Kap. 1), als Menschensohn höher als Mose (Kap. 3), als derjenige, der sein Volk in die wahre Gottesruhe einführt, höher als Josua (Kap. 3 und 4) und als Hohepriester für sein Volk höher als Aaron (Kap. 4-7). Die Art seines Amtes als Hohepriester war wohl aaronitisch, gehörte aber zu der Ordnung Melchisedeks, des König-Priesters, der ein Schattenbild auf Christus war. Christus war auch derjenige, der einen besseren Bund, gegründet auf bessere Verheißungen, geschlossen hatte, gegründet auf sein eigenes, besseres Opfer; er ist nicht nur Hohepriester, sondern gleichzeitig auch das vollkommene Opfer (Kap. 8-10). So mußten die Hebräer jetzt lernen, nicht mehr auf äußere Dinge zu schauen, sondern im Glauben auf den unsichtbaren verherrlichten Christus zu sehen, wie auch die Erzväter in Wirklichkeit durch diesen Glauben gelebt haben. Das größte Vorbild aber ist Christus selber: Auf ihn und auf die besseren Dinge, die er eingeführt hatte, sollten sie harren (Kap. 11 und 12). Diese Lehren werden auf das praktische Leben bezogen, und der Brief schließt mit Ermahnungen und Grüßen (Kap. 13).

Die Briefe von Jakobus, Petrus und Judas

Der Brief des *JAKOBUS,* des Bruders Jesu, der während geraumer Zeit Leiter der Gemeinde in Jerusalem war, richtet sich an jüdische Christen, die noch mit der Synagoge verbunden sind (Kap. 2,2) und am jüdischen Gesetz (Kap. 1,25; 2,8) und an Gebräuchen (Kap. 5,14) festhalten. Hier war es noch nicht die Zeit, daß Gott diesem stark judaistisch gefärbten Christentum ein Ende machte; das ist wichtig, um den Brief zu verstehen. Der Verfasser beginnt mit einer Abhandlung über die Bedeutung von Versuchungen und Anfechtungen und die Haltung darin; die Leser sollten seine Worte nicht nur hören, sondern auch tun (Kap. 1). Wahrer Gottesdienst kennt keine Spaltung zwischen arm und reich und wird nicht in toter Orthodoxie versinken, sondern sich in guten Werken äußern, die die Frucht des Glaubens sind (Kap. 2). Wahre Lehre müsse die Zunge bezwingen und wahre Weisheit erzeigen können (Kap. 3). Die Gläubigen sollten sich vor falschen Lüsten, Weltliebe, übler Nachrede und Selbstüberschätzung hüten (Kap. 4). Schließlich weist der Autor noch auf die reichen Unterdrücker, die notwendige Geduld und Trübsal, auf falsches Schwören, auf die Fürbitte für Kranke und Hilfe für irrende Brüder hin (Kap. 5).

Der *erste* Brief des *PETRUS,* des »Apostels der Juden« (Gal. 2,8), richtet sich vor allem an die jüdischen Christen, die lernen mußten, an einen unsichtbaren Messias zu glauben und sich der Regierung Gottes unterzuordnen bis auf die Zeit der Wiederkunft Christi; darum wird auch immer wieder das Leben Christi auf Erden als Vorbild genommen. Der Apostel beschreibt zunächst die Art der christlichen Hoffnung als Endziel des Glaubens, das Thema der Propheten, und das geheiligte Leben: persönlich, als Brüder untereinander und als »geistliches Haus«, als Priester vor Gott und in der Welt (Kap. 1,1-2,10). Der zweite Teil (Kap. 2,11-3,12) behandelt die Beziehung der Christen zur Welt, zur Obrigkeit, zur Arbeit, die Haltung zur Ehe und zu den Gläubigen untereinander. Der dritte Teil (Kap. 3,13-4,19) behandelt das Leiden als Zeugnis in der Nachfolge Christi, das Leiden im Fleisch, im wahren Dienst und das Leiden um Christi willen. Das letzte Kapitel (Kap. 5) beschreibt das Verhältnis zwischen dem Hirten und der »Herde« und die persönliche Treue der Gläubigen und schließt mit praktischen Hinweisen und Grüßen.
Der *zweite* Brief des *PETRUS* handelt ebenfalls von Gottes Regierung, aber nun nicht so sehr vom Heil der Gläubigen als vielmehr vom Urteil über die Ungläubigen. Der Apostel fühlt, daß sein Ende naht und warnt die Gläubigen vor einschleichenden Irrlehren und vor dem Aufgeben der wahren »Erkenntnis«. Das erste Kapitel behandelt die wahre Erkenntnis, welche diejenigen besitzen, die teil haben an der göttlichen Natur, im Glaubensleben gewachsen sind und Sicherheit und Erkenntnis haben - aufgrund der Verklärung Christi auf dem Berg und des prophetischen Wortes. Das zweite Kapitel warnt vor falscher Lehre, die sich einschleichen wird: Gott wird die Irrlehrer vernichten, wie er es in der Vergangenheit mit seinen Feinden getan hat. Die Aktivitäten dieser Irrlehrer und die daraus entstehenden Gefahren werden sorgfältig beschrieben. Das letzte Kapitel warnt vor allem vor denen, die in den »letzten Tagen« die Wiederkunft Christi lächerlich machen, aber vergessen, daß Gott auch in der Vergangenheit durch die Sintflut die Gottlosen vernichtet hatte: So wird er es wieder tun am »Tag des Herrn« und schließlich einen neuen Himmel und eine neue Erde bereiten. In diesem Licht sollen die Gläubigen wandeln und wachsen in der Gnade und Erkenntnis Christi.
Der Brief von *JUDAS,* dem Bruder von Jakobus und Jesus, hat viel Ähnlichkeit mit dem vorigen Brief; manche meinen darum, daß Judas Einblick in den 2. Petrusbrief hatte und Material daraus für seinen eigenen Brief verarbeitete. Sein Ziel ist es, eine Verteidigung für den wahren christlichen Glauben zu führen, jetzt, wo Betrüger diesen zu untergraben versuchen. Viel mehr als Petrus schildert Ju-

das uns den regelrechten Abfall von Gott und die Auflehnung gegen seinen Willen. Auch er zitiert Beispiele göttlichen Gerichts, vergleicht die Abgefallenen mit Personen aus der Vergangenheit, schildert ihre Verderbtheit, ermahnt die Gläubigen zu einem positiven christlichen Lebenswandel und schließt mit einem Lobpreis.

Die Schriften des Johannes

Das *Evangelium von JOHANNES* ist nach Meinung der meisten Ausleger das zuletzt geschriebene Buch der Bibel. Auf jeden Fall setzt es die Kenntnis der anderen drei Evangelien voraus und betont nicht so sehr die biographischen Angaben und die historische Herrlichkeit Christi, sondern die persönliche *Herrlichkeit Jesu als ewiger Sohn des Vaters,* der das Leben ist und denen Leben gibt, die an ihn glauben (siehe Kap. 20,31!). Im Vorwort (Kap. 1,1-18) sehen wir ihn als das ewige Wort, das Fleisch wurde, und als ewigen Sohn, der vom Vater gekommen ist. Dann sehen wir ihn als Lamm Gottes, als den Messias und den Menschensohn und sehen (»am dritten Tag«) sein »erstes Zeichen« zu Kana (Wasser in Wein verwandelt) (Kap. 1,19-2,12). Danach sehen wir Jesus auf dem Passahfest in Jerusalem, wo er mit dem Pharisäer Nikodemus über die Wiedergeburt und das »ewige Leben« und in Samarien mit dem »samaritischen Weib« über das lebendige Wasser (das er selbst gibt) und über Anbetung spricht. In diesen Gesprächen wird das ganze dogmatische Zentrum des Evangeliums entfaltet, und der erste Teil endet mit dem »zweiten Zeichen«, einer Heilung (Kap. 2-4). Im nächsten Hauptteil (Kap. 5-7) sehen wir in den Auseinandersetzungen Jesus (immer nach bestimmten Geschehnissen) die volle Herrlichkeit seiner Person enthüllen als Sohn Gottes, der das Leben schenkt (Kap. 5), als Menschensohn, der sein eigenes Leben in den Tod gibt (Kap. 6) und als den, der anschließend verherrlicht werden und den Heiligen Geist senden wird (Kap. 7). Hier ist das Thema *»Leben«,* während es im folgenden Hauptteil *»Licht«* ist (Kap. 8-12): Christus ist das Licht der Welt, aber sowohl seine Person und sein Wort (Kap. 8) wie auch sein Werk werden verworfen (Kap. 9). Nun führt er seine »Schafe« aus dem »Stall« Israels nach draußen und entfaltet die Lehre von der Gemeinde am Bild einer Herde mit dem einen Hirten (Kap. 10). Nach Jesu Verwerfung gibt Gott ein Zeugnis der Herrlichkeit seines Sohnes, indem dieser Lazarus von den Toten aufweckt (Kap. 11) und die Juden ihn als Sohn Davids empfangen; aber das Urteil liegt über der Welt, und der Menschensohn muß sterben (Kap. 12). Damit schließt sein öffentliches Auftreten. Ab jetzt sehen wir ihn zwischen den Seinen, und *»Liebe«* wird das Schlüsselwort (Kap. 13-17): Im Saal, in dem Jesus und die Seinen das Passahfest feiern wollen, wäscht Jesus die Füße seiner

Jünger und prophezeit seine Verherrlichung am Kreuz. Nun führt er die Jünger in ihre neue Position ein, jetzt, wo er sie bald verlassen und zum Vater heimgehen und den Heiligen Geist als Stellvertreter und Tröster senden wird. Er erklärt, was das bedeutet und betont ihre damit verbundene Verantwortung (Kap. 14-16). Schließlich spricht Jesus sein bewegendes Gebet zum Vater, in dem er um seine Verherrlichung bittet und um Segen und Beistand und zukünftige Herrlichkeit für die Gläubigen (Kap. 17). Dann folgt die Leidensgeschichte: die Festnahme (die von neuem seine göttliche Herrlichkeit beweist), Jesu Auftreten vor Hannas, Kaiphas und Pilatus, die Kreuzigung, das Begräbnis, die Auferstehung und seine Erscheinungen; am Schluß ein Nachwort des Verfassers (Kap. 18-21).

Der *erste* Brief des *JOHANNES* schließt, was die Thematik angeht, sehr eng an das Evangelium an und hat zum Ziel, daß die, die nun gläubig sind, auch wissen, was es bedeutet, ewiges Leben zu haben (siehe Kap. 5,13). Mehr als im Evangelium sehen wir aber auch, daß Johannes auf bestimmte gnostische Irrlehren eingeht, die die Wahrheit hinsichtlich der Person Jesu (wahrer Gott und wahrer Mensch in einer Person) untergraben haben. Darum leitet Johannes den Brief ein mit dem Zeugnis, daß der Sohn, der ewig beim Vater war, sichtbar und fühlbar in Fleisch und Blut auf Erden gelebt hat und daß wir mit dem Sohn und dem Vater Gemeinschaft haben, weil wir das ewige Leben schon jetzt haben (Prolog: Kap. 1,1-4). Das bringt aber auch Verantwortung mit sich: Wir müssen wandeln in Übereinstimmung mit der Tatsache, daß Gott Licht ist; darum müssen wir seinen Geboten gehorchen und die Brüder lieben (Kap. 1,5-2,11). Das führt der Apostel aus für Väter, Jünglinge und Kinder im Glauben und warnt vor Weltliebe und vor dem Geist des Antichristen (Kap. 2). Die Liebe des Vaters zeigt sich darin, daß wir Kinder Gottes geworden sind. Das soll sich so äußern, daß wir gehorsam sind und Liebe zueinander haben (Kap. 3). Die Gläubigen müssen sich vor Irrlehren über die Person Christi hüten und sich vielmehr dadurch beeindrucken lassen, wie sehr Gott bewiesen hat, daß er Liebe ist: durch die Sendung und Hingabe seines Sohnes; diese Liebe muß in uns eine vollkommene Auswirkung haben (Kap. 4). Gehorsam Gott gegenüber ist dann auch nicht zu schwer, denn der Glaube blickt auf Gottes Sohn, der das Leben der Gläubigen ist. Das gibt geistliche Sicherheit und Vertrauen, denn wir kennen ja Ihn, der der wahrhaftige Gott und das ewige Leben ist (Kap. 5).

Der *zweite* Brief des *JOHANNES* richtet sich an eine Familie (eine Frau mit ihren Kindern), ist aber gekennzeichnet vom gleichen Geist und gibt ähnliche Warnungen wie der erste. Das Schlüsselwort ist

»Wahrheit« und kommt in der Einleitung dreimal vor, dann folgt die Ermahnung, recht zu wandeln (was sich wieder äußert in Liebe und Gehorsam). Danach warnt der Apostel vor denjenigen, die die Wahrheit antasten, indem sie nicht die wahre Lehre Christi predigen: Solche Personen soll man meiden. Johannes schließt mit Plänen und Grüßen.

Der *dritte* Brief des *JOHANNES* ist an Gajus gerichtet, anscheinend ein Ältester in der Gemeinde. Der Apostel lobt ihn, weil er in der Wahrheit wandelt, und gibt ihm Anweisungen über Gastfreiheit an Brüdern (Predigern); wenn man sie empfängt, wird man ein »Mitarbeiter der Wahrheit«. Dagegen muß der ehrgeizige und arrogante Diotrephes ernsthaft ermahnt werden. Der Brief schließt wieder mit Plänen und Grüßen.

Das Buch der *OFFENBARUNG* des Johannes (oder eigentlich »Jesu Christi«: siehe Kap. 1,1) ist einzigartig im Neuen Testament, weil es als einziges Buch ganz *prophetisch* ist (Kap. 1,3; 22,6 + 7). Es ist an sieben Gemeinden in Kleinasien gerichtet und aus ihren geistlichen und äußerlichen Umständen entstanden, vor allem aus den wachsenden Konflikten zwischen der Gemeinde und dem (römischen) Staat, und verschafft den Gläubigen die hoffnungsvolle Aussicht auf eine glorreiche Zukunft. Als Johannes die Offenbarung schreibt, ist er selbst ein Gefangener auf der Insel Patmos. Hier hat er eine Vision von Christus als Richter, der ihm befiehlt, in einem Buch niederzuschreiben, was er gesehen hat (die Vision), »was ist« (der heutige Zustand, wiedergegeben in den sieben Sendschreiben an die sieben Gemeinden: Kap. 2 und 3) und was »nach diesem geschehen soll«, das sind die *zukünftigen, endzeitlichen Ereignisse* (Kap. 4-22). Dieser dritte Teil hat zweierlei Auslegungen: (a) die historische Auslegung wendet diese Kapitel auf die Geschichte der Christenheit auf Erden an (u.a. Fall des Römischen Reiches, Invasion des Islams); (b) die prophetische Auslegung sieht in den Kapiteln 2 und 3 (den sieben Sendschreiben) die sieben Zeitalter der Kirchengeschichte bis zum Kommen Christi, um die Seinen zu sich zu holen. In den Kapiteln 3-19 sieht diese Auslegung Geschehnisse bis zur Wiederkunft Christi auf Erden und ab Kapitel 20 Geschehnisse danach, u.a. ein tausendjähriges Friedensreich.

Die Struktur des dritten Hauptteils (Kap. 4-22) ist an sich einfach: In der einleitenden Vision (Kap. 4 und 5) wird dem geschlachteten Lamm (Christus) eine Buchrolle mit sieben Siegeln übergeben. Bei der Öffnung eines jeden Siegels folgen neue Gerichte über verschiedene Teile der Erde, wobei 144000 aus Israel und eine große Schar aus den Völkern vor den Gerichten bewahrt bleiben (Kap. 6 und 7). Das siebente Siegel leitet sieben Gerichte ein, jedes durch eine Posaune angekündigt; die letzten drei davon werden die drei »Wehe« genannnt. In einem Zwischensatz sehen wir zwei treue Zeugen in Jerusalem, während das letzte Wehe (die letzte Posaune) die Wiederkunft Christi und den Beginn seines Friedensreiches einleitet (Kap. 8-11). Die Kapitel 6-11 sind also ein Ganzes; der Rest geht näher auf bestimmte Abschnitte daraus ein, und zwar in zwei »Zeichen«. Das erste Zeichen schildert uns drei antigöttliche »Tiere« (Mächte): den Drachen, das Tier aus dem Meer und das Tier aus der Erde, und verbindet damit sieben Szenen aus dieser Phase der »großen Trübsal« (Kap. 12-14). Das zweite Zeichen schildert uns die Sieger (Überwinder) aus dieser Periode und sieben neue Gerichte (»sieben Schalen«), die über die Erde »ausgegossen« werden und die (nach einem neuen, ausführlichen Zwischensatz über die »große Hure« oder das »große Babylon«: Kap. 17 und 18) direkt in die Wiederkunft Christi münden und die Errichtung seines Königreiches. Es folgen das letzte Urteil und die Schaffung eines neuen Himmels und einer neuen Erde (Kap. 15-21). Eine weitere Vision berichtet uns noch über den herrlichen Stand der Gemeinde (die »Braut des Lammes«, das »neue Jerusalem«) nach der Wiederkunft des Herrn. Der Epilog gibt spezielle Ermahnungen und das Verlangen nach dem Bräutigam, die Versprechen von Christus selbst und den Segenswunsch (Kap. 22) wieder.

Die Offenbarung schließt den Kanon der Bibel ab - sie ist ein prächtiger Schluß. Wie das Alte Testament in den späteren Büchern mehr von der Erwartung des ersten Kommens des Messias spricht (wie es im Neuen Testament erfüllt wurde), so endet das Neue Testament mit der Erwartung seiner Wiederkunft aus den Wolken, um seine Gemeinde zu sich zu nehmen und die Welt zu richten. Gericht ist etwas Schreckliches für alle, die nicht gelernt haben, Buße zu tun für ihr Sünden und Christus als Herrn und Heiland im Glauben anzunehmen. Für diejenigen aber, die durch Gottes Gnade ihn annehmen durften, ist die Wiederkunft Christi die Erfüllung ihres Verlangens: »Amen, ja komm, Herr Jesus!«

Literaturverzeichnis

Deutsch

Aebi, E.: Kurze Einführung in die Bibel (Bibellesebund)
Alexander, D. & P.: Handbuch zur Bibel (Brockhaus)
Archer, G. L.: Einleitung in das Alte Testament (Liebenzeller Mission)
Bruce, F. F.: Die Glaubwürdigkeit der Schriften des Neuen Testaments (Liebenzeller Mission)
Little, P. E.: Ich weiß, warum ich glaube (Hänssler)
Maier, G.: Das Ende der historisch-kritischen Methode (Brockhaus)
Pache, R.: Inspiration und Autorität der Bibel (Brockhaus)
Würthwein, E.: Der Text des Alten Testaments (Württemberger Bibelanstalt)

Ausländisch

Aalders, G. Ch.: A Short Introduction to the Pentateuch (Tyndale Press)
Allis, O. T.: The Old Testament, Its Claims and Its Critics (Presb. & Ref. Publ. Co.)
Allis, O. T.: The Five Books of Moses (Presb. & Ref. Publ. Co.)
Bloemendaal, W.: De tekst van het Oude Testament (Bosch & Keuning)
Bruce, F. F.: The Books and the Parchments (Pickering & Inglis)
Cassuto, U.: The Documentary Hypothesis (Magnes Press)
Estrada, D. & White Jr., W.: The First New Testament (Thomas Nelson)
Fijnvandraat, J. G.: De school met wat voor Bijbel (Medema)
Fijnvandraat, J. Ph.: En toch... de Bijbel Gods Woord (Medema)
Free, J. P.: Archaeology and Bible History (Scripture Press)
Ganzevoort, B. W.: De Bijbel in het geding (Kok)
Geisler, N. L. & Nix, W. E.: A General Introduction to the Bible (Moody Press)
Greenlee, J. H.: Introduction to New Testament Textual Criticism (Eerdmans)
Guthrie, D.: New Testament Introduction (Inter-Varsity Press)
Hahn, H. F.: The Old Testament in Modern Research (Fortress Press)
Harrison, R. K.: Introduction to the Old Testament (Inter-Varsity Press)
Henry, C. F. H.: Revelation and the Bible (Baker)
Kistemaker, S.: The Gospel in Current Study (Baker)

Kitchen, K. A.: Ancient Orient and Old Testament (Inter-Varsity Press)
Ladd, G. E.: The New Testament and Criticism (Eerdmans)
McDowell, J.: Evidence That Demands a Verdict (Campus Crusade for Christ)
McDowell, J.: More Evidence That Demands a Verdict (Campus Crusade for Christ)
Metzger, B. M.: The Text of the New Testament (Oxford Univ. Press)
Montgomery, J. W.: History and Christianity (Inter-Varsity Press)
Ouweneel, W. J.: Jeugd in een stervende eeuw (Telos)
Ouweneel, W. J.: Bijbel en Bijbelkritiek (Sticht. Bijbelgetr. Wetensch.)
Pfeiffer, C. F.: The Dead Sea Scrolls and the Bible (Baker)
Ramm, B.: Protestant Christian Evidences (Moody Press)
Tenney, M. C.: New Testament Survey (Inter-Varsity Press)
Trimp, C.: Betwist Schriftgezag (Vuurbaak)
Velema, W. H.: De zaak waarvoor wij staan (Buijten & Schipperheijn)
Vine, W. E.: The Divine Inspiration of the Bible (Pickering & Inglis)
Warfield, B. B.: The Inspiration and Authority of the Bible (Presb. & Ref. Publ. Co.)
Westerink, H. J.: Gods Woord in menselijk schrift (Kok)
Wilson, R. D.: A Scientific Investigation of the Old Testament (Moody Press)
Wisemann, P. J.: Ontdekkingen over Genesis (Jan Haan)
Young, E. J.: An Introduction of the Old Testament (Eerdmans).

Bildquellennachweis:

Evangelische Omroep, Hilversum:

S.16, 20, 29, 35, 37, 46, 56, 58, 59, 66, 69, 70, 72, 75, 81, 82, 141, 144, 154, 155.

Institut für neutestamentliche Textforschung, Münster:

S. 64, 78, 79, 89, 90.

Mediaform, Soest:

S. 11, 15, 36, 42, 43, 61, 65, 68, 91, 92, 95, 161